A AUTOBIOGRAFIA de ALICE B. TOKLAS

Título original: *The Autobiography of Alice B. Toklas*
copyright © Editora Lafonte Ltda. 2021

Todos os direitos reservados.
Nenhuma parte deste livro pode ser reproduzida por quaisquer
meios existentes sem autorização por escrito dos editores.

Direção Editorial *Ethel Santaella*

REALIZAÇÃO

GrandeUrsa Comunicação

Direção	*Denise Gianoglio*
Tradução	*Otavio Albano*
Revisão	*Ana Elisa Camasmie*
Capa, Projeto Gráfico e Diagramação	*Idée Arte e Comunicação*

Dados Internacionais de Catalogação na Publicação (CIP)
(Câmara Brasileira do Livro, SP, Brasil)

```
Stein, Gertrude, 1874-1946
   A autobiografia de Alice B. Toklas / Gertrude
Stein ; tradução Otavio Albano. -- 1. ed. -- São
Paulo : Lafonte, 2021.

   Título original: The autobiography of Alice B.
Toklas
   ISBN 978-65-5870-101-9

   1. Autobiografia na literatura 2. Crônicas
norte-americanas 3. Stein, Gertrude, 1874-1946 I.
Título.

21-65842                                     CDD-813
```

Índices para catálogo sistemático:

1. Crônicas : Literatura norte-americana 813

Aline Graziele Benitez - Bibliotecária - CRB-1/3129

Editora Lafonte

Av. Profª Ida Kolb, 551, Casa Verde, CEP 02518-000, São Paulo-SP, Brasil – Tel.: (+55) 11 3855-2100
Atendimento ao leitor (+55) 11 3855-2216 / 11 3855-2213 – atendimento@editoralafonte.com.br
Venda de livros avulsos (+55) 11 3855-2216 – vendas@editoralafonte.com.br
Venda de livros no atacado (+55) 11 3855-2275 – atacado@escala.com.br

GERTRUDE STEIN

A AUTOBIOGRAFIA
de ALICE B. TOKLAS

Tradução
Otavio Albano

Brasil, 2021

Lafonte

Sumário

1 ANTES DE VIR A PARIS   **7**

2 MINHA CHEGADA A PARIS   **11**

3 GERTRUDE STEIN EM PARIS 1903-1907   **35**

4 GERTRUDE STEIN ANTES DE CHEGAR A PARIS   **77**

5 1907-1914   **95**

6 A GUERRA   **157**

7 DEPOIS DA GUERRA 1919-1932   **209**

1

Antes de vir a Paris

Eu nasci em São Francisco, Califórnia. Por isso, sempre preferi viver em climas temperados, mas é difícil encontrar — tanto no continente europeu quanto na América — um clima ameno para viver. O pai de minha mãe foi um pioneiro, veio para a Califórnia em 1849 e se casou com a minha avó, que gostava muito de música. Ela foi aluna do pai de Clara Schumann[1]. Minha mãe era uma mulher tranquila e encantadora chamada Emilie.

---

1   Clara Schumann (1819-1896) — pianista, compositora e professora de piano alemã. Foi casada com o também compositor Robert Schumann. (N. do T.)

Meu pai era um patriota de origem polonesa. Seu tio-avô financiou um regimento militar para Napoleão e foi um de seus coronéis. Meu avô abandonara a esposa pouco depois do casamento para lutar nas barricadas de Paris, mas logo voltou para casa — depois que ela lhe cortou a mesada —, passando a levar uma vida de proprietário de terras abastado e conservador.

Quanto a mim, nunca fui a favor de violência e sempre gostei dos prazeres do bordado e da jardinagem. Gosto de pinturas, móveis, tapeçaria, casas e flores, e até mesmo de verduras, legumes e árvores frutíferas. Gosto de ter uma vista, mas prefiro sentar-me de costas para ela.

Em minha infância e juventude, levei uma vida polida, com todos os cuidados de minha classe e estirpe. Nessa época, tive algumas aventuras intelectuais, mas todas muito tranquilas. Quando tinha cerca de 19 anos, era uma grande admiradora de Henry James[2]. Achei que *A Idade Estranha* daria uma peça notável e escrevi-lhe diretamente, sugerindo que eu poderia dramatizá-la. Recebi dele uma encantadora resposta sobre o assunto e, então, quando senti minha inadequação, fiquei corada de vergonha e não guardei sua carta. Talvez àquela época eu não achasse que houvesse nenhuma justificativa para conservá-la e, de qualquer forma, ela não existe mais.

Até meu 20º aniversário, eu era seriamente interessada por música. Estudava e praticava assiduamente, mas, em pouco tempo, ela começou a parecer-me fútil; minha mãe morrera, e, apesar de não haver uma tristeza insuperável, também não havia interesse real que me levasse adiante. No conto "Ada", em *Geography and Plays*[3], Gertrude Stein fez uma ótima descrição de como eu era àquela época.

A partir de então, e por volta de seis anos, mantive-me bem ocupada.

---

[2] Henry James (1843-1916) — escritor nascido nos Estados Unidos, naturalizado britânico, e uma das principais figuras do realismo na literatura inglesa do século XIX. *The Awkward Age* (traduzido no Brasil como *A Idade Estranha*), citado logo depois, é um de seus romances mais importantes, publicado em 1899. (N. do T.)

[3] Aqui, a autora, Gertrude Stein, faz referência a uma de suas obras, na qual, efetivamente, descreve a narradora desta pretensa autobiografia. A coletânea de poemas, contos e peças *Geography and Plays* foi publicada em 1922. (N. do T.)

Tive uma vida agradável, com muitos amigos, diversão, interesses, minha vida era razoavelmente completa e eu gostava dela, mas não tinha uma paixão ardente. O que me leva ao incêndio de São Francisco[4], que, como consequência, fez com que o irmão mais velho de Gertrude Stein e sua esposa voltassem de Paris, mudando completamente minha vida.

Naquela época, eu morava com meu pai e meu irmão. Meu pai era um homem quieto, que levava as coisas com calma, embora as sentisse profundamente. Na primeira manhã terrível do incêndio em São Francisco, eu o acordei e disse-lhe que a cidade havia sido sacudida por um terremoto e, agora, estava em chamas. Vamos acabar apanhando da Costa Leste, ele respondeu, virando-se e indo dormir novamente. Lembro-me de que, certa vez, quando meu irmão e um amigo haviam saído para cavalgar, um dos cavalos voltou ao hotel sem cavaleiro, e a mãe do outro menino começou a fazer uma cena horrível. Calma, senhora, disse meu pai, talvez tenha sido meu filho quem morreu. Sempre me lembro de um de seus ditados: se você precisa fazer algo, faça-o gentilmente. Ele também me dizia que uma anfitriã nunca deve se desculpar por nenhuma falha em seus arranjos domésticos, pois, se há uma anfitriã, não há falhas.

Como estava dizendo, todos vivíamos confortavelmente juntos, e não havia em minha mente nenhum desejo nem vontade de mudar. A interrupção da rotina de nossas vidas pelo incêndio, seguida pela vinda do irmão mais velho de Gertrude Stein e sua esposa, fez toda a diferença.

A sra. Stein trouxe consigo três pequenos quadros de Matisse, as primeiras obras modernas a cruzar o Atlântico. Eu a conheci nessa época de comoção geral, e ela me mostrou as pinturas, contando, ao mesmo tempo, muitas histórias de sua vida em Paris. Aos poucos, contei a meu pai que talvez eu deixaria São Francisco. Ele não se incomodou com isso, afinal, naquele momento, havia uma boa quantidade de chegadas e partidas, com muitos de meus amigos indo embora. Em menos de um ano, eu também faria isso, mudando-me para Paris. Ao chegar, fui ver

---

[4] Grande incêndio da cidade de São Francisco, em consequência do terremoto de 1906, que destruiu quase completamente toda a região, devastando cerca de 500 quarteirões da cidade e matando mais de 3 mil pessoas. (N. do T.)

a sra. Stein, que, nesse meio-tempo, havia retornado, e, em sua casa, conheci Gertrude Stein. Fiquei impressionada com o broche de coral que ela usava, e com sua voz. Posso dizer que apenas três vezes em toda a minha vida encontrei um gênio e, a cada vez, ouvi uma campainha soar dentro de mim, sem me enganar em nenhuma delas. Posso dizer que, em cada um desses casos, isso ocorreu antes que eu pudesse reconhecer a qualidade genial que havia neles. Os três gênios de quem quero falar são Gertrude Stein, Pablo Picasso e Alfred Whitehead[5]. Conheci muitas pessoas importantes, conheci muitas pessoas excelentes, mas só conheci três gênios de primeira grandeza, e, em cada caso, algo soou dentro de mim à primeira vista. Não me enganei em nenhum desses três casos. E foi assim que começou minha nova vida de plenitude.

---

5 Alfred Whitehead (1861-1947) — filósofo e matemático britânico. Foi o fundador da escola filosófica conhecida como filosofia do processo, atualmente aplicada em vários campos da ciência. (N. do T.)

2

Minha chegada a Paris

Era o ano de 1907. Gertrude Stein acabava de mandar publicar, em edição particular, *Three Lives*[6] e estava mergulhada na escrita de *The Making of Americans*[7], seu livro de mil páginas. Picasso acabara de terminar seu retrato — que não agradou a ninguém à época, além do pintor e da retratada —, hoje tão famoso, e começava seu estranho e complicado quadro de três mulheres; Matisse terminara *Bonheur de Vivre*[8], sua primeira grande composição, que lhe dera a alcunha de *fauve*[9], ou um zoológico inteiro.

---

6   Publicado no Brasil com o título *Três Vidas*. (N. do T.)
7   "A Construção dos Americanos", em tradução livre. Ainda não publicado no Brasil. (N. do T.)
8   "Alegria de Viver", em francês. Obra considerada a precursora do movimento modernista na pintura. (N. do T.)
9   "Fera", em francês, apelido dado aos pintores impressionistas. A autora, fazendo referência a todo um zoológico, brinca com o termo. (N. do T.)

Era a época que Max Jacob[10] definiu posteriormente como a "fase heroica do cubismo". Faz pouco tempo, lembro-me de ter ouvido Picasso e Gertrude Stein falando sobre as várias coisas que ocorreram naquele tempo, um deles dizendo que tudo aquilo não poderia ter acontecido apenas durante aquele ano e o outro — ah, meu querido! — você esquece que éramos jovens e fazíamos muita coisa em um ano.

Então, há muitas coisas a contar sobre o que estava acontecendo naquela época e sobre o que acontecera antes — que levara até aquele momento —, mas agora preciso descrever o que vi quando cheguei.

A casa de número 27 da Rue de Fleurus consistia, tal como agora, em uma pequena residência de dois andares, com quatro pequenos cômodos, uma cozinha e um banheiro, além de um grande ateliê anexo. Hoje, o ateliê está ligado à residência por um pequeno corredor, construído em 1914, mas, na época, ele tinha uma entrada separada; podia-se tocar a campainha da residência ou bater à porta do ateliê, e muita gente fazia os dois, embora a maioria batesse no ateliê. Tive o privilégio de fazer ambos. Fora convidada para jantar no sábado, que era a noite em que todos apareciam e na qual, de fato, todos compareceram. Fui lá jantar. O jantar tinha sido preparado por Hélène. Devo contar um pouco sobre Hélène.

Hélène trabalhava fazia dois anos com Gertrude Stein e o irmão. Era uma daquelas criadas admiráveis, ou, em outras palavras, uma excelente empregada para qualquer tipo de trabalho, preocupada com o bem-estar de seus patrões, além do seu próprio, firmemente convicta de que tudo o que se podia comprar era caro demais. "Ah, mas é verdade, meu querido", era sua resposta para qualquer pergunta. Ela não desperdiçava nada e mantinha todas as despesas domésticas em um valor fixo de 8 francos diários. Chegava até mesmo a incluir os convidados nesse orçamento, um de seus orgulhos, mas é claro que era difícil fazê-lo, já que ela — em nome da honra da casa e também para satisfazer os patrões — tinha de dar comida suficiente para todos. Era uma excelente cozinheira e fazia um *soufflé* maravilhoso. Naqueles dias, a maioria dos convidados levava uma vida mais ou menos precária,

---

10 Max Jacob (1876-1944) — poeta, pintor, escritor e crítico francês. (N. do T.)

ninguém passava fome, alguém sempre ajudava, mas a maioria não vivia com fartura. Foi Braque[11] quem disse — cerca de quatro anos depois, quando todos começavam a ficar conhecidos —, entre suspiros e sorrisos, como a vida mudou, todos nós agora temos cozinheiras que sabem fazer um *soufflé*.

Hélène tinha suas opiniões; não gostava, por exemplo, de Matisse. Dizia que um francês não deveria ficar para a refeição se não era esperado, especialmente se houvesse perguntado de antemão à criada o que havia para comer. Dizia que os estrangeiros tinham todo o direito de fazer esse tipo de coisa, mas um francês não, e Matisse, certa vez, o fizera. Então, quando a srta. Stein lhe dizia que *monsieur* Matisse iria ficar para o jantar naquela noite, ela dizia, nesse caso não farei uma omelete, apenas vou fritar os ovos. Leva-se a mesma quantidade de ovos e de manteiga, mas demonstra menos respeito, e ele entenderá.

Hélène continuou na casa até o fim de 1913. Então, seu marido — a essa altura ela já se casara e tinha um filhinho — insistiu para que ela parasse de trabalhar para os outros. Para sua grande tristeza, ela foi embora e nunca mais parou de dizer que a vida doméstica nunca fora tão divertida quanto na Rue de Fleurus. Bem mais tarde, há cerca de apenas três anos, ela voltou por um ano, já que ela e o marido passavam por dificuldades e seu menino havia morrido. Continuava alegre, como sempre, e com enorme interesse por tudo. Dizia, não era extraordinário que todas aquelas pessoas que eu conheci quando não eram ninguém agora vivem com o nome no jornal, e, outra noite, mencionaram até mesmo o nome de *monsieur* Picasso no rádio. Ora, nos jornais falam até mesmo de *monsieur* Braque, que costumava segurar os quadros grandes para ser pendurados, porque era o mais forte, enquanto o zelador os pregava na parede, e agora vão colocar no Louvre — imagine só, no Louvre — um quadro daquele coitadinho do *monsieur* Rousseau[12], tão tímido que nem tinha coragem de bater à porta. Estava completamente interessada em ver *monsieur* Picasso e a esposa e o filho, e preparou-lhes seu melhor jantar, mas como ele mudou — foi

---

11 Georges Braque (1882-1963) – pintor e escultor francês, um dos fundadores do cubismo, juntamente com Pablo Picasso. (N. do T.)

12 Henri Rousseau (1844-1910) – pintor francês pós-impressionista. (N. do T.)

seu comentário —, bom, disse, suponho que seja normal, mas ele tem um filho adorável. Achamos que, na verdade, Hélène voltara para dar uma olhada na nova geração. De certa forma, isso era verdade, mas não se interessou por eles. Disse que não ficara impressionada, o que fez com que ficassem bastante tristes, já que sua fama era conhecida por toda Paris. Depois de um ano, as coisas voltaram a melhorar, seu marido começou a ganhar mais dinheiro, e ela, mais uma vez, voltou para a própria casa. Mas voltemos a 1907.

Antes de falar sobre os convidados, devo contar o que vi. Como disse, ao ser convidada para o jantar, toquei a campainha da residência e fui levada para o minúsculo saguão e, depois, para a pequena sala de jantar forrada de livros. No único espaço vazio, as portas, havia desenhos de Picasso e Matisse, presos por tachinhas. Como os outros convidados ainda não haviam chegado, a srta. Stein levou-me até o ateliê. Chovia bastante em Paris, e era sempre difícil ir da pequena residência até a porta do ateliê sob a chuva com roupas de noite, mas você não se importaria com esse tipo de coisa, já que nem os anfitriões nem a maioria dos convidados se importava. Entramos no ateliê, que era aberto com uma chave *yale*[13], a única chave *yale* do bairro naquela época, e isso nem era tanto por uma questão de segurança — visto que, naquele tempo, os quadros não tinham valor —, mas porque a chave era pequena e podia caber em uma bolsa, em vez de ser enorme, como eram as chaves francesas. Encostados nas paredes, havia inúmeros móveis muito grandes no estilo renascentista italiano e, no meio da sala, uma grande mesa, também renascentista, sobre a qual encontrava-se um adorável tinteiro, e, em um dos cantos, cadernos empilhados perfeitamente, do tipo que as crianças usavam na escola, com fotos de terremotos e missões exploratórias nas capas. E, em todas as paredes, até o teto, havia quadros. Em uma extremidade da sala havia um enorme fogareiro de ferro fundido, que Hélène, ao entrar, encheu de lenha, fazendo uma barulheira, e, em outro canto, havia uma enorme mesa cheia de pregos de ferradura, pedregulhos e pequenas piteiras de cigarro, algo

---

13 As chaves do tipo *yale* são as mais comuns hoje, usadas em portas, fechaduras e cadeados, com travas no formato de dentes e saliências e segredos únicos. No começo do século XX, as chaves mais comuns eram chamadas gorge, modelos pesados e menos seguros. (N. do T.)

que chamava atenção — mas que ninguém ousava tocar — e que, mais tarde, revelara-se ser o conteúdo dos bolsos de Picasso e Gertrude Stein. Mas voltemos aos quadros. Os quadros eram tão estranhos que, de início, olhávamos instintivamente para qualquer outro lugar, menos para eles. Refresquei minha memória olhando para algumas fotos tiradas dentro do ateliê naquela época. As cadeiras da sala também eram todas em estilo renascentista italiano, não muito confortáveis para pessoas de pernas curtas, e acabávamos nos habituando a nos sentar sobre os próprios pés. A srta. Stein sentava-se perto do fogareiro, em uma adorável cadeira com encosto alto, deixando suas pernas tranquilamente penduradas — o que era uma questão de hábito — e, quando algum dos vários visitantes vinha fazer-lhe uma pergunta, ela se levantava dessa cadeira e respondia, geralmente em francês: agora não. Normalmente referia-se a algo que desejavam ver, desenhos que haviam sido guardados — certa vez, um alemão havia derrubado tinta em um deles — ou algum outro pedido que não seria atendido. Mas voltemos aos quadros. Como eu disse, eles cobriam completamente as paredes caiadas de branco até chegar ao teto, muito alto. À época, a iluminação se dava por bicos de gás pendurados no alto da sala. Essa já era a segunda etapa. Tinham acabado de ser instalados. Antes disso, havia apenas lampiões, e um convidado mais robusto segurava-os no ar enquanto os outros olhavam. Mas o gás acabara de ser colocado, e um engenhoso pintor americano chamado Sayen[14], para distrair a mente do nascimento de seu primeiro filho, estava às voltas com a invenção de um dispositivo mecânico que acenderia os bicos. A velha proprietária, extremamente conservadora, não permitia eletricidade em suas casas e, assim, só puderam instalá-la em 1914, já que a dona estava velha demais para perceber a diferença e seu corretor dera-lhes a permissão. Mas, dessa vez, vou mesmo contar sobre os quadros.

É muito difícil, agora que todos estão acostumados com tudo, ter uma ideia do tipo de mal-estar que se sentia ao olhar pela primeira vez todos aqueles quadros nas paredes. Naquela época havia quadros de todos os tipos, ainda não havia chegado o tempo em que só existiam

---

14   H. Lyman Sayen (1875-1918) — artista abstrato e inventor americano, que ficou conhecido pela invenção dos tubos de raio X. (N. do T.)

Cézannes, Renoirs, Matisses e Picassos, nem ainda mais tarde, quando sobraram só Cézannes e Picassos. Naquela época, havia bastante Matisse, Picasso, Renoir e Cézanne, mas também havia muitas outras coisas. Havia dois Gauguins, alguns Manguins[15], havia um grande nu de Valloton[16] que não se parecia em nada com a Odalisca de Manet, e havia um Toulouse-Lautrec. Certa vez, mais ou menos nessa época, Picasso olhou para o Toulouse-Lautrec e disse, muitíssimo atrevido, seja como for, eu pinto melhor que ele. Toulouse-Lautrec havia sido a mais importante de suas primeiras influências. Mais tarde, comprei uma pintura minúscula de Picasso daquela fase. Havia um retrato de Gertrude Stein pintado por Valloton que poderia ter sido um David[17] — mas não era —, havia um Maurice Denis[18], um pequeno Daumier[19], muitas aquarelas de Cézanne, em suma, havia de tudo, até um pequeno Delacroix e um El Greco de tamanho moderado. Havia Picassos enormes, do período dos arlequins, duas fileiras de Matisses, havia um grande retrato de uma mulher pintada por Cézanne e alguns Cézannes menores. Todos esses quadros tinham uma história, e em breve vou contá-las. Agora eu estava confusa, e olhava e olhava, e continuava confusa. Gertrude Stein e seu irmão estavam tão acostumados com essa reação de seus convidados que nem lhe prestavam mais atenção. Então, ouviu-se uma batida forte à porta do ateliê. Gertrude Stein abriu-a, e um homenzinho moreno e elegante entrou, com cabelos, olhos, rosto, mãos e pés, tudo muito vivo. Olá, Alfy, disse, esta é a srta. Toklas. Como vai, senhorita Toklas, disse-me ele, muito solene. Tratava-se de Alfy Maurer[20], um velho *habitué* da casa. Já tinha estado ali antes de todos esses quadros, quando só havia gravuras japonesas, e estava entre aqueles que acendiam um fósforo para iluminar determinado pedacinho do retrato de

---

15 Henri Charles Manguin (1874-1949) — pintor francês fauvista. (N. do T.)
16 Félix Vallotton (1865-1925) — pintor e gravurista suíço muito importante no desenvolvimento da xilogravura moderna. (N. do T.)
17 Jacques-Louis David (1748-1825) — pintor francês, o mais característico representante do neoclassicismo. (N. do T.)
18 Maurice Denis (1870-1943) — pintor e escritor francês, membro do movimento simbolista, cujas teorias artísticas contribuíram para a criação do cubismo, do fauvismo e da arte abstrata. (N. do T.)
19 Honoré Daumier (1808-1879) — caricaturista, chargista, pintor e ilustrador francês, considerado um dos mestres da litografia e um dos pioneiros do naturalismo. (N. do T.)
20 Alfred Henry Maurer (1868-1932) — pintor modernista americano. (N. do T.)

Cézanne. É claro que dá pra dizer que o quadro está pronto, ele costumava explicar para os outros pintores americanos que chegavam e ficavam com olhar de dúvida, dá pra dizer porque tem moldura, onde já se ouviu falar de alguém emoldurando uma tela se o quadro não está acabado?[21] Ele seguia, seguia, seguia sempre com humildade, sempre com sinceridade, foi ele quem selecionou o primeiro lote de quadros para a famosa Coleção Barnes[22] alguns anos depois, com fidelidade e entusiasmo. Foi ele quem, mais tarde, quando Barnes entrou na casa e abriu seu talão de cheques, disse: juro por Deus que não fui eu quem o trouxe aqui. Gertrude Stein, que tem um temperamento explosivo, apareceu outra noite e deu de cara com o irmão, Alfy e um estranho. Não gostou da cara do estranho. Quem é ele, perguntou ela a Alfy. Não fui eu quem o trouxe, disse Alfy. Ele parece um judeu, disse Gertrude Stein; é pior que isso, disse Alfy. Mas, voltando àquela primeira noite. Poucos minutos depois de Alfy entrar, ouviram uma pancada na porta, o jantar está pronto, disse Hélène. Que estranho os Picasso não terem chegado, todos disseram, mas não vamos esperar, pelo menos Hélène não vai esperar. Assim, saímos para o pátio, entramos na residência e na sala de jantar e começamos a comer. Muito estranho, disse a sra. Stein, Pablo é sempre a pontualidade em pessoa, nunca chega cedo e nunca se atrasa, enche-se de orgulho ao dizer que a pontualidade é parte das boas maneiras dos reis, obrigando até mesmo Fernande[23] a ser pontual. Claro que, muitas vezes, ele concorda com coisas que não tem nenhuma intenção de fazer, ele é incapaz de dizer não, não é uma palavra que não faz parte de seu vocabulário, e é preciso adivinhar se o sim dele quer dizer sim ou não, mas quando ele confirma qualquer coisa, como fez hoje à noite, ele é sempre pontual. Isso tudo foi numa época antes dos automóveis, e ninguém se preocupava com acidentes. Tínhamos acabado de terminar o primeiro prato quando

---

21 No original, a autora utiliza-se apenas de pontos e vírgulas em suas frases. Em português, porém, como não há uso de inversão ou verbos auxiliares na formação das interrogativas, optou-se pelo uso de pontos de interrogação sempre que a frase for ambígua ou de difícil compreensão. (N. do T.)

22 A Coleção Barnes é uma das maiores coleções de pinturas impressionistas, pós-impressionistas e modernas do mundo e hoje está exposta na cidade da Filadélfia, nos Estados Unidos. Foi fundada por Albert C. Barnes (1872-1951), químico e colecionador de arte americano. (N. do T.)

23 Fernande Olivier, nascida Amélie Lang (1881-1966) — artista francesa e modelo, conhecida principalmente por ter sido mulher de Pablo Picasso em sua juventude. (N. do T.)

ouvimos um barulho de passos rápidos no pátio, e Hélène abriu a porta antes que soasse a campainha. Pablo e Fernande, como todos os chamavam à época, entraram. Ele, baixinho, ágil sem ser inquieto, os olhos com uma estranha habilidade de abrir e sorver o que queriam ver. Mantinha o isolamento e os movimentos da cabeça de um toureiro à frente de seu cortejo. Fernande era uma mulher alta e bonita, com um chapéu grande e maravilhoso e um vestido evidentemente novo, e ambos estavam muito agitados. Estou muito chateado, disse Pablo, você sabe muito bem, Gertrude, que nunca me atraso, mas Fernande tinha encomendado um vestido para o *vernissage* de amanhã e ele não chegou. Bom, de qualquer forma, aqui estão vocês, disse a srta. Stein, e já que se trata de você, Hélène não vai se importar. E todos nos sentamos. Eu estava ao lado de Picasso, que ficou calado e, pouco a pouco, se acalmou. Alfy elogiou Fernande, e ela logo ficou calma e tranquila. Depois de algum tempo, murmurei para Picasso que gostava de seu retrato de Gertrude Stein. Sim, disse ele, todo mundo me diz que ela não ficou parecida, mas isso não faz diferença, um dia ela ficará assim, disse ele. A conversa logo ficou animada, girando em torno da inauguração do *Salon des Indépendants*[24], o grande acontecimento do ano. Todos estavam interessados nos escândalos que iriam — ou não — estourar. Picasso nunca expunha, mas como seus discípulos o fariam, havia muitas histórias relacionadas a cada um deles, e as esperanças e os receios eram nítidos.

Enquanto tomávamos café, ouvimos passos no pátio, uma boa quantidade de passos, e a srta. Stein levantou-se e disse: não se apresse, tenho de deixá-los entrar. E saiu da sala.

Quando entramos no ateliê, já havia bastante gente por lá, grupos espalhados, pessoas sozinhas e casais, todos olhando e olhando. Gertrude Stein sentou-se perto do fogareiro e falava, ouvia e levantava-se para abrir a porta e dirigir-se a várias pessoas, que também falavam e ouviam. Ela geralmente abria a porta ao ouvir alguém batendo, e a regra

---

[24] O *Salon des Indépendants* ("Salão dos Independentes", em francês) é uma exposição de arte organizada pela Sociedade dos Artistas Independentes, formada originalmente em Paris em 1884. Em suas três primeiras décadas de existência, as exposições definiram as tendências e os principais movimentos artísticos do início do século XX. (N. do T.)

de praxe usualmente era perguntar *de la part de qui venez-vous?* Você vem da parte de quem? A ideia era que qualquer um poderia entrar, mas, por uma questão de convenção — e em Paris é preciso haver uma regra — todos deveriam ser capazes de mencionar o nome de alguém que lhes tivesse contado a respeito de tudo aquilo. Era uma mera convenção, todos realmente podiam entrar, e, como naquela época aqueles quadros não tinham valor e não havia nenhum privilégio social em conhecer alguém dali, só vinha quem realmente estava interessado. Portanto, como estava dizendo, qualquer pessoa poderia entrar, mas, ainda assim, havia a regra. Certa vez, a srta. Stein, ao abrir a porta, fez como sempre fazia, por parte de quem você veio, e ouvimos uma voz magoada responder, pela sua, *madame*. Era um rapaz que Gertrude Stein conhecera em algum lugar, e com quem tivera uma longa conversa, fazendo-lhe um amável convite, que logo esquecera.

Logo a sala ficou completamente lotada, e quem eram todas aquelas visitas? Grupos de pintores e escritores húngaros, pois um húngaro aparecera ali por acaso e a notícia se espalhou por toda a Hungria, qualquer vilarejo onde existisse um rapaz ambicioso já ouvira falar do número 27 da Rue de Fleurus, e, então, tal rapaz faria tudo para lá pisar, o que aconteceu com muitos deles. Sempre havia algum deles por ali, de todos os tamanhos e formatos, com diversos graus de riqueza e pobreza, alguns muito encantadores, outros simplesmente rudes e, de vez em quando, um jovem camponês muito bonito. Havia também inúmeros alemães, não muito populares, pois tinham tendência a sempre querer ver algo que fora guardado e a quebrar coisas, e Gertrude Stein tem um fraco por objetos quebráveis e tem horror a pessoas que colecionam apenas coisas que não se quebram. Além deles, havia uma boa quantidade de americanos, Mildred Aldrich[25] costumava trazer um grupo, ou Sayen, o eletricista, ou algum pintor e, ocasionalmente, um estudante de arquitetura aparecia, e havia também os *habitués*, entre eles a srta. Mars e a srta. Squires, a quem Gertrude Stein depois imortalizaria em sua história "Miss Furr and Miss Skeene"[26]. Naquela primeira noite, a

---

25 Mildred Aldrich (1853-1928) — jornalista e escritora americana. (N. do T.)
26 O conto "Miss Furr and Miss Skeene" faz parte da coletânea *Geography and Plays*, mencionada anteriormente. Faz referência ao casal de artistas americanas citado, *Ethel Mars* (1876-1959) e *Maud Squire* (1873-1954). (N. do T.)

srta. Mars e eu conversamos sobre um assunto então inteiramente inédito, como maquiar o rosto. Ela estava interessada em tipos diferentes de mulheres, sabia que havia a *femme décorative*, a *femme d'intérieur* e a *femme intrigante*[27]; sem dúvida Fernande Picasso era uma *femme décorative*, mas que tipo era o de *madame* Matisse, *femme d'intérieur*, disse eu, e ela ficou muito satisfeita. De tempos em tempos, ouviam-se a gargalhada estridente e relinchante em espanhol de Picasso e o alegre acesso de Gertrude Stein, e as pessoas iam e vinham, entravam e saíam. A srta. Stein pediu-me que me sentasse com Fernande. Fernande sempre foi bonita, mas um pouco desajeitada. Sentei-me, e foi a primeira vez que me sentara ao lado da mulher de um gênio.

Antes de decidir escrever este livro sobre meus 25 anos com Gertrude Stein, eu costumava dizer que iria escrever "As Mulheres dos Gênios com Quem Me Sentei". Sentei-me com tantas. Já me sentei com mulheres que não eram esposas de verdade, de gênios que não eram gênios de verdade. Sentei-me com esposas de gênios, de quase gênios, de projetos de gênio; em resumo, já me sentei muitas vezes, e por muito tempo, com muitas mulheres e com mulheres de vários gênios.

Como dizia, Fernande, que então morava com Picasso, e estava com ele havia muito tempo, quer dizer, os dois tinham 24 anos à época, mas já estavam juntos fazia bastante tempo, Fernande era a primeira mulher de um gênio com quem me sentei, e ela não era nem um pouco divertida. Falamos sobre chapéus. Fernande falava de duas coisas: chapéus e perfumes. Nesse primeiro dia, conversamos sobre chapéus. Ela gostava de chapéus, tinha um sentimento tipicamente francês por chapéus, se um chapéu não provocasse nenhum gracejo de um homem na rua, o chapéu não fazia sucesso. Mais tarde, certa vez, ela e eu caminhávamos juntas em Montmartre. Ela usava um enorme chapéu amarelo e eu, um azul, bem menor. Enquanto andávamos, um operário parou e gritou, lá se vão o sol e a lua brilhando juntos. Ah, Fernande me disse, com um sorriso radiante, vê como nossos chapéus são um sucesso?

A srta. Stein me chamou e disse-me que queria me apresentar

---

27 Respectivamente "mulher decorativa", "mulher doméstica" e "mulher enigmática", em francês. (N. do T.)

a Matisse. Ela conversava com um homem mediano com uma barba ruiva e óculos. Ele tinha uma presença muito alerta, embora ligeiramente cansativa, e a srta. Stein e ele pareciam estar cheios de segundas intenções. Quando me aproximei, ouvi-a dizer: ah, sim, mas isso seria mais difícil agora. Estávamos falando, disse-me ela, de um almoço que oferecemos aqui no ano passado. Tínhamos acabado de pendurar todos os quadros e convidamos todos os pintores. Você sabe como são os pintores, queria que ficassem felizes, então coloquei cada um diante de seu próprio quadro, e todos ficaram tão contentes que tivemos de mandar buscar mais pão duas vezes; quando você conhecer a França, saberá que isso quer dizer que eles estavam felizes, porque não conseguem comer e beber sem ter pão, e tivemos de mandar buscar pão duas vezes para que se contentassem. Ninguém percebeu minha pequena estratégia, exceto Matisse, que só chegou a notá-la depois que saiu, e agora ele diz que tem uma prova de que sou muito perversa; Matisse riu e disse, sim, conheço *mademoiselle* Gertrude, o mundo é um teatro para você, mas há teatros e teatros, e quando você me escuta com muito cuidado e muita atenção, e não ouve uma palavra sequer, então tenho de dizer que, sim, você é muito perversa. Então os dois começaram a falar sobre o *vernissage* dos *Independentes*, como todo mundo estava fazendo, é claro que eu fiquei sem saber do que se tratava. Mas, aos poucos, fui entendendo e, depois, contarei a história dos quadros, seus pintores e discípulos, e o que significava toda essa conversa.

Mais tarde, fiquei perto de Picasso, que estava parado em pé, pensativo. Você acha, ele me perguntou, que eu realmente me pareço com seu presidente Lincoln? Eu tinha pensado em inúmeras coisas naquela noite, mas não tinha pensado nisso. Veja bem, continuou ele, Gertrude (como eu gostaria de poder transmitir uma pequena parte do carinho despretensioso e da confiança com que ele sempre pronunciava o nome dela — e com que ela sempre dizia Pablo. Em toda sua longa amizade, com todos os momentos conturbados e as complicações, isso nunca mudou), Gertrude me mostrou uma fotografia dele, e eu venho tentando arrumar meu cabelo para se parecer com o dele, acho que minha testa realmente é parecida. Não sabia se ela estava falando sério ou não, mas mostrei-me cordial. Ainda não havia percebido, naquela época, como

Gertrude Stein era total e inteiramente americana. Mais tarde cheguei a zombar dela muitas vezes, chamando-a de general, general da Guerra Civil, de um ou de ambos os lados. Ela tinha uma série de fotografias da Guerra Civil, fotos absolutamente maravilhosas, e ela e Picasso costumavam debruçar-se atentamente sobre elas. Então, subitamente, ele se lembrava da guerra espanhola, e ele se tornava muito espanhol e muito amargo, e o que havia de espanhol e americana dentro deles vinha à tona, e tornavam-se capazes de dizer coisas muito dolorosas sobre o país um do outro. Mas, nessa minha primeira noite, eu não sabia de nada disso, então mantive-me educada, e ficou tudo por isso mesmo.

E agora a noite estava chegando ao fim. Todo mundo estava indo embora, e todo mundo ainda falava do *vernissage* dos *Independentes*. Também saí levando um convite para o *vernissage*. E assim chegou ao fim uma das noites mais importantes de minha vida.

Fui ao *vernissage* com uma amiga, já que o convite que recebera era para duas pessoas. Chegamos muito cedo. Disseram-me para chegar cedo, caso contrário não conseguiríamos ver nada e não haveria lugar para sentar, e minha amiga gostaria de sentar-se. Entramos no prédio que acabara de ser construído para esse salão. Na França, eles sempre constroem coisas apenas para um ou alguns dias e depois as destroem novamente. O irmão mais velho de Gertrude Stein vive dizendo que o segredo do emprego crônico — ou da falta de desemprego — na França se deve ao número de homens ocupados na construção e destruição de prédios temporários. A natureza humana é tão permanente na França que eles podem se dar ao luxo de ser tão provisórios quanto quiserem com suas construções. Entramos no prédio comprido e baixo, certamente comprido demais, que era erguido todos os anos para o *Independentes*. Quando, logo depois da guerra, ou um pouco antes, não me lembro mais, o *Independentes* recebeu instalações permanentes no grande edifício de exposições, o Grand Palais, tudo ficou bem menos interessante. Afinal, o que conta é a aventura. O prédio comprido estava lindamente iluminado pelas luzes de Paris.

Em tempos anteriores, muito antes, na época de Seurat[28], a

---

28 Georges Seurat (1859-1891) — pintor francês, pioneiro do movimento pontilhista. (N. do T.)

exposição dos *Independentes* foi feita em um prédio no qual chovia. Na verdade, foi por isso que, ao pendurar seus quadros sob a chuva, o pobre Seurat pegou seu resfriado fatal. Agora não chovia, fazia um dia lindo, e nós nos sentíamos muito animadas. Quando entramos, era de fato extremamente cedo, fomos as primeiras a chegar. Andamos de uma sala para outra e, francamente, não fazíamos ideia de quais daqueles quadros eram considerados arte pelo pessoal dos sábados à noite e quais eram meras tentativas daqueles que são chamados, na França, de pintores de domingo, operários, cabeleireiros, veterinários e visionários que pintam apenas uma vez por semana, quando não precisam trabalhar. Digo que não sabíamos, mas, sim, talvez soubéssemos. Mas nada sabíamos sobre Rousseau, e havia um Rousseau enorme lá, o escândalo da exposição, um quadro dos oficiais da República, que agora pertence a Picasso; não, não poderíamos saber que aquele quadro viria a ser considerado uma obra-prima e que, como diria Hélène, iria parar no Louvre. Também lá estava, se não me falha a memória, um estranho quadro do mesmo Rousseau *douanier*[29], uma espécie de apoteose de Guillaume Apollinaire, com uma Marie Laurencin[30] atrás dele, feito musa. Também não teria reconhecido esse quadro como uma obra de arte séria. Naquela época, é claro, eu não sabia nada sobre Marie Laurencin e Guillaume Apollinaire, mas há muito que contar sobre eles mais tarde. Então continuamos, e vimos um Matisse. Ah, ali estávamos começando a nos sentir em casa. Reconhecíamos um Matisse logo que dávamos de cara com ele, e era algo de que gostávamos e sabíamos ser arte de primeira, além de lindo. Era uma grande figura de mulher deitada no meio de alguns cactos. Um quadro que, depois da exposição, acabou ficando na Rue de Fleurus. Certo dia, o menininho de 5 anos do zelador, que costumava visitar Gertrude Stein — que, aliás, gostava muito dele —, pulou em seus braços quando ela se encontrava parada diante da porta aberta do ateliê e, olhando por cima de seu ombro, viu o quadro e exclamou extasiado, *oh là là*, que corpo lindo de mulher. A srta. Stein costumava sempre contar essa história quando algum

---

29 "Alfandegário", em francês. Célebre apelido de Henri Rousseau. (N. do T.)
30 Marie Laurencin (1883-1956) — pintora e gravurista francesa, conhecida por ser a única mulher cubista. Foi também musa de Guillaume Apollinaire (1880-1918), escritor e crítico de arte francês, com quem manteve um relacionamento amoroso. (N. do T.)

estranho casual, com os modos agressivos de um estranho casual, dizia, olhando para o quadro, e o que isso deveria representar?

Na mesma sala do Matisse, um pouco encoberto por uma divisória, estava uma versão húngara do mesmo quadro de um certo Czóbel[31], que me lembrava de ter visto na Rue de Fleurus; essa era a alegre maneira dos independentes de colocar um discípulo chocante diante do chocante, mas não tão chocante, mestre.

Continuamos sem parar, percorrendo muitas salas, com muitíssimos quadros, e, finalmente, acabamos chegando a uma sala no centro de tudo, em que havia um banco de jardim, e, como muita gente estava entrando, muita gente, nos sentamos no banco para descansar.

Ficamos descansando e olhando para cada um que passava, e era realmente *la vie de bohème*, tal qual na ópera, uma maravilha de se ver. Nesse momento, alguém atrás de nós pousou a mão em nossos ombros e caiu na gargalhada. Era Gertrude Stein. Vocês escolheram um lugar perfeito para sentar-se, disse ela. Mas, por quê? — perguntamos. Porque bem aqui, à sua frente, está toda a história. Olhamos e não vimos nada, a não ser dois grandes quadros que se pareciam bastante, mas não eram completamente iguais. Um é um Braque, e o outro é um Derain[32], explicou Gertrude Stein. Eram quadros estranhos, com figuras com formatos estranhos que lembravam madeira; um deles, se bem me lembro, formava uma espécie de homem e de mulher, e o outro, três mulheres. E então? Ela perguntou, ainda rindo. Estávamos perplexas, havíamos visto tantas esquisitices que não sabíamos o porquê daqueles dois quadros serem ainda mais esquisitos. Ela rapidamente se perdeu em meio à multidão animada e eloquente. Reconhecemos Pablo Picasso e Fernande, pensamos ter reconhecido muitas outras pessoas, com certeza todos pareciam interessados no nosso lugar, e lá ficamos, sem saber por que aquele lugar parecia chamar tanta atenção. Após um intervalo considerável, Gertrude Stein voltou, dessa vez evidentemente ainda mais animada e entretida. Curvou-se sobre nós duas e disse,

---

31 Béla Czóbel (1883-1976) — pintor húngaro pós-impressionista. (N. do T.)
32 André Derain (1880-1954) — pintor e escultor francês, cofundador do fauvismo, juntamente com Matisse. (N. do T.)

solenemente, vocês querem ter aulas de francês? Nós não hesitamos, ora, é claro que queríamos ter aulas de francês. Bom, Fernande vai dar aulas de francês para vocês, vão procurá-la e digam-lhe quanto estão interessadas em ter aulas de francês. Mas por que ela deveria nos dar aulas de francês, perguntamos. Porque, bem, porque ela e Pablo decidiram se separar para sempre. Suponho que isso já tenha acontecido antes, mas era a primeira vez que acontecia desde que os conhecera. Vocês sabem que Pablo diz que, se você ama uma mulher, deve lhe dar dinheiro. Bom, ele também diz que, quando você quer largar uma mulher, tem de esperar até ter dinheiro suficiente para dar a ela. Vollard[33] acaba de comprar o ateliê dele, e agora ele pode dar-se ao luxo de se separar dela, dando-lhe a sua metade. Ela quer morar sozinha em um quarto e dar aulas de francês, e é aí que vocês entram na história. Bom, o que isso tem a ver com esses dois quadros, perguntou minha sempre curiosa amiga. Nada, disse Gertrude Stein, afastando-se com um enorme acesso de riso.

Vou contar toda a história, como fiquei sabendo depois, mas agora tenho de achar Fernande e oferecer-me para ter aulas de francês com ela.

Andei vagando pelo meio da multidão, nunca tinha imaginado que poderia haver tantos tipos de homem pintando e olhando quadros. Nos Estados Unidos, mesmo em São Francisco, eu estava acostumada a ver mulheres em exposições de quadros, e uns poucos homens, mas aqui havia homens, homens, homens, às vezes algumas mulheres no meio deles, mas geralmente havia três ou quatro homens com uma mulher, às vezes cinco ou seis homens com duas mulheres. Mais tarde, acabei me acostumando com essa proporção. Em um desses grupos de cinco ou seis homens com duas mulheres, vi os Picasso, isto é, vi Fernande, com seu gesto característico, o dedo indicador, com um anel, em riste. Como descobri depois, ela tinha o dedo indicador napoleônico, ou seja, quase tão longo, se não até mesmo um pouco mais longo que o dedo médio, e, sempre que ela se agitava, o que afinal não acontecia com muita frequência, já que Fernande era meio apática, o dedo indicador ficava em riste. Esperei, sem querer me intrometer naquele grupo em

---

[33] Ambroise Vollard (1866-1939) — negociador de arte francês, conhecido como um dos mais importantes *marchands* de arte contemporânea do início do século XX. (N. do T.)

que ela, em uma ponta, e Picasso, na outra, eram o centro das atenções; mas, finalmente, criei coragem para avançar, chamar sua atenção e dizer o que queria. Ah, sim, disse ela docemente, Gertrude me falou de seu interesse, seria um prazer dar-lhes aulas, para você e sua amiga, nas próximas semanas vou estar bastante ocupada instalando-me em meu novo apartamento. Gertrude vem me ver no fim de semana, se você e sua amiga a acompanharem, então podemos combinar tudo. Fernande falava um francês muito elegante, claro que com alguns lapsos — em que usava a gíria de Montmartre, que eu achava muito difícil de acompanhar —, mas ela fora educada para ser professora, sua voz era adorável, e ela era muito, muito bonita, com uma pele maravilhosa. Era uma mulher grande, mas não muito grande, justamente por ser apática, e tinha os braços pequenos e roliços, que conferem aquela beleza característica a todas as francesas. Era uma pena as saias curtas terem virado moda, porque, até então, ninguém imaginava a grossura das pernas robustas das francesas típicas, pensava-se apenas na beleza dos braços, pequenos e roliços. Concordei com a proposta de Fernande e afastei-me.

Ao voltar para onde minha amiga estava sentada, fui me acostumando, não tanto com os quadros, mas com as pessoas. Comecei a perceber que havia uma certa uniformidade de tipos. Vários anos depois, apenas alguns anos atrás, quando Juan Gris[34], que todos nós amávamos muito, morreu (ele era, depois de Pablo Picasso, o amigo mais querido de Gertrude Stein), ouvi Gertrude dizer para Braque — eles estavam um ao lado do outro no funeral —, quem são essas pessoas, são tantos e tão familiares, e não sei quem é ninguém. Ah, Braque respondeu, são as mesmas pessoas que você costumava ver no *vernissage* dos *Independentes* e no *Salão de Outono*[35], e você via seu rosto a cada seis meses, ano após ano, e é por isso que lhe parecem tão familiares.

Cerca de dez dias depois, Gertrude Stein e eu fomos para Montmartre, era a primeira vez que eu lá ia. Nunca mais deixei de amar aquele lugar. Ainda vamos lá de vez em quando, e sempre tenho a mesma sensação de doce expectativa que tive naquela vez. É um lugar onde sempre ficamos

---

34 Juan Gris (1887-1927) — pintor espanhol. (N. do T.)
35 O Salon d'Automne é uma exposição de arte que acontece anualmente, em meados de outubro, na cidade de Paris, desde 1903. (N. do T.)

na expectativa e, às vezes, à espera de algo; não que algo vá acontecer, mas simplesmente ficamos na expectativa, paradas. Os moradores de Montmartre não são muito de se sentar, a maioria prefere ficar em pé, o que é até bom, já que as cadeiras — as cadeiras das salas de jantar da França — não são lá muito convidativas. Então, fui para Montmartre e comecei a aprender a ficar em pé. Fomos primeiro ver Picasso e, depois, fomos ver Fernande. Picasso agora nem gosta mais de ir a Montmartre, não gosta de pensar e muito menos falar sobre o assunto. Hesita até mesmo em falar a respeito com Gertrude Stein, aconteceram coisas naquela época que feriram profundamente seu orgulho espanhol, e o final de sua vida em Montmartre foi de amargura e desilusão, e não há nada mais amargo que a desilusão espanhola.

Mas, àquela época, ele vivia saindo e voltando para Montmartre e morava na Rue Ravignan.

Fomos até o Odéon e lá pegamos um ônibus, quer dizer, subimos em um ônibus, um daqueles magníficos ônibus velhos puxados por cavalos que cruzavam Paris rapidamente e subiam até a Place Blanche. Lá, saltamos e subimos uma rua íngreme repleta de lojas com coisas de comer, a Rue Lepic, depois viramos uma esquina, subimos uma ladeira ainda mais íngreme, quase vertical, na verdade, e chegamos à Rue Ravignan, hoje Place Émile-Goudeau, que, tirando o nome, continua igual, com seus degraus que levam até um pequeno largo quadrado com poucas e frágeis arvorezinhas, um carpinteiro na esquina — na última vez em que lá estive, não faz muito tempo, ainda havia um carpinteiro na esquina — e um pequeno café pouco antes de se subirem as escadas, no qual todo mundo costumava comer — ainda continua lá —, e, à esquerda, o prédio de apartamentos baixo de madeira, que também ainda está no mesmo lugar.

Subimos os poucos degraus e, pela porta aberta, passamos pelo apartamento à esquerda, em que mais tarde Juan Gris viveria seu martírio, naquela época ocupado por um tal de Vaillant, um pintor obscuro que cederia o apartamento para servir de vestiário feminino no famoso banquete oferecido a Rousseau, e, então, descemos um lance de escadas bastante abrupto, que levava ao apartamento em que Max Jacob moraria mais tarde, e, ainda, passamos por outra escadaria íngreme, em que não muito antes um jovem rapaz se suicidara — Picasso pintou um dos mais belos quadros de sua primeira fase mostrando os amigos reunidos ao redor do caixão —, passamos por tudo isso para chegar a uma porta mais larga, na qual Gertrude Stein bateu, Picasso abriu, e nós entramos.

Ele vestia o que os franceses chamam de *singe* — roupa de macaco —, um macacão feito de jeans azul ou marrom, acho que o dele era azul, e chamam-no de *singe*, ou macaco, porque são feitos de uma peça só, presa por um cinto, e se o cinto não é preso — como muitas vezes não é — forma-se um volume atrás parecido com um macaco. Seus olhos eram ainda mais maravilhosos do que eu me lembrava, tão grandes e castanhos, e suas mãos, tão morenas, delicadas e vivas. Fomos mais para o interior do apartamento. Havia um sofá a um canto, um fogareiro minúsculo, que servia para cozinhar e como aquecedor no outro canto, algumas cadeiras, a cadeira grande e quebrada em que Gertrude Stein havia se sentado quando ele a pintou, e um cheiro de cachorro e tinta por todo lado, além de uma cadela enorme, que Picasso movia de um lugar para o outro como se ela fosse um móvel grande. Ele pediu para nos sentarmos, mas, como todas as cadeiras estavam ocupadas, ficamos em pé até a hora de sair. Foi a primeira vez que tive de ficar em pé, mas depois descobri que todos ficavam assim por horas. Contra a parede havia um quadro enorme, um estranho quadro de cores claras e escuras, e isso é tudo que posso dizer, e o quadro mostrava um grupo de pessoas, um grupo enorme, e, ao lado dele, havia outro, com uma espécie de marrom-avermelhado, e três mulheres quadradas, posando, tudo bastante assustador. Picasso e Gertrude ficaram conversando em pé. Eu me afastei e fiquei olhando. Não posso dizer que entendi alguma coisa, mas senti que havia algo doloroso e belo ali, algo opressivo, enclausurado. E ouvi Gertrude Stein dizer, e o meu? E Picasso então trouxe um quadro menor, algo inacabado e que nunca iria acabar, quase branco de tão pálido, com duas figuras, estava tudo lá, mas tudo bastante inacabado, e impossível de ser terminado. Picasso disse, mas ele nunca vai aceitá-lo. Sim, eu sei, respondeu Gertrude Stein. Mas, mesmo assim, é o único no qual está tudo aí. Sim, eu sei, ele respondeu, e ficaram calados. Depois disso, continuaram conversando em voz baixa, e, então, a srta. Stein disse, bom, temos de ir, vamos tomar chá com Fernande. Sim, eu sei, respondeu Picasso. Quantas vezes você a tem visto, ela perguntou, e ele ficou muito vermelho, parecendo envergonhado. Nunca fui lá, afirmou ele, ressentido. Ela riu, bom, de qualquer forma, é para lá que vamos, disse, e a srta. Toklas vai ter aulas de francês. Ah, a srta. Toklas, falou ele, com seus pezinhos de espanhola e brincos de cigana, e um pai que é rei na Polônia, feito os Poniatowski[36], é claro que ela vai ter aulas. Todos nós rimos e nos dirigimos à porta. E ali estava um homem muito bonito, ah, Agero[37], disse Picasso, você conhece essas moças? Ele parece um El Greco, eu disse em inglês. Picasso me entendeu e disse, um falso El Greco. Ah, esqueci de entregar-lhe isso — disse Gertrude Stein, entregando a Picasso um maço de jornais — eles vão consolá-lo. Ele abriu o maço, eram suplementos dominicais de jornais americanos, com as tiras de *Os Sobrinhos do Capitão*[38]. Ah, *oui oui*, disse ele, com o rosto cheio de satisfação, *merci*, obrigado, e fomos embora.

Saímos e continuamos a subir a colina. O que achou do que viu? — perguntou-me a srta. Stein. Bom, eu vi alguma coisa, isso é certo. É claro que sim, ela disse, mas você percebeu a ligação com aqueles dois quadros diante dos quais você se sentou por tanto tempo no *vernissage*? Só percebi que os Picassos eram bastante terríveis e os outros, não. Claro, ela disse, como Pablo comentou certa vez, quando se faz algo, é tão complicado de fazer que acaba por ficar feio, mas aqueles que o fazem depois de você não precisam se preocupar e podem torná-lo mais bonito, e então todo mundo é capaz de gostar quando são os outros que o fazem.

Continuamos a andar e viramos por uma ruazinha e deparamos com outra casinha, em que perguntamos por *madame* Bellevallée, e nos mandaram seguir por um corredor; batemos e entramos em um cômodo de tamanho médio, no qual havia uma cama enorme, um piano, uma mesinha de chá, Fernande e mais duas outras mulheres.

Uma delas era Alice Princet. Era uma criatura parecida com uma

---

36 Última família real polonesa. (N. do T.)

37 Auguste Agero (1880-1945) — pintor francês. (N. do T.)

38 No original, *Katzenjammer Kids*, história em quadrinhos criada pelo alemão naturalizado americano Rudolph Dirks (1877-1968). Foi a primeira tira em quadrinhos a representar os diálogos dos personagens com os chamados "balões". Foi publicada no Brasil até meados dos anos 1970. (N. do T.)

madonna, com olhos grandes e adoráveis e cabelos encantadores. Fernande depois explicou-nos que ela era filha de um operário e tinha uns polegares grosseiros, claramente típicos dos operários. Ela morava, explicou Fernande, havia sete anos com *monsieur* Princet — que trabalhava para o governo — e era-lhe fiel à maneira de Montmartre, ou seja, ficava a seu lado na doença e na saúde, mas também se divertia quando podia. Agora estavam para se casar. Princet havia se tornado chefe de seu pequeno departamento no serviço público e seria obrigado a convidar outros chefes de departamento para sua casa, e então, é claro, deveria regularizar sua relação. Na verdade, casaram-se alguns meses depois, e foi por causa desse casamento que Max Jacob fez seu famoso comentário: é maravilhoso desejar uma mulher por sete anos e finalmente possuí-la. Picasso foi mais prático: por que deveriam se casar, se simplesmente iriam se divorciar? O que acabou sendo profético.

Mal se casaram, Alice Princet conheceu Derain, e Derain conheceu Alice. Foi o que os franceses chamam de *coup de foudre*, ou amor à primeira vista. Ficaram completamente loucos um pelo outro. Alice tentou se aguentar quanto pôde, mas agora estavam casados e era diferente. Além disso, ele ficou com raiva pela primeira vez na vida e, no meio de sua raiva, rasgou o primeiro casaco de pele de Alice, que ela ganhara no casamento. Foi isso que resolveu o assunto, e, menos de seis meses depois do casamento, Alice largou Princet, para nunca mais voltar. Ela e Derain partiram juntos e nunca mais se separaram. Sempre gostei de Alice Derain. Possuía um certo ar tempestuoso que talvez tivesse relação com seus polegares grosseiros, que, curiosamente, combinavam com seu rosto de *madonna*.

A outra mulher era Germaine Pichot[39], um tipo completamente diferente. Quieta, séria e espanhola, tinha os ombros quadrados e o olhar fixo e alheio, típico de sua nacionalidade. Era muito gentil e casada com um pintor espanhol chamado Pichot[40], uma criatura maravilhosa; ele era alto, magro, como um daqueles cristos primitivos das igrejas espanholas, e quando executava uma dança espanhola, como fez mais

---

39 Germaine Pichot (1880-1948) — bailarina e modelo francesa. Também ficou conhecida como uma das amantes de Pablo Picasso. (N. do T.)
40 Ramon Pichot Gironès (1871-1925) — pintor impressionista catalão. (N. do T.)

tarde no famoso banquete em homenagem a Rousseau, chegava a inspirar religiosidade.

Germaine, dizia Fernande, era a heroína de muitas histórias estranhas. Certa vez levou para o hospital um rapaz que se ferira em um tumulto em uma sala de concertos, e cuja turma que o acompanhava o abandonara. Muito naturalmente, Germaine acompanhou-o e ficou a seu lado até que tudo estivesse bem. Ela tinha várias irmãs, todas nascidas e criadas em Montmartre, e todas de pais diferentes, casadas com homens de nacionalidades diferentes, até mesmo turcos e armênios. Germaine, bem mais tarde, ficou muito doente, por anos a fio, e sempre tinha a seu redor um grupo de amigos fiéis. Estes costumavam carregá-la até o cinema mais próximo em sua poltrona e assistiam ao filme inteiro ao seu lado. Faziam isso regularmente, uma vez por semana. Imagino que continuam a fazê-lo.

A conversa em torno da mesa de chá de Fernande não era animada, ninguém tinha o que dizer. Era um prazer conhecê-las, até mesmo uma honra, mas não passava disso. Fernande reclamou um pouco da faxineira, que não tinha espanado o pó nem enxaguado os utensílios para o chá adequadamente, e também disse que comprar uma cama e um piano a prazo tinha certos aspectos desagradáveis. Fora isso, nenhuma de nós tinha muito a dizer.

Por fim, combinamos as aulas de francês; eu deveria pagar cinquenta centavos por hora, e ela viria me ver dali a dois dias, quando começaríamos. Só no fim da visita tornaram-se mais naturais. Fernande perguntou à srta. Stein se ela ainda tinha algum dos suplementos de quadrinhos dos jornais americanos. Gertrude Stein respondeu que acabara de deixá-los com Pablo.

Fernande enfureceu-se como uma leoa que defende os filhotes. Essa é uma brutalidade pela qual nunca vou perdoá-lo, disse. Eu o conheci na rua, ele tinha um suplemento de quadrinhos em sua mão, pedi que ele me desse um deles para ajudar a me distrair, e ele recusou brutalmente. Foi uma crueldade que nunca vou perdoar. Peço-lhe, Gertrude, que me dê os próximos exemplares que tiver do suplemento de quadrinhos. Gertrude Stein disse: ora, certamente, com prazer.

Quando saímos, ela me disse, espero que os dois estejam juntos novamente antes que saiam os próximos suplementos de quadrinhos de *Os Sobrinhos do Capitão*, porque, se eu não os der a Pablo, ele vai ficar completamente chateado, e, se der, Fernande vai fazer um estardalhaço terrível. Bom, imagino que eu tenha de perdê-los ou fazer com que meu irmão os entregue a Pablo por engano.

Fernande apareceu pontualmente na hora marcada, e começamos nossa aula. Claro que para ter uma aula em francês é preciso conversar, e Fernande tinha três assuntos: chapéus — e não tínhamos muito mais o que falar sobre chapéus —, perfumes — e tínhamos ainda o que falar sobre perfumes. Os perfumes eram, de verdade, a maior extravagância de Fernande, ela causara um escândalo em Montmartre certa vez porque comprou um frasco de perfume chamado Smoke — pelo qual pagara 80 francos, àquela época o equivalente a 16 dólares —, e o perfume não tinha aroma, mas uma cor maravilhosa, como fumaça líquida engarrafada. E seu terceiro assunto eram as espécies de pele. Havia três espécies de pele: a primeira eram as martas, a segunda os arminhos e as chinchilas, e a terceira categoria eram as raposas e os esquilos. Foi a coisa mais surpreendente que ouvira em Paris. Estava estupefata. Chinchila era considerada de segunda categoria, esquilos eram um tipo de pele, e não havia casacos de pele de foca.

Nossa única outra conversa foi sobre a descrição e o nome dos cachorros que estavam na moda. Esse era um assunto meu, e, depois que eu fazia qualquer descrição, ela sempre hesitava e, em seguida, dizia — ah! sim, com aparência de quem entendera, você está falando de um cachorrinho belga chamado *griffon*.

E assim seguíamos. Ela era muito bonita, mas sua aula um tanto quanto pesada e monótona, então sugeri que nos encontrássemos ao ar livre, em uma casa de chá ou passeando por Montmartre. Ficou muito melhor. Ela passou a me contar certas coisas. Conheci Max Jacob. Fernande e ele eram muito engraçados juntos. Sentiam-se como um elegante casal do Primeiro Império, ele no papel de *le vieux marquis*[41], beijando-lhe a mão e fazendo-lhe elogios, e ela os recebendo como se

---

41 "O velho marquês", em francês. (N. do T.)

fosse a imperatriz Joséphine[42]. Uma caricatura, claro, mas bastante divertida. Então, ela me contou sobre uma mulher misteriosa e horrível chamada Marie Laurencin, barulhenta como um animal e que irritava Picasso. Imaginei-a como uma velha horrenda e fiquei encantada quando conheci a jovem e refinada Marie, que parecia um Clouet[43]. Max Jacob fez o meu horóscopo. Foi uma grande honra, porque, na verdade, ele o fez por escrito. Não havia percebido na época, mas, desde então — e especialmente de uns tempos para cá —, acabei constatando tal fato, já que todos os jovens rapazes que hoje tanto admiram Max ficam muito surpresos e impressionados por ele ter feito meu horóscopo por escrito, pois sempre imaginaram que ele os fizesse de improviso. Bom, seja como for, o meu está comigo, e no papel.

Então, ela também me contou muitas histórias sobre Van Dongen[44], sua esposa e filhinha holandesas. Van Dongen ganhou fama com um retrato que fez de Fernande. Foi assim que ele acabou criando o tipo de olhos amendoados que mais tarde virariam moda. Mas os olhos amendoados de Fernande eram naturais; bem ou mal, tudo era natural em Fernande.

É claro que Van Dongen não admitiu que esse quadro era um retrato de Fernande, embora ela tivesse posado para ele, e, por isso, havia muito ressentimento entre eles. Àquela época, Van Dongen era pobre e tinha uma esposa vegetariana, e eles viviam à base de espinafre. De vez em quando, Van Dongen escapava de tanto espinafre, indo para uma espelunca em Montmartre no qual as garotas lhe pagavam o jantar e a bebida.

A filha de Van Dongen tinha apenas 4 anos, mas era fantástica. Van Dongen costumava fazer acrobacias com ela, girando-a no ar e segurando-a pela perna. Quando ela abraçava Picasso, de quem gostava muito, só faltava quebrar-lhe os ossos, e ele tinha muito medo dela.

Havia muitas outras histórias de Germaine Pichot e do circo onde ela ia encontrar seus amantes, e havia histórias de toda a vida passada e

---

42 Joséphine Bonaparte (1763-1814), primeira esposa de Napoleão Bonaparte (à época, imperador Napoleão I) e imperatriz da França. (N. do T.)
43 Referência a François Clouet (c. 1510-1572), pintor e miniaturista francês, conhecido por seus retratos detalhados da família real francesa. (N. do T.)
44 Kees van Dongen (1877-1968) — pintor holandês fauvista. (N. do T.)

presente de Montmartre. A própria Fernande tinha um ideal. Era Evelyn Thaw[45], a heroína do momento. E Fernande a adorava, como a geração posterior adoraria Mary Pickford[46]; ela era tão loira, tão pálida, tão nula, e Fernande soltava um suspiro profundo de admiração.

Assim que vi Gertrude Stein depois desses encontros, ela me disse subitamente: Fernande está usando seus brincos? Eu não sei, disse eu. Bom, preste atenção, pediu. Quando encontrei novamente Gertrude Stein, eu afirmei, sim, Fernande está usando seus brincos. Bom, ela disse, ainda não há nada a ser feito, é um incômodo, porque Pablo, naturalmente — já que não há ninguém no estúdio —, não pode ficar em casa. Na semana seguinte, pude anunciar que Fernande não estava usando os brincos. Está tudo bem, então ela não tem mais dinheiro e está tudo acabado, disse Gertrude Stein. E assim foi. Uma semana depois, eu estava jantando com Fernande e Pablo na Rue de Fleurus.

Dei de presente um vestido chinês de São Francisco para Fernande, e Pablo me deu um lindo desenho.

E agora vou lhes contar como duas americanas se viram, por acaso, no centro de um movimento artístico completamente desconhecido, à época, pelo resto do mundo.

---

45   Evelyn Nesbit Thaw (1884-1967) — famosa cantora de coro e modelo americana. (N. do T.)
46   Mary Pickford (1892-1979) — atriz e produtora de cinema canadense. (N. do T.)

3

Gertrude Stein em Paris 1903-1907

Durante os dois últimos anos de Gertrude Stein na Faculdade de Medicina Johns Hopkins, em Baltimore, de 1900 a 1903, seu irmão morava em Florença. Lá, ele ouviu falar de um pintor chamado Cézanne e viu algumas pinturas dele pertencentes a Charles Loeser[47]. Quando ele e a irmã se mudaram para Paris, no ano seguinte, procuraram Vollard, o único negociante de quadros que tinha Cézannes à venda, para dar uma olhada neles.

---

47 Charles Alexander Loeser (1864-1928) – historiador da arte e colecionador americano. (N. do T.)

Vollard era um homem moreno, enorme, que falava com a língua presa. Sua loja ficava na Rue Laffitte, não muito longe do Boulevard. Mais adiante, na mesma ruazinha, morava Durand-Ruel[48], e, mais pra frente, perto da Igreja dos Mártires, morava Sagot, o ex-palhaço[49]. Mais acima, em Montmartre, na Rue Victor-Massé, ficava *mademoiselle* Weill, que vendia uma mistura de quadros, livros e quinquilharias, e, em uma parte completamente diferente de Paris, na Rue Faubourg Saint-Massé, encontrava-se o ex-fotógrafo e proprietário de café Druet[50]. Na mesma Rue Laffitte ficava a confeitaria Fouquet, em que era possível consolar-se com deliciosos bolinhos de mel e doces de nozes e, de vez em quando, comprar um pote de vidro de geleia de morango em vez de um quadro.

A primeira visita a Vollard deixou uma impressão indelével em Gertrude Stein. Era um lugar incrível. Não parecia uma galeria de quadros. No interior, havia um par de telas viradas para a parede, em um canto estava uma pequena pilha de telas grandes e pequenas jogadas de qualquer jeito umas sobre as outras e, no centro da sala, em pé, um enorme homem moreno e melancólico. Esse era Vollard quando estava animado. Quando estava realmente de mau humor, encostava o corpo enorme contra a porta de vidro que dava para a rua, com os braços acima da cabeça, as mãos nos cantos superiores da porta, e, carrancudo, ficava olhando para fora. Ninguém nem pensava em entrar, então.

Eles pediram para ver alguns Cézannes. Ele pareceu menos melancólico e tornou-se bastante educado. Como vieram a descobrir depois, Cézanne era a grande paixão da vida de Vollard. Para ele, o nome Cézanne era uma palavra mágica. Ouviu falar de Cézanne pela primeira vez pelo pintor Pissarro[51]. Na verdade, todos os primeiros admiradores de Cézanne ouviram falar dele pela primeira vez por meio de Pissarro. Naquela época, Cézanne vivia triste e amargurado em Aix-en-Provence. Pissarro falou dele com Vollard, com Fabry, um florentino, que contou a

---

48 Paul Durand-Ruel (1831-1922) – *marchand* francês ligado à primeira geração de impressionistas. (N. do T.)

49 Clovis Jules Sagot (1854-1913) – *marchand* francês. Como indicado, antes de se dedicar ao comércio de arte, havia sido palhaço em um circo. (N. do T.)

50 Eugène Druet (1867-1916) – fotógrafo e galerista francês. (N. do T.)

51 Camille Pissarro (1830-1903) – pintor francês, cofundador do impressionismo. (N. do T.)

Loeser, que contou a Picabia[52]; em suma, contou a todos que já sabiam quem era Cézanne naquela época.

Havia alguns Cézannes para ver no Vollard. Mais tarde, Gertrude Stein escreveu um poema chamado "Vollard e Cézanne", que Henry McBride[53] publicou no *New York Sun*. Essa foi a primeira obra no exílio de Gertrude Stein a ser publicada, o que deu, tanto a ela quanto a Vollard, muito prazer. Mais tarde, quando Vollard escreveu seu livro sobre Cézanne, ele enviou uma cópia para Henry McBride, por sugestão de Gertrude Stein. Ela lhe disse que uma página inteira em um dos grandes jornais diários de Nova York seria dedicada ao livro. Ele não acreditava que isso fosse possível, já que nada parecido jamais acontecera com ninguém em Paris. E acabou acontecendo, o que o deixou profundamente comovido, numa felicidade indescritível. Mas voltemos àquela primeira visita.

Eles disseram a *monsieur* Vollard que queriam ver algumas paisagens de Cézanne, que vinham recomendados pelo sr. Loeser, de Florença. Ah, sim, disse Vollard, parecendo bastante animado, e começou a mover-se pela sala, desaparecendo, por fim, atrás de uma divisória nos fundos, de onde se ouviam seus passos pesados subindo alguns degraus. Depois de uma longa espera, ele desceu novamente, trazendo na mão um quadro minúsculo com uma maçã e a maior parte da tela por pintar. Eles examinaram o quadro atentamente e, então, disseram, sim, mas o senhor entende, o que queríamos era uma paisagem. Ah, sim, suspirou Vollard, parecendo ainda mais animado, e, depois de um momento, desapareceu novamente e, dessa vez, voltou com uma pintura de costas, uma pintura linda, não havia dúvida, mas o irmão e a irmã não estavam preparados para apreciar devidamente os nus de Cézanne e, então, voltaram ao ataque. Eles queriam ver uma paisagem. Dessa vez, depois de uma espera ainda mais longa, ele voltou com uma tela imensa em que havia um pequeno pedaço com uma paisagem pintada. Sim, era isso mesmo, disseram, uma paisagem, mas o que queriam era uma tela menor, e pintada por completo. Eles disseram que gostariam

---

52 Francis-Marie Picabia (1879-1953) — pintor e poeta francês. (N. do T.)
53 Henry McBride (1867-1962) — crítico de arte americano. (N. do T.)

de ver algo assim. A essa altura, a noite do início de inverno parisiense já começava a cair, e, nesse exato instante, uma faxineira bastante idosa desceu as mesmas escadas dos fundos e murmurou, *bonsoir, monsieur et madame*[54], e saiu silenciosamente pela porta; depois de um momento, outra faxineira idosa desceu as mesmas escadas e murmurou, *bonsoir messieurs et mesdames*, e saiu em silêncio pela porta. Gertrude Stein começou a rir e falou para o irmão, quanta bobagem, não tem nenhum Cézanne. Vollard sobe as escadas e diz para essas velhas o que pintar, e ele não entende a gente, e elas não o entendem, e elas pintam qualquer coisa, ele desce e diz que é um Cézanne. Os dois começaram a rir incontrolavelmente. Em seguida, conseguiram se controlar e, novamente, explicaram sobre a paisagem. Disseram que queriam ver uma daquelas paisagens ensolaradas de Aix, maravilhosamente amarelas, das quais Loeser possuía vários exemplares. Mais uma vez, Vollard saiu e, dessa vez, voltou com uma pequena e maravilhosa paisagem esverdeada. Era linda, cobria toda a tela, não custava tão caro, e eles a compraram. Mais tarde, Vollard disse para todo mundo que tinha recebido a visita de dois americanos malucos, e eles gargalhavam, e ele ficou muito irritado, mas, aos poucos, descobriu que quando mais riam era quando compravam alguma coisa, então, certamente, ele esperava que rissem.

Daí em diante, voltavam ao Vollard o tempo todo. Logo ganharam o privilégio de revirar suas pilhas de telas até achar o que queriam. Compraram um pequenino Daumier, a cabeça de uma velha. Começaram a se interessar pelos nus de Cézanne e acabaram por comprar duas telas minúsculas de nus em grupo. Encontraram um Manet, também muito pequeno, pintado em branco e preto, com Forain[55] em primeiro plano, e o compraram, e encontraram dois Renoirs bem pequenos. Frequentemente compravam em pares, porque geralmente um deles gostava mais de um quadro que de outro, e assim o ano foi passando. Na primavera, Vollard anunciou uma exposição de Gauguin, e eles viram pela primeira vez alguns Gauguins. Eram horríveis, mas acabaram gostando deles e os compraram. Gertrude Stein gostava de

---

54 "Boa noite, senhor e senhora" e, posteriormente, "Boa noite, senhores e senhoras", em francês. (N. do T.)

55 Jean-Louis Forain (1852-1931) – pintor e ilustrador francês. (N. do T.)

seus girassóis, mas não de suas figuras humanas, e seu irmão preferia as figuras. Parece uma extravagância agora, mas, naqueles dias, essas coisas não custavam caro. E, assim, o inverno se foi.

Não havia muitas pessoas entrando e saindo do Vollard, mas, certa vez, Gertrude Stein ouviu uma conversa ali que a agradou imensamente. Duret[56] era uma figura bem conhecida em Paris. Já era então um homem muito velho e muito bonito. Tinha sido amigo de Whistler[57], que o pintara com roupas de gala e uma capa de ópera branca no braço. Estava na loja de Vollard, conversando com um grupo de rapazes mais jovens, quando um deles, Roussel, um dos membros do grupo pós-impressionista juntamente com Vuillard e Bonnard[58], começou a reclamar da falta de reconhecimento de que ele e seus amigos eram vítimas, pois não tinham nem sequer permissão de expor no *Salon*. Duret olhou para ele com ternura e disse, meu jovem amigo, existem dois tipos de arte, nunca se esqueça disso, existe a arte e existe a arte oficial. Como é que você, meu pobre amigo, pode esperar tornar-se arte oficial? Olhe-se no espelho. Suponha que uma personalidade importante venha até a França querendo conhecer os pintores mais representativos, para ter seu retrato pintado. Meu querido amigo, olhe-se no espelho, só de vê-lo ele já ficaria aterrorizado. Você é jovem, simpático, gentil e inteligente, mas, para uma personalidade importante, você não seria nada disso, você seria péssimo. Não, para um pintor representativo eles precisam de um homem de tamanho mediano, ligeiramente corpulento, não muito bem vestido – mas vestido como um pintor –, que não seja careca, mas tampouco com uma cabeleira que chame muita atenção, e que use uma gravata respeitosa. Você pode ver que não serviria. Portanto, nunca mais diga uma só palavra a respeito de ter reconhecimento oficial, apenas se olhe no espelho e pense nas personalidades importantes. Não, meu querido amigo, existe a arte e existe a arte oficial, sempre existiram e sempre existirão.

Antes do fim do inverno, e tendo ido tão longe, Gertrude Stein e

---

56 Théodore Duret (1838-1927) – jornalista, escritor e crítico de arte francês. (N. do T.)
57 James Whistler (1834-1903) – artista americano, baseado no Reino Unido. (N. do T.)
58 Théodore Roussel (1847-1926), Jean-Édouard Vuillard (1868-1940) e Pierre Bonnard (1867-1947) – pintores e gravuristas franceses, cofundadores do grupo pós-impressionista denominado Les Nabis. (N. do T.)

seu irmão decidiram que comprariam um Cézanne grande e, então, parariam. Depois disso, seriam mais razoáveis. Convenceram seu irmão mais velho de que esse último gasto era necessário, e realmente foi, como logo ficará evidente. Disseram a Vollard que queriam comprar um retrato de Cézanne. Naquela época, praticamente nenhum grande retrato de Cézanne havia sido vendido. Vollard possuía quase todos eles. Ele ficou extremamente satisfeito com essa decisão. Agora, eles seriam introduzidos à sala acima dos degraus atrás da divisória, onde Gertrude Stein tivera certeza de que a velha faxineira pintava os Cézanne, e lá passaram dias decidindo que retrato iriam comprar. Havia cerca de oito deles, e a decisão foi difícil. Tiveram de ir muitas vezes renovar as energias com os bolinhos de mel da Fouquet. Por fim, reduziram a escolha a apenas dois, o retrato de um homem e o retrato de uma mulher, mas, dessa vez, não poderiam comprar os dois e acabaram optando pelo retrato da mulher.

Vollard, é claro, disse que normalmente um retrato de mulher é mais caro que um retrato de homem, mas, segundo ele, olhando para o quadro com muito cuidado, suponho que, para Cézanne, isso não faça nenhuma diferença. Colocaram o quadro em um táxi e voltaram para casa. Era esse o quadro que Alfy Maurer costumava dizer que estava terminado porque um quadro emoldurado só poderia estar terminado.

Foi uma compra importante porque, ao olhar e olhar para esse quadro, Gertrude Stein acabou escrevendo *Three Lives*.

Não muito tempo antes, ela começara um exercício literário traduzindo *Trois Contes*[59], de Flaubert, e então comprou esse Cézanne e, de tanto olhar para ele, inspirou-se a escrever *Three Lives*.

A coisa seguinte aconteceu no outono. Era o primeiro ano do *Salão de Outono*, o primeiro que existia em Paris, e eles, muito ansiosos e entusiasmados, foram visitá-lo. Lá encontraram o quadro de Matisse posteriormente conhecido como *La Femme au Chapeau*[60].

Esse *Salão de Outono* era um passo em direção ao reconhecimento

---

59 *Três Contos* é uma obra do escritor francês Gustave Flaubert (1821-1880) publicada em 1877. (N. do T.)
60 "A Mulher de Chapéu", em francês. (N. do T.)

oficial dos banidos do *Salão dos Independentes*. Seus quadros seriam mostrados no Petit Palais, em frente ao Grand Palais, onde o grande *Salão da Primavera* era realizado. Quer dizer, seriam expostos os banidos que tiveram sucesso suficiente para começar a ser vendidos em importantes galerias de arte. Esses artistas, associados a alguns rebeldes dos antigos salões, criaram o *Salão de Outono*.

A exposição tinha muitas novidades e nada tinha de chocante. Havia muitos quadros bonitos, mas um, em especial, não era nada bonito. Tal quadro enfureceu o público, que tentou rasgar a tela.

Gertrude Stein gostou desse quadro, era o retrato de uma mulher de rosto comprido com um leque. Era estranhíssimo, tanto por suas cores quanto pela anatomia. Ela disse que queria comprá-lo. Nesse meio-tempo, seu irmão havia encontrado o retrato de uma mulher vestida de branco em um gramado verde e interessou-se por comprá-lo. Então, como sempre, decidiram comprar os dois e foram à secretaria do salão para saber os preços. Nunca haviam estado na salinha da secretaria de um salão, e tudo era muito emocionante. O secretário procurou os valores em seu catálogo. Gertrude Stein esqueceu-se de quanto e de quem era o vestido branco com um cachorro na grama verde, mas o Matisse custava 500 francos. O secretário explicou-lhes que, certamente, nunca se pagava o que o artista pedia, sugeria-se um valor. Eles perguntaram que preço deveriam sugerir. Ele perguntou quanto estavam dispostos a pagar. Eles disseram que não sabiam. Ele sugeriu que oferecessem 400 e depois lhes avisaria. Concordaram e foram embora.

No dia seguinte, o secretário avisou-lhes que *monsieur* Matisse recusara a oferta e perguntou o que pretendiam fazer. Eles decidiram ir ao salão para olhar o quadro novamente. Foi o que fizeram. As pessoas gargalhavam diante do quadro, arranhando-o com as unhas. Gertrude Stein não conseguia entender o porquê, o quadro parecia-lhe perfeitamente natural. O retrato de Cézanne não parecia natural, levou algum tempo para que ela o considerasse natural, mas esse quadro de Matisse parecia completamente natural, e ela não conseguia entender por que as pessoas se enfureciam tanto com ele. Seu irmão não gostava tanto dele, mas, mesmo assim, concordou com ela, e acabaram comprando-o. Então, ela voltou para vê-lo e ficou chateada ao ver todos zombando dele. Isso irritava-a e a aborrecia, pois ela não entendia o motivo, já que para ela não havia nada de errado com o quadro, assim como não entendia o porquê de as pessoas zombarem e se irritarem com sua escrita, que, para ela, era tão clara e natural.

E essa foi a história da compra de *La Femme au Chapeau*, segundo seus compradores, e agora vamos à versão do vendedor, contada alguns meses depois por *monsieur* e *madame* Matisse. Logo após a compra do quadro, todos quiseram se conhecer. Gertrude Stein não lembra se foi Matisse quem lhes escreveu e pediu para encontrá-los ou se foram eles que escreveram. De qualquer forma, em pouquíssimo tempo, encontraram-se e acabaram se conhecendo muito bem.

Os Matisse viviam na marginal do Sena, próximo ao Boulevard Saint-Michel. Moravam no último andar de um pequeno apartamento de três cômodos com uma vista adorável da Notre Dame e do rio. Matisse pintou essa vista no inverno. Subiam-se os degraus até não parar mais. Naquela época, passava-se todo o tempo subindo e descendo escadas. Mildred Aldrich tinha o hábito angustiante de deixar cair a chave bem no meio das escadarias, no lugar onde deveria haver um elevador, quando — no sexto andar, em que morava — se despedia aos gritos de alguém lá embaixo, e então a pessoa ou ela tinha de subir ou descer tudo de novo. Para ser sincera, na maioria das vezes ela gritava, pode deixar, vou arrombar minha porta. Só os americanos faziam isso. As chaves eram pesadas, e ou você as esquecia ou as deixava cair. Sayen, no fim de um verão em Paris, ao ser parabenizado por estar tão bronzeado e saudável, disse, sim, é de tanto subir e descer escadas.

Madame Matisse era uma dona de casa admirável. Sua casa era pequena, mas imaculada. Ela mantinha tudo em ordem, era uma excelente cozinheira e não deixava faltar nada, e também posava para os quadros do marido. Era ela *La Femme au Chapeau*, a mulher de chapéu. Nos dias de penúria, mantinha a casa com uma pequena loja de chapéus. Morena, muito altiva, tinha o rosto comprido e uma boca grande e meio caída, parecia-se com um cavalo. Sua cabeleira era escura e abundante. Gertrude Stein sempre gostou da maneira como ela prendia o chapéu na cabeça, e, certa vez, Matisse fez um desenho da esposa no meio desse gesto característico e deu-o à srta. Stein. A mulher sempre se vestia de preto. E sempre colocava um enorme alfinete de chapéu preto bem no meio do chapéu, no alto da cabeça, e, em seguida, com um gesto amplo e firme, puxava-o para baixo. Morava com eles uma filha de Matisse — de um relacionamento anterior ao casamento — que contraíra difteria, teve de ser operada e, por muitos anos, foi obrigada a usar uma fita preta ao redor do pescoço, com um botão de prata. Matisse pintou essa fita em muitos de seus quadros. A menina era exatamente como o pai, e *madame* Matisse — como ela certa vez explicou, com seu jeito melodramático e simplório — fez pela menina mais do que era seu dever, porque lera em sua juventude um romance cuja heroína fizera o mesmo, sendo, por isso, muito amada por todos durante toda a sua vida e, sendo assim, decidiu fazer o mesmo. Ela tinha gerado dois meninos, mas nenhum morava com eles à época. O mais novo, Pierre, estava no sul da França, na fronteira com a Espanha, com o pai e a mãe de *madame* Matisse, e o mais velho, Jean, estava com o pai e a mãe de *monsieur* Matisse, no norte da França, na fronteira com a Bélgica.

Matisse tinha uma virilidade surpreendente, que sempre proporcionava um prazer extraordinário quando não o víamos por algum tempo. Nem tanto na primeira vez que alguém o conhecia, mas especialmente nas vezes posteriores. E não se perdia o prazer de sua virilidade durante todo o tempo que se passava em sua companhia. Mas não havia muita vitalidade nessa sua energia. *Madame* Matisse era muito diferente, havia uma vivacidade profunda nela, reconhecida por todos que a conheciam.

Nessa época, Matisse tinha dois pequenos quadros, um Cézanne e um Gauguin, e dizia que ele precisava dos dois. O Cézanne fora comprado com o dote da esposa e o Gauguin, com um anel, a única joia que ela já possuíra. E ficaram muito felizes, porque ele precisava daquelas duas obras. O Cézanne era um quadro de banhistas e uma tenda; o Gauguin, a cabeça de um menino. Mais tarde, quando Matisse se tornou um homem muito rico, ele continuou a comprar quadros. Dizia que os quadros eram algo que ele conhecia e em que confiava, e que não conhecia mais nada. E, assim, para seu próprio prazer, e como melhor herança a deixar para seus filhos, ele comprava Cézannes. Picasso também comprava quadros — mais tarde, quando ficou rico —, mas apenas os próprios. Ele também confiava nos quadros e queria deixar a melhor herança possível para o filho, por isso guardava e comprava os que ele mesmo pintava.

Os Matisse passaram por tempos difíceis. Matisse viera a Paris ainda moço, para estudar farmácia. Sua família era formada por pequenos comerciantes de grãos no norte da França. Ele interessou-se por pintura, começou a copiar os quadros de Poussin[61] no Louvre e tornou-se um pintor sem o consentimento da família, que, no entanto, continuava a enviar-lhe a ínfima mesada para os estudos. Sua filha nasceu nessa época, o que complicou ainda mais sua vida. No início, ele teve certo sucesso. Casou-se. Sob a influência das pinturas de Poussin e Chardin[62], pintou naturezas-mortas que obtiveram considerável sucesso no *Salon* do Champ de Mars[63], um dos dois grandes salões de primavera. E, depois, deixou-se influenciar por Cézanne e pela escultura africana. Tudo isso levou ao Matisse da fase de *La Femme au Chapeau*. No ano seguinte a seu considerável sucesso no *Salon*, ele passou o inverno pintando um imenso quadro de uma mulher pondo a mesa, e, sobre a mesa, havia um magnífico prato de frutas. Ele esgotara os recursos da família Matisse para comprar essas frutas, as frutas eram terrivelmente caras em Paris naquela época, até mesmo as mais comuns, então imaginem quanto essas frutas extraordinárias deveriam custar, e ele teve de guardá-las até que o quadro fosse concluído, e o quadro ia demorar muito para ficar pronto. Para fazer com que as frutas durassem o máximo possível, eles mantinham o quarto o mais frio que conseguiam, o que não era muito difícil no inverno parisiense, morando em um apartamento logo abaixo do telhado. Matisse pintava com sobretudo e luvas, durante todo o inverno. Finalmente terminou, e enviou-o ao mesmo salão em que, no ano anterior, tivera um sucesso considerável. Foi recusado. Aí os problemas sérios começaram, sua filha estava muito doente, ele enfrentava um angustiante combate mental quanto ao valor de seu trabalho e havia perdido todas as possibilidades de mostrar seus quadros. Não pintava mais em casa, mas em um ateliê. Era mais barato assim. Pintava todas as manhãs, às tardes trabalhava em sua escultura, no fim da tarde desenhava em aulas de nu artístico e, todas as noites, tocava seu violino. Foi uma época muito sombria, e ele ficou muito desesperado.

---

61 Nicolas Poussin (1594-1665) – o mais importante pintor do movimento barroco francês. (N. do T.)
62 Jean-Baptiste-Siméon Chardin (1699-1779) – pintor francês, considerado um mestre das naturezas-mortas. (N. do T.)
63 "Campo de Marte", em francês. O Champ de Mars é uma grande área verde localizada em frente à Torre Eiffel, em Paris. (N. do T.)

Sua esposa abriu uma pequena loja de chapéus, e conseguiram se virar. Os dois meninos foram mandados para o interior, para ficar com as famílias, e eles continuaram a vida. O único incentivo vinha do ateliê em que ele trabalhava, no qual um grupo de jovens rapazes começou a se reunir ao redor dele, influenciando-se por seu trabalho. Entre eles, o mais conhecido na época era Manguin, e agora o mais conhecido é Derain. Derain era muito jovem, ele admirava muito Matisse, foi para o interior com eles para o vilarejo de Collioure, perto de Perpignan. Ele começou a pintar paisagens contornando suas árvores de vermelho e tinha uma noção de espaço que era muito pessoal, o que se revelou pela primeira vez na paisagem de uma charrete subindo uma estrada ladeada por árvores contornadas de vermelho. Suas pinturas começaram a ser conhecidas no *Independentes*.

Matisse trabalhava todo dia, todo dia, todo dia, e trabalhava muito duro. Certa vez, Vollard veio vê-lo. Matisse adorava contar essa história. Ouvi-o contá-la muitas vezes. Vollard chegou e disse que queria ver o enorme quadro recusado. Matisse mostrou-lhe. Ele não olhou para o quadro. Ficou conversando com *madame* Matisse, principalmente sobre culinária, ele gostava de cozinhar e de comer, como todo bom francês, e ela também. Matisse e *madame* Matisse começaram a ficar muito nervosos, embora ela não demonstrasse nada. E essa porta, disse Vollard para Matisse, muito interessado, aonde ela vai dar, em um pátio ou em uma escadaria? Em um pátio, disse Matisse. Ah, sim, disse Vollard. E, então, ele foi embora.

Os Matisse passaram dias discutindo se havia algo simbólico na pergunta de Vollard ou se tinha sido apenas curiosidade. Vollard não era de ter curiosidades gratuitas, sempre queria saber o que todos pensavam sobre tudo, pois assim formava sua própria opinião. Essa sua característica era muito conhecida, e, portanto, os Matisse ficaram se perguntando, e perguntando a todos os seus amigos, por que ele tinha feito aquela pergunta sobre aquela porta. Bom, de qualquer forma, em menos de um ano ele comprou o quadro, por um valor muito baixo, mas comprou mesmo assim, e então guardou-o, ninguém nunca mais o viu, e esse foi o fim da história.

A partir daí, as coisas continuaram as mesmas para Matisse, sem melhorar nem piorar, e ele foi ficando desanimado e agressivo. Então, veio o primeiro *Salão de Outono*, ele foi convidado a expor e enviou *La Femme au Chapeau*, que acabou exposto. O quadro foi ridicularizado, atacado e vendido.

Nessa época, Matisse tinha cerca de 35 anos e estava deprimido. Como foi ao dia da inauguração do salão, ouviu tudo o que foi dito sobre seu quadro, viu o que tentavam fazer com ele, e nunca mais voltou. Sua esposa ia sozinha. Ele ficava em casa, infeliz. Era dessa forma que *madame* Matisse contava essa história.

Então, chegou um recado do secretário do salão dizendo que houvera uma oferta pelo quadro, uma oferta de 400 francos. Matisse estava pintando *madame* Matisse como uma cigana segurando um violão. Esse violão já tinha uma história. *Madame* Matisse gostava muito de contar essa história. Como já disse, ela tinha muito o que fazer e, além de seus afazeres, posava para o marido. Era uma pessoa bastante saudável, mas sonolenta. Um dia, ela estava posando, ele estava pintando, e sua cabeça começou a oscilar, e, a cada vez que oscilava, o violão fazia barulho. Pare com isso, disse Matisse, acorde! Ela acordou, ele pintou, sua cabeça começou a oscilar novamente, e o violão fez ainda mais barulho. Furioso, Matisse agarrou o violão, quebrando-o. *Madame* Matisse acrescentava com tristeza, estávamos numa situação tão difícil naquela época e precisamos consertar o violão para que ele pudesse continuar com o quadro. Ela posava, segurando o mesmo violão consertado, quando chegou o bilhete do secretário do *Salão de Outono*. Matisse ficou feliz, é claro que vou aceitar, disse ele. Ah, não, disse *madame* Matisse, se essa gente (*ces gens*) está tão interessada a ponto de fazer uma oferta, está interessada o bastante para pagar o valor que você pediu, e acrescentou, a diferença dá para comprar roupas de inverno para Margot. Matisse hesitou, mas finalmente se convenceu, e eles enviaram um bilhete dizendo que ele queria o preço que pedira. Nada mais aconteceu. Matisse ficou em um estado terrível, muito repressivo. Um ou dois dias depois, quando *madame* Matisse estava mais uma vez posando com o violão e ele pintando, Margot trouxe-lhes um pequeno telegrama azul. Matisse abriu-o e fez uma careta. *Madame* Matisse ficou apavorada, ela pensou que o pior tinha acontecido. O violão caiu no chão. O que foi, ela perguntou. Eles compraram, disse ele. Por que você faz essa cara de agonia e me assusta tanto, talvez o violão tenha até quebrado, disse ela. Estava fazendo essa cara, disse ele, para tentar lhe dizer, porque fiquei tão emocionado que não conseguia falar.

E, assim, *madame* Matisse costumava terminar de forma triunfante a história, você vê, fui eu — que tive razão em insistir no preço inicial — e *mademoiselle* Gertrude — que insistiu em comprá-lo — que arranjamos tudo.

A amizade com os Matisse cresceu rapidamente. Naquela época, Matisse já estava trabalhando em seu primeiro grande quadro decorativo, *Le Bonheur de Vivre*. Para tanto, fazia estudos pequenos, maiores e enormes. Foi com esse quadro que ele se deu conta, pela primeira vez com clareza, de sua intenção de deformar o desenho do corpo humano para harmonizar e intensificar todas as gamas de cores primárias, misturando-as apenas com branco. Usou o desenho distorcido como a dissonância é usada na música, ou como o vinagre ou o limão são usados na cozinha, ou como as cascas de ovo são usadas para suavizar o café. Inevitavelmente, eu busco minhas comparações na cozinha, porque gosto de comida e de cozinhar e sei alguma coisa a respeito. No entanto, era essa a ideia. Cézanne chegara a suas ideias de distorção e falta de acabamento por necessidade; Matisse chegou às suas intencionalmente.

E, aos poucos, as pessoas começaram a vir para a Rue de Fleurus para ver os Matisses e os Cézannes. Matisse trazia amigos, todo mundo trazia alguém, e eles chegavam a qualquer hora, o que começava a virar um estorvo, e foi assim que as noites de sábado começaram. Foi também nessa época que Gertrude Stein adquiriu o hábito de escrever à noite. Ela só tinha certeza de que ninguém bateria à porta do ateliê depois das 23 horas. Naquela época ela já estava planejando seu longo livro, *The Making of Americans*, e lutava com suas frases, aquelas frases imensas que tinham de ser executadas com tanta exatidão. Frases, não apenas palavras, mas frases, sempre frases, foram a paixão de toda a vida de Gertrude Stein. E foi assim que ela começou, um hábito que durou bastante tempo, até a guerra, que acabou com tantos hábitos, e nessa época ela tinha o hábito de começar a trabalhar às 11 horas da noite e trabalhar até o amanhecer. Ela dizia que sempre tentava parar antes que o dia ficasse claro demais e os pássaros ficassem muito animados, porque ir para a cama a essa hora dá uma sensação desagradável. Naquela época, havia pássaros em muitas árvores atrás dos muros altos, agora há bem menos. Mas, muitas vezes, os pássaros e o amanhecer pegavam-na desprevenida, e ela ficava no pátio esperando acostumar-se com tudo aquilo antes de ir para a cama. Tinha o hábito de dormir até o meio-dia, quando os tapetes eram batidos no pátio, porque naquela época todo mundo fazia aquilo, até mesmo em sua própria casa, o que a irritava extremamente.

E foi assim que começaram as noites de sábado.

Gertrude Stein e seu irmão visitavam a casa dos Matisse o tempo todo, e os Matisse sempre retribuíam suas visitas. Ocasionalmente, *madame* Matisse oferecia-lhes o almoço, o que acontecia com mais frequência quando algum parente lhes enviava uma lebre. A lebre ensopada preparada por *madame* Matisse à moda de Perpignan era excepcional. Também bebiam um vinho muito bom, um pouco forte, mas excelente. Eles tinham uma espécie de vinho Madeira, chamado Roncio, que era realmente muito bom. Maillol[64], o escultor, vinha da mesma parte da França que *madame* Matisse e, certa vez, quando o encontrei na casa de Jo Davidson[65], muitos anos depois, ele me falou sobre todos esses vinhos. Ele, então, me contou como vivera muito bem em seus tempos de estudante em Paris com apenas 50 francos por mês. Para me assegurar, dizia ele, minha família me mandava pão de casa todas as semanas, e, quando mudei para cá, trouxe vinho suficiente para durar um ano e mandava minha roupa suja para ser lavada em casa todos os meses.

Derain estava presente em um desses almoços do início. Ele e Gertrude Stein discordavam violentamente. Discutiam filosofia, e ele baseava suas ideias na leitura de uma tradução em francês da segunda parte de *Fausto*, enquanto cumpria o serviço militar. Eles nunca se tornaram amigos. Gertrude Stein nunca se interessou por seu trabalho. Ele tinha noção de espaço, mas, para ela, seus quadros não tinham vida nem profundidade nem solidez. Viram-se raras vezes depois disso. Naquela época, Derain andava constantemente com

---

64　Aristide Maillol (1861-1944) – escultor, pintor e gravurista francês. (N. do T.)
65　Jo Davidson (1883-1952) – escultor americano. (N. do T.)

os Matisse e, de todos os amigos do marido, era de quem *madame* Matisse mais gostava.

Foi mais ou menos nessa época que o irmão de Gertrude Stein encontrou, certo dia, a galeria de arte de Sagot, um ex-palhaço de circo que tinha uma loja de quadros um pouco mais para cima na Rue Laffitte. Ali, ele — o irmão de Gertrude Stein — encontrou as pinturas de dois jovens espanhóis, um deles cujo nome todo mundo esqueceu e o outro, Picasso. O trabalho de ambos o interessou, e ele comprou uma aquarela do autor esquecido, uma cena de café. Sagot também lhe recomendou uma pequena loja de móveis, na qual havia pinturas de Picasso em exposição. O irmão de Gertrude Stein ficou interessado e queria comprar um, perguntou o preço, mas o preço pedido era quase tão alto quanto o de um Cézanne. Voltou para a galeria de Sagot e contou-lhe tudo. Sagot riu. Ele disse, tudo bem, volte em alguns dias e terei um quadro grande dele. Em poucos dias, ele arranjou um quadro grande de Picasso para vender, muito barato. Quando Gertrude Stein e Picasso contam sobre aqueles dias, nem sempre concordam a respeito do que aconteceu, mas acho que, nesse caso, concordam que o preço pedido foi de 150 francos. O quadro, hoje muito conhecido, era a pintura de uma garota nua com uma cesta de flores vermelhas.

Gertrude Stein não gostou do quadro, achou o desenho das pernas e dos pés bastante horroroso, algo que ela achava repulsivo e chocante. Ela e o irmão quase brigaram por causa desse quadro. Ela não o queria dentro de casa, e ele, sim. Sagot, aproveitando-se um pouco da discussão, disse, tudo bem, se você não gosta das pernas e dos pés é muito fácil, basta guilhotinar o quadro e levar só a cabeça. Não, isso não funcionaria, todos concordaram, e nada ficou decidido.

Gertrude Stein e o irmão continuavam muito divididos nesse assunto e ficaram muito zangados um com o outro. Por fim, ficou combinado que, como o irmão fazia tanta questão, eles comprariam o quadro; e, assim, o primeiro Picasso entrou na Rue de Fleurus.

Foi nessa época que Raymond Duncan, irmão de Isadora[66], alugou

---

66 Raymond Duncan (1874-1966) e Isadora Duncan (1878-1927) — bailarinos americanos. (N. do T.)

um ateliê na Rue de Fleurus. Raymond acabara de voltar de sua primeira viagem à Grécia e trouxera consigo uma garota grega e roupas gregas. Raymond conhecera o irmão mais velho de Gertrude Stein e sua esposa em São Francisco. Naquela época, Raymond trabalhava como empresário de Emma Nevada[67], que estava acompanhada do violinista Pablo Casals[68], até então desconhecido.

Os irmãos Duncan haviam estado no palco de Omar Caiam[69] e ainda não tinham se tornado completamente gregos. Depois disso, passaram pela fase do Renascimento italiano, mas agora Raymond tinha aderido à moda grega, o que incluía uma garota grega. Isadora perdeu todo o interesse pelo irmão, achando a grega moderna demais. De qualquer forma, Raymond, naquela época, estava completamente sem dinheiro, e sua esposa estava grávida. Gertrude Stein deu-lhe carvão e uma cadeira para Penelope se sentar, e o resto se acomodaria em caixotes. Eles tinham outra amiga que os ajudava, Kathleen Bruce[70], uma inglesa muito bonita, atlética, uma espécie de escultora, que mais tarde se casaria e ficaria viúva do descobridor do Polo Sul, Scott. Naquela época, Isadora também não tinha dinheiro — portanto, não podia julgar nenhum deles — e costumava trazer metade de seu jantar todas as noites para Penelope. Finalmente, Penelope teve seu filho, que recebeu o nome de Raymond porque, quando o irmão de Gertrude Stein e Raymond Duncan foram registrá-lo, não haviam pensado em um nome. Agora, contra sua vontade, chamam-no de Menalkas, mas talvez ele ficasse feliz de saber que, legalmente, chama-se Raymond. De qualquer forma, isso não vem ao caso.

Kathleen Bruce era uma escultora e estava aprendendo a modelar figuras de crianças. Ela pediu para fazer uma figura do sobrinho de Gertrude Stein. Gertrude Stein e seu sobrinho foram ao ateliê de

---

67   Emma Nevada (1859-1940) — cantora de ópera americana. (N. do T.)
68   Pablo Casals (1876-1973) — diferentemente do que escreveu a autora, foi um violoncelista catalão. (N. do T.)
69   Omar Caiam (1048-1131) — poeta, matemático e astrônomo persa. Aqui, a autora faz referência a um espetáculo inspirado no livro *Rubaiyat*, título dado pelo inglês Edward Fitzgerald (1809-1883) a sua tradução de uma seleção de poemas atribuídos a Omar. (N. do T.)
70   Kathleen Scott, nascida Bruce (1878-1947) — escultora britânica. Como indicado, foi esposa do explorador antártico Robert Falcon Scott (1868-1912). (N. do T.)

Kathleen Bruce. Ali, certa tarde, conheceram H.P. Roché[71]. Roché era um daqueles personagens que se encontra todo tempo em Paris. Um homem muito sério, muito nobre, dedicado, muito leal e entusiasmado, que apresentava todos a todos. Conhecia todo mundo, realmente os conhecia, e era capaz de apresentar a gente a quem quer que fosse. Queria ser escritor. Era alto e ruivo, nunca dizia nada além de bom, bom, excelente, e morava com a mãe e a avó. Já tinha feito muitas coisas, havia escalado as montanhas da Áustria com austríacos, visitado a Alemanha com alemães, tinha ido para a Hungria com húngaros e para a Inglaterra com ingleses. Não conhecia a Rússia, mas já tinha estado em Paris com russos. Como Picasso sempre dizia, Roché é muito simpático, mas não passa de uma tradução.

Mais tarde, Roché começou a frequentar o número 27 da Rue de Fleurus com gente de várias nacionalidades, e Gertrude Stein gostava bastante dele. Ela sempre dizia que ele era tão leal que talvez nem fosse preciso vê-lo novamente para saber que, onde quer que estivesse, Roché seria fiel. De fato, ele foi responsável por fazer com que ela se sentisse deliciosamente bem logo nos primeiros dias de seu relacionamento. *Three Lives*, o primeiro livro de Gertrude Stein, estava sendo escrito, e Roché, que sabia ler inglês, ficou muito impressionado com ele. Certo dia, Gertrude Stein estava falando algo sobre si mesma e Roché disse, bom, bom, excelente, isso é muitíssimo importante para sua biografia. Ela ficou terrivelmente emocionada, era a primeira vez que se deu conta que, em algum momento, teria uma biografia. É bem verdade que, embora não o veja há vários anos, onde quer que ele esteja, Roché provavelmente lhe é completamente leal.

Mas voltemos a Roché no estúdio de Kathleen Bruce. Todos estavam conversando sobre um assunto ou outro, e Gertrude Stein mencionou, por acaso, que eles tinham acabado de comprar um quadro de um jovem espanhol chamado Picasso na galeria de Sagot. Bom, bom, excelente, disse Roché, ele é um jovem muito interessante, eu o conheço. Ah, é, disse Gertrude Stein, bem o suficiente para levar alguém à casa dele? Certamente, disse Roché. Muito bem, disse Gertrude Stein, sei que meu

---

71 Henri-Pierre Roché (1879-1959) — autor francês, profundamente envolvido com os movimentos franceses de vanguarda artística. (N. do T.)

irmão está muito ansioso para conhecê-lo. E então o encontro foi marcado, e, logo depois, Roché e o irmão de Gertrude Stein foram ver Picasso.

Foi pouco tempo depois disso que Picasso começou o retrato de Gertrude Stein, agora tão famoso, mas como isso aconteceu ninguém sabe ao certo. Já ouvi Picasso e Gertrude Stein falarem muitas vezes sobre isso, e nenhum deles consegue se lembrar. Eles se lembram da primeira vez que Picasso jantou na Rue de Fleurus e da primeira vez que Gertrude Stein posou para seu retrato na Rue Ravignan, mas há um espaço em branco no meio desses dois eventos. Como isso aconteceu nenhum deles sabe. Ninguém mais posara para Picasso desde que ele completara 16 anos, ele agora já tinha 24, e Gertrude Stein nunca tinha pensado em ter seu retrato pintado, e nenhum dos dois sabe como aconteceu. Seja como for, aconteceu, e ela posou para esse retrato 90 vezes, e muitas outras coisas aconteceram durante esse tempo. Mas voltemos às primeiras vezes.

Picasso e Fernande vieram jantar. Naquela época, Picasso era, como dizia uma querida amiga e colega de escola, Nellie Jacot, um engraxate bonitão. Ele era magro e moreno, com imensos olhos vivos e um jeito grosseirão, sem ser rude. Ele estava sentado ao lado de Gertrude Stein no jantar, e ela pegou um pedaço de pão. Este, disse Picasso, puxando o pão de volta com violência, este pedaço de pão é meu. Ela riu, e ele ficou envergonhado. Foi o início de sua grande amizade.

Naquela mesma noite, o irmão de Gertrude mostrou pastas e mais pastas de gravuras japonesas a Picasso, o irmão de Gertrude Stein gostava de gravuras japonesas. Picasso olhava de forma solene e obediente para cada gravura e ouvia cada descrição. Ele disse baixinho para Gertrude Stein, seu irmão é muito agradável, mas, como todos os americanos, como Haviland[72], ele só fica mostrando gravuras japonesas. *Moi, j'aime pas ça*, eu não gosto disso. Como eu disse, Gertrude Stein e Pablo Picasso entenderam-se imediatamente.

Então, veio a primeira vez de posar. Já descrevi o ateliê de Picasso. Naquela época, havia ainda mais desordem, mais gente entrando e saindo, mais fogo ardendo no fogareiro, mais comida e mais interrupções.

---

72 Frank Haviland (1886-1971) – pintor cubista e amigo pessoal de Picasso e Braque. (N. do T.)

Havia uma grande poltrona quebrada, na qual Gertrude Stein posou. Havia um sofá em que todo mundo se sentava e dormia. Havia uma pequena banqueta de cozinha, em que Picasso se sentava para pintar, um grande cavalete e várias telas enormes. Foi bem no fim da fase dos arlequins, quando as telas eram imensas e as figuras e os grupos também.

Havia ali um pequeno fox terrier que tinha algum problema e que vivia tendo de ser levado para o veterinário. Nenhum francês ou francesa é pobre, avarento nem descuidado demais que não possa levar seu bichinho de estimação para o veterinário de vez em quando.

Fernande, como sempre, estava muito altiva, muito bonita e muito amável. Ela ofereceu-se para ler as fábulas de La Fontaine em voz alta para entreter Gertrude Stein enquanto posava. Ela fez sua pose, Picasso ajeitou-se direitinho em sua cadeira, bem perto de sua tela, com uma paleta muito pequena com uma cor marrom-acinzentada, misturou um pouco mais de marrom e cinza e começou a pintar. Essa foi a primeira de cerca de 80 ou 90 sessões.

Próximo do fim da tarde, os dois irmãos de Gertrude Stein, sua cunhada e Andrew Green vieram ver o retrato. Todos ficaram entusiasmados com a beleza do esboço, e Andrew Green implorou e implorou para que ficasse daquele jeito. Mas Picasso balançou a cabeça e disse não.

É uma pena, mas naquela época ninguém pensou em tirar uma foto do quadro como estava então, e, claro, ninguém do grupo que o viu daquele jeito se lembra de sua aparência, nem mesmo Picasso ou Gertrude Stein.

Andrew Green, ninguém se lembrava como havia conhecido Andrew Green, era o sobrinho-neto do Andrew Green[73] conhecido como o pai da região metropolitana de Nova York. Apesar de nascido e criado em Chicago, era o típico habitante da região americana da Nova Inglaterra, alto, magro, louro e gentil. Tinha uma memória prodigiosa e era capaz de citar de cor todo o *Paraíso Perdido*, de Milton, e também todas as traduções de poemas chineses de que Gertrude Stein gostava tanto.

---

73 Andrew Haswell Green (1820-1903) — advogado e planejador urbano americano. É considerado o "pai da Grande Nova York", por ter sido responsável pelos projetos do Central Park, da Biblioteca Pública de Nova York e do Museu Metropolitano de Arte, entre outros. Não foram encontradas referências de seu sobrinho-neto homônimo além das citadas pela autora. (N. do T.)

Ele tinha estado na China e, mais tarde, se estabeleceria permanentemente nas ilhas dos Mares do Sul, depois de herdar uma grande fortuna de seu tio-avô, que adorava o *Paraíso Perdido* de Milton. Era apaixonado por coisas orientais. Dizia que adorava uma ideia simples com um design contínuo. Amava pinturas em museus e odiava tudo o que fosse moderno. Certa vez, durante a ausência dos donos, ficou um mês inteiro na Rue de Fleurus, e feriu os sentimentos de Hélène ao pedir para trocar seus lençóis diariamente e para cobrir todos os quadros com xales de caxemira. Ele disse que os quadros eram muito relaxantes, não podia negar, mas que não os suportava. Também disse que, depois de ter passado um mês ali, é claro que não chegaria a gostar dos quadros novos, mas o pior de tudo era que, além de não gostar deles, havia perdido o gosto pelos quadros antigos e nunca mais na vida poderia ir a um museu ou olhar para nenhum quadro. Ficou tremendamente impressionado pela beleza de Fernande. Realmente, ficou completamente dominado. Eu, disse ele para Gertrude Stein, se pudesse falar francês, faria amor com ela e a tiraria daquele coitado do Picasso. Você faz amor com palavras, perguntou, rindo-se, Gertrude Stein. Ele partiu antes que eu chegasse a Paris e voltou 18 anos depois, e era muito sem graça.

Aquele ano foi relativamente tranquilo. Os Matisse ficaram no sul da França durante todo o inverno, em Collioure, na costa do Mediterrâneo, não muito longe de Perpignan, onde moravam os parentes de *madame* Matisse. A família de Raymond Duncan desapareceu, não sem antes aparecer uma irmã de Penelope, que era uma atrizinha que estava muito longe de vestir-se como uma grega, parecendo-se o máximo possível com uma parisiense comum. Viera acompanhada por um primo grego, moreno, muito alto. Ele veio visitar Gertrude Stein, olhou ao redor e anunciou, eu sou grego, que era o mesmo que dizer tenho um gosto apurado e não ligo para nenhum desses quadros. Em pouco tempo, Raymond, a esposa e o filho, a cunhada e o primo grego desapareceram do pátio do número 27 da Rue de Fleurus e foram substituídos por uma senhora alemã.

Essa senhora alemã era sobrinha e afilhada de marechais de campo alemães, e seu irmão era capitão da marinha alemã. Sua mãe era inglesa, e ela mesma havia tocado harpa na corte da Baváría. Muitíssimo divertida, tinha alguns amigos estranhos, ingleses e franceses. Era uma escultora e fez uma escultura tipicamente alemã do pequeno Roger, o filho da zeladora. Fez três bustos dele, um rindo, um chorando e o último mostrando a língua, todos juntos em um pedestal. Ela vendeu essa obra para o Museu Real de Potsdam. Durante a guerra, a zeladora não parava de chorar ao pensar em seu Roger ali, esculpido, no museu de Potsdam. A alemã fazia roupas que podiam ser usadas do avesso e divididas em pedaços para serem alongadas ou encurtadas, e mostrava-as com muito orgulho. Tinha como instrutor de pintura um francês de aparência esquisita que era igualzinho aos desenhos do pai de Huckleberry Finn[74]. Ela dizia que o contratara por caridade, ele ganhara uma medalha de ouro no salão quando era jovem e, depois disso, não tivera mais sucesso. Também dizia que nunca empregara uma criada das classes inferiores. Dizia que as damas decadentes eram mais atraentes e eficientes, e sempre tinha uma viúva de algum oficial ou funcionário do exército costurando ou posando para ela. Por uns tempos, teve uma criada austríaca que fazia confeitos austríacos perfeitamente deliciosos, mas não a manteve por muito tempo. Em suma, era muito divertida, e costumava conversar com Gertrude Stein no pátio. Ela sempre queria saber o que Gertrude Stein pensava de todas as pessoas que entravam e saíam. Queria saber se ela chegava a suas conclusões por dedução, observação, imaginação ou análise. Ela era divertida e, então, desapareceu, e ninguém se lembrou mais dela até a guerra chegar, e aí todo mundo começou a se perguntar se, afinal, não havia algo de sinistro na vida daquela mulher alemã em Paris.

Todas as tardes, praticamente, Gertrude Stein ia a Montmartre, posava e depois descia a ladeira despreocupadamente, andando por Paris até a Rue de Fleurus. Foi então que adquiriu o hábito – que nunca mais perdeu – de passear por Paris, hoje acompanhada pelo cachorro; naquela época, sozinha. E, nos sábados à noite, os Picasso voltavam para casa com ela, jantavam juntos, e daí vieram as noites de sábado.

---

74   Huckleberry Finn é um personagem criado por Mark Twain (1835-1910), que apareceu pela primeira vez no romance *As Aventuras de Tom Sawyer* (*The Adventures of Tom Sawyer*), de 1876. (N. do T.)

Durante essas longas sessões e longas caminhadas, Gertrude Stein meditava e formava frases. Ela estava então no meio de sua história sobre negros, Melanctha Herbert[75], o segundo conto de *Three Lives*, e os dolorosos incidentes que ela tramou para a vida de Melanctha foram, muitas vezes, os mesmos que ela notava ao descer a ladeira da Rue Ravignan.

Foi nessa época que os húngaros começaram suas peregrinações à Rue de Fleurus. Havia também estranhos grupos de americanos, e Picasso, desacostumado com a maneiras castas desses rapazes e moças, costumava dizer *ils sont pas des hommes, ils sont pas des femmes, ils sont des américains*. Eles não são homens, eles não são mulheres, eles são americanos. Certa vez, apareceu uma mulher formada em Bryn Mawr[76] — esposa de um conhecido pintor de retratos — que era muito alta, bonita e, por ter caído de cabeça um dia, tinha uma estranha expressão vazia. Essa americana era aprovada por Picasso, que costumava chamá-la de Imperatriz. Mas havia um certo tipo de estudante de arte americano, homem, que costumava atormentá-lo muito, e ele dizia, não, não é esse tipo que vai fazer a glória futura dos americanos. Teve uma típica reação sua ao ver a primeira fotografia de um arranha-céu. Meu Deus, disse ele, imaginem as pontadas de ciúme que um amante teria ao ver sua amada subindo todos aqueles lances de escada para chegar a seu ateliê no último andar.

Foi nessa época que um Maurice Denis, um Toulouse-Lautrec e muitos enormes Picassos foram adicionados à coleção. Foi nesse tempo também que começaram o relacionamento e a amizade com os Valloton.

Vollard disse, certa vez, quando lhe perguntaram sobre o quadro de um determinado pintor, *oh, ça, c'est um Cézanne pour les pauvres*, que era um Cézanne para os colecionadores pobres. Bom, Valloton era um Manet dos pobres. Seu grande nu tinha toda a dureza e a imobilidade da *Olympia*, de Manet, e seus retratos tinham a aridez, mas nada da elegância de David. Além disso, ele teve a infelicidade de casar-se com a

---

75 Personagem principal do conto "Melanctha". (N. do T.)
76 A Bryn Mawr College é uma faculdade feminina de ciências humanas no estado da Pensilvânia, nos Estados Unidos. (N. do T.)

irmã de um importante negociante de quadros. Estava muito feliz com a esposa, ela era uma mulher muito encantadora, mas havia a questão das reuniões familiares semanais, a riqueza da esposa e a brutalidade dos enteados. Valloton era um espírito dócil, com uma inteligência sagaz e grandes ambições, mas vivia com uma sensação de impotência, consequência de ser cunhado de *marchands*. No entanto, por um tempo, seus quadros eram bastante interessantes. Ele pediu a Gertrude Stein que posasse para ele. Ela o fez no ano seguinte. Começou a gostar de posar, as longas horas parada seguidas de uma longa caminhada intensificaram a concentração de que precisava para criar suas frases. Frases com as quais — de acordo com Marcel Brion, o crítico francês —, pela exatidão, austeridade, ausência de variedade de luz e sombra e recusa do uso do subconsciente, Gertrude Stein atinge uma simetria intimamente análoga àquela das fugas de Bach.

Várias vezes ela descreveu a estranha sensação que resultava da maneira como Valloton pintava. À época, ele não era um jovem rapaz, como a maioria dos pintores, e já tivera certo reconhecimento na exposição de Paris de 1900. Quando pintava um retrato, fazia um esboço com giz de cera e começava a pintar do alto da tela, até embaixo, em linha reta. Gertrude Stein dizia que era como puxar uma cortina muito lentamente, tal qual uma de suas geleiras suíças. Lentamente, puxava-se a cortina para baixo, e, ao chegar à parte inferior da tela, lá estava você. A operação toda demorou cerca de duas semanas, e, então, Valloton lhe ofereceu a tela. Mas, antes, ele a expôs no *Salão de Outono*, no qual chamou bastante atenção e agradou a todo mundo.

Todo mundo ia ao Cirque Médrano[77] pelo menos uma vez por semana, e, geralmente, todos iam na mesma noite. Foi ali que os palhaços começaram a se vestir com roupas de vagabundo em vez do velho traje clássico, e essas roupas, que mais tarde ficaram famosas com Charlie Chaplin, eram a alegria de Picasso e de todos os seus amigos em Montmartre. Havia também os jóqueis ingleses, e seus trajes viraram moda em toda a região de Montmartre. Não faz muito

---

77 O Cirque Médrano ("Circo Medrano") é um circo francês inaugurado como Cirque Fernando em 1875 no Boulevard Rochechouart, nos limites de Montmartre, em Paris. Continua ativo até hoje como circo itinerante, sem endereço fixo. (N. do T.)

tempo, alguém falava sobre como os jovens pintores de hoje se vestem bem e que era uma pena que gastassem tanto dinheiro com isso. Picasso riu. Tenho certeza, disse ele, que eles pagam menos por seus trajes da moda e seus ternos do que nós por nossas vestes rústicas e comuns. Você não tem ideia de como era difícil e caro, naquela época, encontrar *tweed* inglês ou qualquer imitação francesa que parecesse grosseira e suja o suficiente. E, de uma forma ou de outra, era bem verdade que os pintores daquela época gastavam muitíssimo dinheiro, em tudo o que conseguissem, porque naqueles dias felizes podia-se ficar devendo dinheiro por anos e anos, pelas tintas, pelas telas, pelos aluguéis e nos restaurantes, em praticamente tudo, exceto por carvão e alguns luxos.

O inverno continuou. *Three Lives* ficou pronto. Gertrude Stein pediu à cunhada que o lesse. Ela o fez e ficou profundamente comovida. Gertrude Stein ficou muitíssimo contente, pois não acreditava que alguém pudesse ler e gostar de qualquer coisa que ela escrevesse. Naquela época, ela nunca perguntava a ninguém o que achavam de seu trabalho, mas, sim, se tinham suficiente interesse para lê-lo. Agora, ela diz que se eles conseguirem começar a ler suas obras, ficarão interessados.

A esposa de seu irmão mais velho sempre teve grande significado em sua vida, mas nunca mais que naquela tarde. E, então, era preciso datilografar o livro. Gertrude Stein tinha, naquela época, uma pequena e terrível máquina de escrever portátil, que nunca usava. Tanto naqueles dias quanto muitos anos depois, ela sempre escrevia a lápis, em pedaços de papel soltos, depois os copiava, a tinta, em cadernos escolares franceses e, muitas vezes, copiava mais uma vez a tinta. Foi por causa dessas várias séries de pedaços de papel que seu irmão mais velho certa vez comentou, não sei se Gertrude é mais genial que o resto de vocês – de quem não sei nada –, mas uma coisa que sempre observei é que vocês pintam ou escrevem, não ficam satisfeitos e jogam tudo fora ou rasgam, ela nem sequer diz se está satisfeita ou não e copia a mesma coisa várias vezes, sem jogar fora nenhum pedaço de papel sobre o qual tenha escrito alguma coisa.

Gertrude Stein tentou copiar *Three Lives* na máquina de escrever, mas foi inútil, isso só serviu para deixá-la nervosa, então Etta Cone[78] veio em seu socorro. As senhoritas Etta Cones, como Pablo Picasso costumava chamar tanto ela quanto a irmã. Etta Cone era uma conhecida de Gertrude Stein estava passando o inverno em Paris. Sentia-se muito solitária e ficou bastante interessada.

Etta Cone achava os Picassos horríveis, mas românticos. Era levada a tiracolo para a casa deles por Gertrude Stein sempre que as finanças dos Picasso iam mal, e era obrigada a comprar seus desenhos por 100 francos. Afinal, naquela época, 100 francos eram apenas 20 dólares. Ela mostrava-se bastante disposta a entregar-se a essa caridade romântica. Nem é preciso dizer que esses desenhos, muito mais tarde, se tornaram o centro de sua coleção.

Etta Cone se ofereceu para datilografar *Three Lives* e começou a fazê-lo. Baltimore é famosa pela sensibilidade delicada e pelos escrúpulos de seus habitantes. De repente, Gertrude Stein percebeu que não havia dito a Etta Cone para ler o manuscrito antes de começar a datilografá-lo. Ela foi visitá-la e, de fato, Etta Cone copiava fielmente o manuscrito, letra por letra, para não ser indiscreta e entender o significado. Dada a permissão para ler o texto, ela prosseguiu com a datilografia.

A primavera estava chegando, e as sessões para posar estavam terminando. De repente, em um dia, Picasso pintou toda a cabeça. Não posso mais vê-la quando olho, disse ele, irritado. E então o quadro ficou daquele jeito.

Ninguém se lembra de ter ficado particularmente desapontado ou irritado com esse fim da longa série de poses. Aconteceu o *Salão dos Independentes* da primavera e, depois, Gertrude Stein e o irmão foram para a Itália, como era costume na época. Pablo e Fernande iriam para a Espanha – ela, pela primeira vez, e teria de comprar um vestido, um chapéu, perfumes e um fogão. Todas as mulheres francesas, àquela época, quando iam de um país para outro, levavam consigo um fogão francês a óleo para cozinhar. Talvez ainda o façam. Não importava

---

78   Etta Cone (1870-1949) e sua irmã Claribel Cone (1864-1929) ficaram conhecidas como as irmãs Cone. Viajantes e colecionadoras de arte, reuniram uma das mais importantes coleções de arte moderna francesa do século XX, hoje exposta no Museu de Arte de Baltimore, nos Estados Unidos. (N. do T.)

aonde fossem, tinham de levar o fogão com elas. Todas as francesas que viajavam pagavam muito excesso de bagagem. E os Matisse já estavam de volta, precisavam visitar os Picasso — e parecer entusiasmados com a visita, mesmo que não gostassem muito uns dos outros. Com eles, Derain conheceu Picasso, e, acompanhando-o, veio Braque.

Hoje pode parecer muito estranho para qualquer pessoa que, antes dessa época, Matisse nunca tivesse ouvido falar de Picasso, e que Picasso nunca tivesse encontrado Matisse. Mas, naquele tempo, cada grupinho de pessoas vivia sua própria vida e não sabia praticamente nada a respeito dos outros. Matisse, morando na *Quai Saint Michel* e expondo no *Independentes*, nada sabia sobre Picasso, Montmartre e Sagot. É verdade que todos eles, um após o outro, tinham sido comprados bem no início de sua carreira pela *mademoiselle* Weill, a dona da loja de quinquilharias em Montmartre, mas, como ela comprava quadros de todos, quadros de qualquer um, não necessariamente trazidos pelo próprio pintor, não era muito provável que algum deles — exceto por um acaso — visse as pinturas de um de seus colegas. No entanto, nos últimos anos, todos lhe eram muito gratos, pois, afinal, praticamente todos os que depois se tornaram famosos haviam vendido seu primeiro quadrinho a ela.

Como eu dizia, as sessões acabaram, o *vernissage* dos *Independentes* acabou, e todos foram embora.

Fora um inverno produtivo. Na longa luta com o retrato de Gertrude Stein, Picasso passou da fase dos arlequins, o encantador período inicial italiano, para a intensa luta que culminaria no cubismo. Gertrude Stein escreveu a história da negra Melanctha, o segundo conto de *Three Lives*, que foi o primeiro passo definitivo para ir do século XIX para o século XX na literatura. Matisse pintou *Bonheur de Vivre* e criou a nova escola cromática, que logo deixaria sua marca por todo lugar. E todo mundo foi embora. Naquele verão, os Matisse foram para a Itália. Matisse não gostou muito da Itália, ele preferia a França e o Marrocos, mas *madame* Matisse ficou profundamente emocionada. Era um sonho de menina realizado. Ela dizia, eu falava pra mim mesma, o tempo todo, que estava na Itália. E dizia para Henri o tempo todo, e ele é sempre muito gentil, mas respondia, e daí?

Os Picasso estavam na Espanha, e Fernande escrevia longas cartas descrevendo o país, os espanhóis e os terremotos.

Em Florença, a não ser por uma curta visita dos Matisse e outra de Alfy Maurer, a vida de verão não teve nenhuma relação com a vida parisiense.

Gertrude Stein e seu irmão alugaram uma propriedade no topo de uma colina em Fiesole, perto de Florença, onde passaram seus verões por vários anos. No ano em que vim para Paris, uma amiga e eu ficamos nessa propriedade, e Gertrude Stein e seu irmão ocuparam outra, maior, do outro lado de Fiesole, pois se juntaram naquele ano ao irmão mais velho, sua esposa e o filho. A propriedade menor, a Casa Ricci, era muito encantadora. Tinha se tornado habitável graças a uma mulher escocesa que, tendo nascido presbiteriana, converteu-se ao catolicismo e, muito fervorosa, levava sua velha mãe presbiteriana de um convento a outro. Finalmente, foram descansar na Casa Ricci, e lá ela construiu uma capela para si, mas sua mãe acabou morrendo. Então, deixou-a por uma propriedade maior, que transformou em um retiro para padres aposentados, e Gertrude Stein e seu irmão começaram a alugar dela a Casa Ricci. Gertrude Stein adorava sua senhoria, que parecia uma dama de companhia perfeita para Maria Stuart, com todas as suas roupas pretas arrastando-se toda vez que ela se ajoelhava diante de cada símbolo católico e, depois, subindo uma escada íngreme para abrir uma janelinha no telhado para olhar as estrelas. Uma estranha mistura de veneração católica e protestante.

Hélène, a criada francesa, nunca foi a Fiesole. A essa altura, já havia se casado. Durante o verão, ela cozinhava para o marido e remendava as meias de Gertrude Stein e do irmão, substituindo a parte dos pés. Também fazia geleia. Na Itália havia a Maddalena, tão importante quando Hélène, mas duvido que tivesse tanto apreço pelos famosos. A Itália está acostumada demais com as celebridades e com os filhos das celebridades. A propósito, foi Edwin Dodge[79] quem disse que a vida dos grandes homens frequentemente nos lembra que não devemos deixar filhos ao morrer.

Gertrude Stein adorava o calor e o sol, embora sempre dissesse que o inverno parisiense era o clima ideal. Naquela época, era sempre

---

79 Edwin Sherrill Dodge (1874-1938) — arquiteto americano. (N. do T.)

ao meio-dia que ela preferia caminhar. Eu, que nunca gostei do sol do verão, muitas vezes a acompanhava. Às vezes, mais tarde, na Espanha, sentava-me à sombra de uma árvore e chorava, mas ela era incansável sob o sol. Era até capaz de deitar-se e olhar direto para o sol do meio-dia no verão, dizia que isso lhe repousava os olhos e a cabeça.

Havia muita gente divertida em Florença. Havia os Berenson[80], e, naquela época, Gladys Deacon[81] os acompanhava, uma beldade internacional bastante famosa, mas, depois de um inverno em Montmartre, Gertrude Stein achou que ela se chocava muito facilmente para ser alguém interessante. Depois, conheceram os primeiros russos, Von Heiroth e sua esposa, que acabou tendo quatro maridos e, certa vez, comentou alegremente que continuava uma boa amiga de todos eles. Ele era tolo, mas atraente, e contava as mesmas histórias russas de sempre. Depois, havia os Thorold e muitos outros. E, o mais importante, havia uma excelente biblioteca que emprestava livros em inglês, com todos os tipos de biografia estranha, uma fonte de prazer inesgotável para Gertrude Stein. Certa vez ela me disse que, quando jovem, lia tanto, desde os elisabetanos até os modernos, que ficava terrivelmente inquieta com que chegasse o dia em que não teria mais nada para ler. Durante anos esse medo a perseguiu, mas, de uma forma ou de outra, embora ela sempre leia e leia, parece encontrar mais coisas para ler. Seu irmão mais velho costumava reclamar que, embora trouxesse de Florença todos os dias tantos livros quanto pudesse carregar, sempre tinha de levar de volta a mesma quantidade.

Foi durante esse verão que Gertrude Stein começou seu grande livro, *The Making of Americans*.

Começou com um velho tema cotidiano que ela escrevera quando estava em Radcliffe[82]:

---

80 Bernard (1865-1959) e Mary Berenson (1864-1945) – historiadores da arte americanos. (N. do T.)
81 Gladys Spencer-Churchill, nascida Deacon (1881-1977) – *socialite* franco-americana. Foi amante e veio a se casar com o duque de Marlborough, tornando-se então duquesa de Marlborough, na Inglaterra. (N. do T.)
82 A Radcliffe College era uma faculdade feminina de ciências humanas localizada em Cambridge, no estado americano de Massachusetts. Em 1999, passou a chamar-se Radcliffe Institute for Advanced Study e a fazer parte da Universidade Harvard. (N. do T.)

"Certa vez, um homem furioso arrastou seu pai pelo chão, em seu próprio pomar. 'Pare!', por fim gritou, gemendo, o velho. 'Pare! Eu não arrastei meu pai além desta árvore.'"

"É difícil dominar o temperamento com que nascemos. Todos nós começamos bem. Pois, em nossa juventude, não há nada com que sejamos mais intolerantes do que com nossos próprios pecados gravados em letras garrafais nos outros, e os combatemos ferozmente em nós mesmos; mas envelhecemos, e vemos que esses nossos pecados são — de todos os pecados que há — os mais inofensivos que possuímos, e até dão certo charme à nossa personalidade, e, assim, nossa luta contra eles acaba por morrer." Deveria ser a história de uma família. E era a história de uma família, mas, na época em que cheguei a Paris, já estava se tornando uma história de todos os seres humanos, todos os que existiram, existem ou que poderiam estar vivos.

Gertrude Stein, em toda a sua vida, nunca ficou tão satisfeita com nada quanto com a tradução que Bernard Faÿ e *madame* Seillière[83] estão fazendo agora deste livro. Acabou de revisá-la com Bernard Faÿ e, como ela mesma diz, ele é maravilhoso em inglês e ainda mais em francês. Elliot Paul[84], quando editor, disse certa vez que tinha certeza de que Gertrude Stein poderia tornar-se *best-seller* na França. Parece muito provável que sua previsão seja confirmada.

Mas retornemos àqueles velhos dias na Casa Ricci e ao início daquelas longas frases destinadas a mudar as ideias literárias de inúmeras pessoas.

Gertrude Stein estava trabalhando muitíssimo no início de *The Making of Americans* e voltou a Paris enfeitiçada pelo que estava fazendo. Era nessa época que, depois de trabalhar durante toda a noite, ela era surpreendida pelo amanhecer, que chegara enquanto ela escrevia. Voltou para uma Paris bastante excitante. Em primeiro lugar, seu retrato havia ficado pronto. No dia em que voltou da Espanha, Picasso se sentou e pintou sua cabeça de memória, sem ter visto Gertrude Stein novamente.

---

83   Bernard Faÿ (1893-1978) e Hélène-Thyra Seillière (1880-1973) — cotradutores do livro *The Making of Americans* para o francês. (N. do T.)

84   Elliot Harold Paul (1891-1958) — jornalista e autor americano. (N. do T.)

E, quando ela viu o quadro, tanto ele quanto ela ficaram contentes. É muito estranho, mas nenhum dos dois consegue se lembrar de como era a cabeça quando ele a pintou. Há outra história encantadora acerca do retrato.

Há apenas alguns anos, quando Gertrude Stein cortou o cabelo curto — antes disso, ela sempre o usou penteado como uma coroa no alto da cabeça, assim como Picasso o pintou — e, quando cortou o cabelo, um dia ou dois mais tarde, por acaso, entrou em uma sala, e Picasso estava a dois cômodos de distância. Ela estava de chapéu, mas ele a avistou através das duas portas e, aproximando-se muito rápido dela, exclamou: Gertrude, o que foi, o que foi? O que foi o quê, Pablo, ela disse. Deixe-me ver, ele disse. E ela deixou. E meu retrato, ele falou, muito sério. Em seguida, seu rosto se abrandou e ele acrescentou, *mais, quand même, tout y est*, mesmo assim, está tudo aí.

Matisse estava de volta, e havia muita euforia no ar. Derain, com Braque a tiracolo, foi para Montmartre. Braque era um jovem pintor e conheceu Marie Laurencin quando ambos eram estudantes de artes, e, à época, eles pintaram o retrato um do outro. Depois disso, Braque fez quadros bastantes geográficos, com colinas arredondadas e completamente influenciados pelas cores da pintura independente de Matisse. Ele conheceu Derain, não sei bem ao certo, mas eles se conheceram durante o serviço militar, e agora conheciam Picasso. Foi um momento emocionante.

Eles começaram a passar os dias lá em cima, em Montmartre, e todos comiam sempre juntos em um pequeno restaurante do outro lado da rua, e Picasso começou a parecer — mais do que nunca —, como dizia Gertrude Stein, um pequeno toureiro seguido por seus quatro companheiros de esquadra ou, como descreveu-o no retrato que fez dele, como Napoleão seguido por seus quatro enormes granadeiros. Derain e Braque eram homens altos, assim como Guillaume, muito corpulento, e Salmon[85], nem um pouco pequeno. Picasso tinha todo o jeito de líder.

Isso nos leva à história de Salmon e Guillaume Apollinaire, embora

---

85 André Salmon (1881-1969) — crítico de arte e escritor francês. (N. do T.)

Gertrude Stein conhecesse esses dois e Marie Laurencin fazia um bom tempo, antes de tudo acontecer.

Naquela época, tanto Salmon quanto Guillaume Apollinaire moravam em Montmartre. Salmon era muito ágil e vivo, mas Gertrude Stein nunca o achou particularmente interessante. Apenas gostava dele. Guillaume Apollinaire, ao contrário, era maravilhoso. Mais ou menos naquela época, ou seja, mais ou menos na época em que Gertrude Stein conheceu Apollinaire, havia uma certa empolgação em torno do duelo que ele travaria com outro escritor. Fernande e Pablo falavam a respeito com tanto entusiasmo, tantos risos e tantas gírias típicas de Montmartre — tudo isso ainda nos primeiros dias de seu relacionamento — que ela sempre se mostrava um pouco reticente sobre o que havia realmente acontecido. Mas o essencial era que Guillaume havia desafiado o outro homem, e Max Jacob seria padrinho e testemunha de Guillaume. Tanto Guillaume quanto seu rival passavam o dia todo sentados, cada um em seu café favorito, à espera que seus padrinhos fossem de um lado para outro. Gertrude Stein não sabe como tudo acabou, a não ser que o duelo não chegou a acontecer, mas a grande sensação foi a conta que cada padrinho e testemunha trouxe ao seu apadrinhado. Nelas foi discriminada cada vez que tomaram uma xícara de café — é claro que eles tinham de tomar uma xícara de café toda vez que se sentavam em um ou outro estabelecimento com um ou outro duelista, e novamente quando se sentavam juntos. Havia também a questão de determinar em quais circunstâncias tiveram eles a necessidade absoluta de tomar um copo de conhaque com a xícara de café. E quantas vezes teriam tomado café se não fossem os padrinhos. Tudo isso levou a reuniões intermináveis e discussões intermináveis, e intermináveis despesas adicionais. Passaram-se dias, talvez semanas e meses, e se alguém finalmente recebeu seu pagamento — inclusive o dono do café — ninguém sabe. Era notório que Apollinaire tinha grande dificuldade de se separar de qualquer soma de dinheiro, por menor que fosse. Foi tudo muito emocionante.

Apollinaire era muito atraente e muito interessante. Sua cabeça lembrava a dos últimos imperadores romanos. Tinha um irmão de quem se ouvira falar, mas nunca o vimos. Ele trabalhava em um banco e, por isso, vivia razoavelmente bem vestido. Quando alguém em Montmartre tinha de ir a qualquer lugar em que era preciso vestir-se de maneira convencional — para ver um parente ou tratar de um negócio —, sempre usava um terno pertencente ao irmão de Guillaume.

Guillaume era excepcionalmente brilhante e, qualquer que fosse o assunto abordado, sabendo alguma coisa a respeito ou não, ele rapidamente captava todo o significado do tema e elaborava usando-se de sua inteligência e imaginação, levando-o mais longe do que qualquer pessoa que o conhecia poderia tê-lo feito, e, por incrível que pareça, geralmente de forma correta.

Certa vez, vários anos depois, estávamos jantando com os Picasso, e levei a melhor em uma conversa com Guillaume. Fiquei muito orgulhosa, mas, disse Eve[86] (Picasso não estava mais com Fernande), Guillaume estava bêbado demais, caso contrário isso não teria acontecido. Somente nessas circunstâncias alguém poderia ganhar uma discussão contra Guillaume. Pobre Guillaume. A última vez que o vimos foi quando ele voltou para Paris, depois da guerra. Havia sido gravemente ferido na cabeça e tivera um pedaço do crânio removido. Estava muito bonito com sua farda azul e sua cabeça enfaixada. Almoçou conosco, e conversamos por muito tempo juntos. Ele estava cansado, e sua cabeça, pesada, ficava balançando. Estava muito sério, quase solene. Fomos embora logo depois, estávamos trabalhando para o American Fund for French Wounded[87], e nunca mais o vimos. Mais tarde, Olga Picasso[88], a esposa de Picasso, contou-nos que Guillaume Apollinaire morrera na noite do Armistício[89], que eles ficaram com ele a noite toda, estava quente, e, com as janelas abertas, podia-se ouvir a multidão gritando

---

86   A autora refere-se a Eva Gouel (1885-1915), segunda companheira e musa de Pablo Picasso durante a época cubista, entre 1911 e 1915. (N. do T.)

87   O "Fundo Americano para os Feridos Franceses" foi fundado por mulheres americanas residentes no exterior que queriam ajudar os soldados franceses durante a Primeira Guerra Mundial, levantando fundos para prover-lhes assistência médica. (N. do T.)

88   Olga Picasso, nascida Koklova (1891-1955) — bailarina russa e primeira esposa de Picasso. Conheceu-o quando ele elaborava cenários para um espetáculo de sua companhia de dança. (N. do T.)

89   O Armistício de Compiègne foi assinado em 11 de novembro de 1918 entre os Aliados e a Alemanha, dando fim à Primeira Guerra Mundial. (N. do T.)

à bas, Guillaume, abaixo ao imperador Guilherme[90], e, como todos sempre chamaram Guillaume Apollinaire de Guillaume, mesmo agonizando, isso o perturbara.

Ele realmente tinha sido heroico. Sendo estrangeiro — sua mãe era polonesa e seu pai, possivelmente italiano —, não era obrigatório que ele se oferecesse para lutar. Era um homem corpulento, acostumado à vida literária e às delícias da mesa e, apesar de tudo, apresentou-se como voluntário. Foi primeiro para a artilharia. Todos o aconselharam que o fizesse, pois era menos perigosa e mais fácil que a infantaria, mas, depois de um tempo, ele não podia mais suportar essa espécie de esconderijo e mudou-se para a infantaria. Foi ferido em um ataque. Ficou bastante tempo no hospital, recuperou-se um pouco — foi então que o vimos — e, por fim, morreu no dia do Armistício.

A morte de Guillaume Apollinaire, naquela época, fez uma diferença enorme para todos os seus amigos, muito além da tristeza por seu falecimento. Foi o momento, logo depois da guerra, em que muitas coisas mudaram, e as pessoas, naturalmente, começaram a se separar. Guillaume havia sido um elo — ele sempre tivera o dom de manter as pessoas unidas —, e, quando ele se fora, todos deixaram de ser amigos. Mas tudo isso foi muito mais tarde, e, agora, voltemos ao início, quando Gertrude Stein conheceu Guillaume e Marie Laurencin.

Todo mundo chamava Gertrude Stein de Gertrude ou, no máximo, *mademoiselle* Gertrude, todo mundo chamava Picasso de Pablo, e Fernande de Fernande, e todo mundo chamava Guillaume Apollinaire de Guillaume e Max Jacob de Max, mas todo mundo chamava Marie Laurencin de Marie Laurencin.

A primeira vez que Gertrude Stein viu Marie Laurencin, Guillaume Apollinaire a levara à Rue de Fleurus, não em uma noite de sábado, mas em outra noite qualquer. Ela era muito interessante. Eles eram um casal extraordinário. Marie Laurencin era terrivelmente míope e, claro, nunca usava óculos, nenhuma francesa e poucos franceses usavam óculos naquela época. Ela usava uma *lorgnette*[91].

---

90 Guilherme II (1859-1941) — último imperador alemão e rei da Prússia de 1888 até sua abdicação, em 1918, logo após o fim da Primeira Guerra Mundial. (N. do T.)

91 Óculos portáteis com cabo, semelhante aos binóculos usados no teatro. (N. do T.)

Olhava cada quadro com cuidado, isto é, cada quadro que ficasse na sua linha de visão, aproximando os olhos e movendo-se sobre o quadro todo com sua *lorgnette*, um centímetro por vez. Ela ignorava os quadros fora de alcance. Por fim, comentava, eu mesma prefiro retratos, o que é muito natural, já que eu sou um Clouet. E era verdade, ela era um Clouet. Tinha o corpo esguio e quadrado das mulheres francesas medievais da pintura primitivista francesa. Ela falava com uma voz estridente, lindamente modulada. Sentou-se ao lado de Gertrude Stein no sofá e contou a história de sua vida, disse que sua mãe — que sempre detestara naturalmente os homens — fora durante muitos anos amante de um personagem importante, com quem dera à luz ela, Marie Laurencin. Nunca, acrescentou ela, deixei que ela conhecesse Guillaume, embora, claro, ele seja tão doce que ela não poderia se recusar a gostar dele, mas é preferível desse jeito. Algum dia você vai conhecê-la.

E, mais tarde, Gertrude Stein conheceu sua mãe, e, a essa altura, eu já estava em Paris e acabei indo com ela.

Marie Laurencin, levando sua vida tão estranha e fazendo sua estranha arte, morava com a mãe — que era uma mulher muito quieta, muito agradável, muito digna — como se as duas vivessem em um convento. O pequeno apartamento era abarrotado de costuras que a mãe fazia de acordo com os desenhos de Marie Laurencin. Marie e sua mãe comportavam-se uma com a outra exatamente como uma noviça se comporta diante da madre superiora. Era tudo muito estranho. Mais tarde, pouco antes da guerra, a mãe adoeceu e morreu. Antes de morrer, chegou a conhecer Guillaume Apollinaire e gostou dele.

Depois da morte da mãe, Marie Laurencin perdeu toda a noção de estabilidade. Ela e Guillaume não se viram mais. Uma relação que existira sem o conhecimento da mãe — enquanto ela vivera, e que fora aprovada por ela antes de morrer — não poderia continuar. Marie, contra o conselho de todos os seus amigos, casou-se com um alemão. Quando seus amigos o rejeitaram, ela disse, mas ele é a única pessoa capaz de me proporcionar o mesmo sentimento que eu tinha por minha mãe.

Seis semanas depois do casamento, veio a guerra, e Marie teve de deixar o país, por estar casada com um alemão. Segundo me contou mais tarde, quando nos encontramos na Espanha durante a guerra, certamente as autoridades não lhe poderiam causar nenhum mal, já que seu passaporte deixava claro que ninguém sabia quem era seu pai e, naturalmente, tinham medo, porque talvez seu pai pudesse ser o presidente da República francesa.

Durante os anos de guerra, Marie ficou muito infeliz. Ela era profundamente francesa e, tecnicamente, alemã. Quando a encontrávamos, sempre dizia, deixei-me apresentar-lhes ao meu marido, um *boche*[92], não me lembro mais do nome dele. O mundo oficial francês na Espanha, com quem ela e o marido ocasionalmente precisavam entrar em contato, tornava as coisas muito desagradáveis para ela, que se referia constantemente à Alemanha como seu país. Nesse meio-tempo, Guillaume, com quem ela mantinha correspondência, escrevia-lhe cartas apaixonadamente patrióticas. Foi uma época angustiante para Marie Laurencin.

Finalmente, *madame* Groult, a irmã de Poiret[93], ao vir para a Espanha, conseguiu ajudar Marie com seus problemas. Marie acabou se divorciando do marido e, após o Armistício, voltou para Paris, sentindo-se novamente em seu lar no mundo. Foi então que voltou a frequentar a Rue de Fleurus, dessa vez acompanhada de Erik Satie[94]. Ambos eram da Normandia e muito orgulhosos e felizes de sê-lo.

Logo no início, Marie Laurencin pintou um quadro estranho, com retratos de Guillaume, Picasso, Fernande e ela mesma. Fernande falou a respeito para Gertrude Stein. Gertrude Stein comprou o quadro, e Marie Laurencin ficou muito satisfeita. Foi o primeiro quadro dela que fora comprado.

Foi antes de Gertrude Stein conhecer a Rue Ravignan que Guillaume

---

[92] Gíria francesa usada durante a Primeira Guerra Mundial que significava "alemão" e, mais especificamente, "soldado alemão". (N. do T.)

[93] Paul Poiret (1879-1944) – um dos principais estilistas franceses, atuante principalmente durante as duas primeiras décadas do século XX. (N. do T.)

[94] Erik Satie (1866-1925) – compositor e pianista francês. (N. do T.)

Apollinaire conseguiu seu primeiro emprego remunerado, como editor de um pequeno folheto sobre fisiculturismo. E foi para esse folheto que Picasso fez suas maravilhosas caricaturas, incluindo uma de Guillaume como exemplo do que o fisiculturismo poderia fazer.

E agora, mais uma vez, vamos nos concentrar no retorno de todas as viagens deles e a Picasso tornando-se o líder de um movimento que mais tarde ficaria conhecido como cubismo. Não sei quem o chamou de cubista primeiro, muito provavelmente foi Apollinaire. De qualquer forma, ele escreveu o primeiro panfleto sobre todos eles e ilustrou-o com suas pinturas.

Também me lembro muito bem da primeira vez que Gertrude Stein me levou para ver Guillaume Apollinaire. Era um apartamento de solteiro minúsculo na Rue des Martyrs. A sala estava lotada de muitos jovens rapazes, todos muito baixos. Quem, perguntei para Fernande, são todos esses homens baixinhos? São poetas, respondeu Fernande. Fiquei completamente impressionada. Nunca havia visto poetas antes; um poeta, sim, mas não vários. Foi também nessa noite que Picasso, ligeiramente bêbado — e para enorme indignação de Fernande —, insistiu em sentar-se a meu lado para mostrar-me um álbum de fotos espanhol com o lugar exato onde ele nascera. Na verdade, saí de lá com uma ideia um tanto vaga de onde era.

Derain e Braque tornaram-se discípulos de Picasso cerca de seis meses depois que ele, por meio de Gertrude Stein e seu irmão, conheceu Matisse. Nesse meio-tempo, Matisse apresentou Picasso à escultura africana.

Naquela época, esculturas africanas já eram bastante conhecidas dos caçadores de curiosidades, mas não dos artistas. Tenho certeza de que não sei quem primeiro reconheceu o valor potencial que ela teria para os artistas modernos. Talvez tenha sido Maillol, que viera da região de Perpignan e conhecera Matisse no Sul, chamando-lhe a atenção para ela. Segundo a tradição, foi Derain. Também é possível que tenha sido o próprio Matisse, pois, durante muitos anos, havia um comerciante de curiosidades na Rue de Rennes que tinha inúmeras coisas do gênero em sua vitrine, e Matisse subia com frequência a Rue de Rennes para ir a uma de suas aulas de desenho.

De qualquer forma, foi Matisse o primeiro a ser influenciado pelas estatuetas africanas — não tanto em sua pintura, mas em sua escultura — e foi Matisse quem chamou a atenção de Picasso para ela logo depois que Picasso terminara de pintar o retrato de Gertrude Stein.

O efeito dessa arte africana sobre Matisse e Picasso foi completamente diferente. Matisse deixou-se influenciar mais em sua imaginação do que em sua visão. Picasso, mais em sua visão do que na imaginação. Estranhamente, só muito mais tarde essa influência afetou sua imaginação, e isso pode muito bem ter sido reforçado pelo orientalismo russo, com o qual entrou em contato por meio de Diaghilev[95] e do balé russo.

Nesses primeiros tempos de criação do cubismo, o efeito da arte africana era unicamente sobre sua visão e suas formas; sua imaginação permanecia puramente espanhola. O caráter espanhol do ritual e da abstração havia sido realmente estimulado pela pintura do retrato de Gertrude Stein. Ela tivera, à época, como agora, um impulso claro em direção à mais elementar abstração. Em nenhum momento se interessou por escultura africana. Sempre disse que gostava bastante dela, mas que não tinha nada a ver com os europeus, que lhe falta ingenuidade, que é antiga demais, limitada demais, sofisticada demais — mas sem a elegância da escultura egípcia, da qual deriva. Dizia que, como americana, gostava que as coisas primitivas fossem mais selvagens.

Matisse e Picasso, tendo sido apresentados um ao outro por Gertrude Stein e o irmão, tornaram-se amigos, apesar de inimigos. Agora não são nem amigos nem inimigos. Naquela época, eram os dois.

Como era o costume da época, eles trocaram quadros um com outro. Cada pintor escolhia o quadro que, provavelmente, mais lhe interessara. Matisse e Picasso escolheram o que, sem dúvida nenhuma, era o menos interessante que o outro havia feito. Depois, cada um usou o quadro que havia escolhido como um exemplo das fraquezas do outro. Obviamente, as maiores qualidades de cada pintor não estavam evidenciadas nas pinturas escolhidas.

---

95 Serguei Diaghilev (1872-1929) — empresário artístico russo e fundador dos Ballets Russes, companhia de dança que fez surgir muitos bailarinos famosos entre os séculos XIX e XX. (N. do T.)

Os ânimos entre os fãs de Picasso e os de Matisse começaram a se agravar. E isso, vejam bem, é que me leva ao *Independentes*, quando minha amiga e eu nos sentamos, sem perceber, diante dos dois quadros que mostravam publicamente que Derain e Braque haviam se tornado, definitivamente, discípulos de Picasso, e não de Matisse.

Enquanto isso, naturalmente, inúmeras outras coisas aconteceram.

Matisse expôs em todos os *Salões de Outono* e em todos os *Independentes*. Estava começando a ter um número considerável de seguidores. Picasso, ao contrário, nunca, em toda a sua vida, expôs em nenhum salão. Seus quadros, naquela época, só podiam ser vistos no número 27 da Rue de Fleurus. Pode-se dizer que a primeira vez que ele tivera uma exposição pública foi quando Derain e Braque, completamente influenciados por seus trabalhos recentes, mostraram seus quadros. Depois disso, ele também passou a ter inúmeros seguidores.

Matisse estava irritado com a crescente amizade entre Picasso e Gertrude Stein. *Mademoiselle* Gertrude, dizia ele, gosta da cor local e dos valores teatrais. Seria impossível para qualquer pessoa de sua estirpe manter uma amizade séria com alguém como Picasso. Matisse ainda vinha com frequência à Rue de Fleurus, mas já não havia mais nenhuma sinceridade na comunicação entre eles. Foi nessa época que Gertrude Stein e seu irmão ofereceram um almoço a todos os pintores cujos quadros estavam expostos na parede. Claro que não foram incluídos os mortos ou velhos demais. Foi nesse almoço que, como já disse, Gertrude Stein alegrou a todos, fazendo do evento um sucesso, colocando cada pintor diante de seu próprio quadro. Nenhum deles percebera — estavam naturalmente satisfeitos —, até que, quando todos começavam a ir embora, Matisse, levantando-se de costas para a porta e olhando para o interior da sala, deu-se conta do que fizeram.

Matisse deu a entender que Gertrude Stein havia perdido o interesse por sua obra. Ela respondeu-lhe, não há nada no seu íntimo que lute contra si mesmo, e, até agora, você seguiu o instinto de criar antagonismo nos outros — o que o estimulou a ser agressivo. Mas, agora, os outros fazem o mesmo.

Se esse não foi o fim da conversa, foi o início de uma parte fundamental de *The Making of Americans*. Partindo dessa ideia, Gertrude Stein baseou algumas de suas distinções mais permanentes a respeito dos tipos de pessoa.

Foi por volta dessa época que Matisse começou a dar aulas. Ele se mudara da Quai Saint-Michel, onde morava desde seu casamento, para o Boulevard des Invalides. Por causa da separação entre Igreja e Estado que acabara de acontecer na França, o governo francês passou a desapropriar muitos conventos — que também serviam como escolas — e outras propriedades eclesiásticas. Como muitos dos conventos deixaram de existir, havia naquela época vários edifícios vazios. Entre ele, um esplêndido exemplar no Boulevard des Invalides.

Esses edifícios eram alugados a preços muito baixos, porque não havia contrato, já que o governo, quando decidisse como iria usá-los permanentemente, expulsaria os inquilinos sem aviso prévio. Era, portanto, um lugar ideal para artistas, pois havia jardins e cômodos imensos, e, sob essas condições, eles se conformariam com os inconvenientes da manutenção. Então, os Matisse se mudaram, e Matisse, em vez de uma pequena sala para trabalhar, tinha um cômodo enorme, os dois filhos voltaram para casa, e todos estavam muito felizes. Então, um grupo de seus discípulos pediu-lhe para que lhes desse aulas no mesmo prédio em que morava. Ele consentiu, e deu-se início ao ateliê de Matisse.

Surgiram candidatos de todas as nacionalidades, e Matisse, a princípio, ficou assustado com sua quantidade e variedade. Ele contou — num misto de prazer e surpresa — que, quando perguntou a uma mulher muito baixinha na primeira fila o que ela tinha em mente em sua pintura, o que ela procurava, ela respondeu, *monsieur, je cherche le neuf*[96]. Ele costumava perguntar-se como todos eles conseguiam aprender francês quando ele não sabia nada de seus idiomas. Alguém ficou sabendo de todos esses fatos e aproveitou para zombar da escola em uma das revistas semanais francesas. Isso feriu

---

96 "Meu senhor, estou procurando o novo", em francês. (N. do T.)

terrivelmente os sentimentos de Matisse. O artigo questionava, de onde essas pessoas vieram, e respondia, de Massachusetts. Matisse ficou muito triste.

Mas, apesar de tudo isso — e também apesar de muitas discussões —, a escola floresceu. Houve dificuldades. Um dos húngaros queria ganhar a vida posando para a classe e, nos intervalos, quando outra pessoa o substituía, continuar pintando. Várias moças protestaram, alegando que um modelo nu posando era uma coisa, mas um colega fazendo o mesmo era outra, completamente diferente. Um húngaro foi encontrado comendo os pães que eram usados para apagar os rascunhos a lápis que eram deixados nas pranchas de pintura, e tal evidência de extrema pobreza e falta de higiene teve um efeito terrível sobre a sensibilidade dos americanos. Havia muitos americanos. Um desses americanos, sob o pretexto de ser pobre, estava estudando gratuitamente, e, depois, descobriu-se que já havia adquirido um pequeno Matisse, um pequeno Picasso e um pequeno Seurat. Isso não só era injusto — já que muitos dos outros alunos queriam e não podiam comprar um quadro do mestre e pagavam a mensalidade — mas também, como ele comprara um Picasso, era uma traição. E ainda, de vez em quando, alguém dizia algo a Matisse em um francês tão ruim que acabava parecendo algo completamente diferente, e Matisse ficava furioso, e o infeliz tinha de aprender a desculpar-se corretamente. Todos os alunos trabalhavam em tal estado de tensão que as explosões eram frequentes. Um acusava o outro de influências indevidas para o mestre, e então surgiam cenas longas e complicadas, em que geralmente alguém acabava tendo de se desculpar. Era tudo muito difícil, já que eles mesmos se organizavam entre si.

Gertrude Stein gostava muitíssimo de todas essas complicações. Tanto Matisse quanto ela adoravam uma boa fofoca e, naquela época, deliciavam-se contando histórias um para o outro.

Naquele tempo, ela começou a chamar Matisse de C.M., *cher maître*[97]. Falou-lhe sobre a clássica anedota de caubóis, *pray gentlemen, let there*

---

[97] "Caro mestre", em francês. (N. do T.)

be no bloodshed[98]. Matisse ia com frequência à Rue de Fleurus. De fato, foi nessa época que Hélène lhe preparou ovos fritos em vez de omelete.

Three Lives fora datilografado e, então, o próximo passo era apresentá-lo a um editor. Alguém deu a Gertrude Stein o nome de um agente em Nova York, e ela fez uma tentativa. Não deu em nada. Em seguida, tentou procurar as editoras diretamente. A única interessada foi Bobbs-Merrill[99], e eles lhe disseram que não poderiam publicá-lo. Essa tentativa de encontrar uma editora durou algum tempo, e então, sem desanimar, ela decidiu publicá-lo por conta própria. Não era uma ideia incomum, já que muita gente em Paris costumava fazê-lo. Alguém lhe contou a respeito da Grafton Press, de Nova York, uma firma respeitável que editava impressos históricos especiais que as pessoas queriam publicar. Concluídos os acordos, *Three Lives* seria impressa e as provas, enviadas.

Certo dia, alguém bateu à porta, e um jovem americano muito simpático perguntou se poderia falar com a srta. Stein. Ela disse, sim, entre. Ele disse, vim a pedido da Grafton Press. Sim, ela disse. Veja bem, disse ele, um pouco hesitante, o diretor da Grafton Press ficou com a impressão de que, talvez, seu conhecimento de inglês... Mas eu sou americana, disse Gertrude Stein, indignada. Sim, sim, agora entendo perfeitamente, disse ele, mas talvez a senhora não tenha muita experiência como escritora. Suponho, disse ela rindo, que você tenha tido a impressão que tive pouca instrução. Ele enrubesceu, não, disse ele, mas a senhora pode não ter muita experiência em escrever. Ah, sim, ela disse, ah, sim. Bom, está tudo bem. Vou escrever ao diretor e talvez a senhora também possa lhe dizer que tudo o que está escrito no manuscrito foi escrito com essa intenção e tudo que ele precisa fazer é proceder com a publicação, e eu assumirei a responsabilidade. O rapaz fez-lhe uma reverência e saiu.

Mais tarde, quando o livro começou a ser notado por editores e jornalistas interessados, o diretor da Grafton Press escreveu uma carta

---

98 "Por favor, cavalheiros, evitem um derramamento de sangue", em inglês. Frase típica de muitas das histórias do "Velho Oeste" da época. (N. do T.)

99 Bobbs-Merrill era uma editora americana localizada na cidade de Indianápolis. Funcionou entre 1850 e 1959, quando foi comprada pela editora Sams Publishing. (N. do T.)

muito simples para Gertrude Stein, admitindo ter ficado surpreso com a repercussão que o livro havia recebido, mas gostaria de acrescentar que, agora que vira o resultado, queria dizer que estava muito satisfeito com o fato de sua empresa ter publicado o livro. Mas isso foi depois de eu vir para Paris.

4

Gertrude Stein antes de chegar a Paris

Retomando, vim a Paris e agora sou um dos *habitués* da Rue de Fleurus. Gertrude Stein estava escrevendo *The Making of Americans* e havia acabado de começar a corrigir as provas de *Three Lives*. Ajudei-a na correção.

Gertrude Stein nasceu em Allegheny, no estado da Pensilvânia. Como sou uma californiana fervorosa, e como ela passou sua juventude por lá, muitas vezes implorei para que ela tivesse nascido na Califórnia, mas ela continuava sempre natural de Allegheny, Pensilvânia. Ela deixara o local com apenas 6 meses de idade e nunca mais voltou, sendo que a cidade nem existe mais, tendo virado parte de Pittsburgh. Mesmo assim, ela costumava deliciar-se por ter nascido em Allegheny, Pensilvânia, quando, durante a guerra, em conexão com o trabalho que fazíamos, tínhamos de tirar nossos documentos e, quase imediatamente, queriam saber nosso local de nascimento.

Ela costumava dizer que, se tivesse realmente nascido na Califórnia — como eu queria —, nunca teria o prazer de ver as inúmeras autoridades francesas tentando escrever Allegheny, Pensilvânia.

Quando encontrei Gertrude Stein pela primeira vez em Paris, fiquei surpresa por nunca ter visto um livro em francês sobre sua mesa, apesar de sempre haver muitos livros em inglês; não havia nem sequer jornais franceses. Mas você nunca lê em francês, perguntei-lhe, assim como muitas outras pessoas faziam. Não, ela respondeu, veja bem, eu sinto com meus olhos, e não faz nenhuma diferença para mim que idioma estou ouvindo, não ouço idiomas, ouço tons de voz e ritmos, mas com meus olhos vejo palavras e frases, e, para mim, há apenas um idioma, que é o inglês. Uma das coisas de que mais tenho gostado em todos esses anos é estar cercada de gente que não sabe inglês. Isso me deixou mais profundamente a sós com meus olhos e meu inglês. Não sei se, do contrário, teria sido possível manter uma intimidade tão completa com o inglês. E nenhuma dessas pessoas conseguia ler uma só palavra do que eu escrevia, a maioria nem sequer sabia que eu escrevia. Não, eu gosto mesmo é de viver rodeada de um monte de pessoas e ficar completamente a sós com o inglês e comigo mesma.

Um de seus capítulos em *The Making of Americans* começa: eu escrevo para mim e para estranhos.

Ela nasceu em Allegheny, Pensilvânia, em uma família de classe média muito respeitável. Ela sempre disse ser muito grata por não ter nascido em uma família de intelectuais e tem horror às pessoas que chama de intelectuais. Não deixa de ser bastante ridículo que ela — que tem amizade com todo mundo, que conhece todo mundo e se deixa conhecer — seja tão admirada pelas pessoas mais presunçosas. E também diz sempre que, um dia, eles — qualquer pessoa — vão descobrir que ela lhes interessa, tanto ela quanto o que escreve. Sempre tem o consolo de que os jornais estão sempre interessados por ela. Vivem dizendo — afirma ela — que minha escrita é horrível, mas estão sempre citando-a e, o que é pior, citam-na literalmente, e aqueles que dizem admirar não a citam. Isso, nas horas de maior amargura, tem sido um consolo. Minhas frases ficam gravadas em sua mente, só que eles não percebem, ela diz o tempo todo.

Ela nasceu em Allegheny, Pensilvânia, em uma casa, uma casa geminada. Sua família morava em uma das casas e o irmão de seu pai morava na outra. Essas duas famílias são as famílias descritas em *The Making of Americans*. Já moravam nessas casas fazia oito anos quando Gertrude Stein nasceu. Um ano antes de seu nascimento, as duas cunhadas, que nunca se deram muito bem, já não se falavam mais.

A mãe de Gertrude Stein, uma mulher baixinha, agradável e amável, mas com um temperamento explosivo — conforme sua descrição em *The Making of Americans* —, recusou-se terminantemente a ver a cunhada novamente. Não sei bem o que aconteceu, mas com certeza algo aconteceu. De qualquer forma, os dois irmãos, que foram sócios em negócios muito prósperos, romperam a parceria; um irmão foi para Nova York, onde ele e todos os seus descendentes se tornaram muito ricos, e o outro, a família de Gertrude Stein, foi para a Europa. Foram primeiro para Viena e lá ficaram até Gertrude Stein completar 3 anos de idade. Tudo do que ela se lembra dessa época é o tutor de seu irmão, certa vez — quando ela teve a permissão de sentar-se com seus irmãos em suas aulas —, descrevendo o rugido de um tigre, o que a divertira e a aterrorizara ao mesmo tempo. Também se lembra de um livro ilustrado que um de seus irmãos costumava lhe mostrar, em que havia uma história das andanças de Ulisses, e que ele, quando se sentava para comer, usava cadeiras de madeira torneada, iguais às da sala de jantar. Também se lembra que eles brincavam nas praças públicas e que, muitas vezes, o velho kaiser Francis Joseph[100] era visto passeando em meio aos jardins e, às vezes, uma banda tocava o hino nacional austríaco, de que ela gostava. Por muitos anos, ela acreditou que *kaiser* era o verdadeiro nome de Francis Joseph, e nunca conseguiu aceitar tal nome como pertencente a outra pessoa.

Eles moraram três anos em Viena; o pai, entretanto, voltou para os Estados Unidos a negócios, e, então, eles se mudaram para Paris. De lá, Gertrude tem memórias mais vivas. Gertrude Stein se lembra de uma escolinha em que ela e sua irmã mais velha ficaram como internas e na qual havia uma menininha no canto do pátio, e as outras meninas

---

[100] Francis Joseph I (1830-1916) foi *kaiser* ("imperador", em alemão) da Áustria, rei da Hungria, Croácia e Boêmia e monarca de outros estados do Império Austro-Húngaro, de 1848 até sua morte. (N. do T.)

disseram-lhe para não chegar perto dela, pois ela arranhava. Também se lembra da tigela de sopa com pão francês no café da manhã e que elas comiam carneiro e espinafre no almoço. Como ela gostava muito de espinafre e não gostava de carneiro, costumava trocar a carne pelo espinafre com a garotinha à sua frente. Ela também se lembra de todos os outros três irmãos mais velhos indo visitá-las na escola, a cavalo. E também de um gato preto pulando do teto de sua casa em Passy e assustando sua mãe, e que um desconhecido veio acudi-la.

A família ficou um ano em Paris e depois voltou para os Estados Unidos. O irmão mais velho de Gertrude Stein descreve encantadoramente os últimos dias em que ele e sua mãe foram às compras e compraram tudo o que lhes agradava, casacos de pele de foca, chapéus e regalos[101] para toda a família, da mãe à irmã mais nova, Gertrude Stein, luvas, dezenas de luvas, chapéus maravilhosos, trajes de montaria e, para finalizar, um microscópio e uma coleção completa da famosa história francesa da zoologia. Em seguida, zarparam para a América.

Essa visita a Paris impressionou muitíssimo Gertrude Stein. Quando, no início da guerra, voltamos para Paris — ela e eu estávamos na Inglaterra e fomos apanhadas pela eclosão do conflito e, portanto, não pudemos voltar até outubro —, no primeiro dia em que saímos Gertrude Stein disse, é estranho, Paris é tão diferente, mas tão familiar. E então, pensando bem, entendo o que é, não há ninguém aqui além dos franceses (não havia soldados ou aliados ainda), podem-se ver as criancinhas com seus aventais pretos, podem-se ver as ruas porque não há ninguém nelas, é como a minha memória de Paris quando eu tinha 3 anos. As calçadas têm o cheiro de antes (voltou-se a usar cavalos), o cheiro das ruas francesas e das praças públicas de que me lembro tão bem.

Voltaram para os Estados Unidos e, em Nova York, a parte da família nova-iorquina tentou reconciliar a mãe de Gertrude Stein com a cunhada, mas ela se manteve inflexível.

Essa história faz-me lembrar da srta. Etta Cone, a conhecida distante de Gertrude Stein que datilografou *Three Lives*. Quando a conheci, em

---

101 Um regalo (*muff*, no original) é um acessório para agasalhar as mãos, raramente usado no Brasil. Trata-se de um cilindro de pele ou tecido com as extremidades abertas para enfiar as mãos. (N. do T.)

Florença, ela me confidenciou que poderia perdoar, mas jamais esquecer. Acrescentei que eu, ao contrário, poderia esquecer, mas não perdoar. A mãe de Gertrude Stein, nesse caso, evidentemente era incapaz de fazer tanto uma coisa quanto a outra.

A família foi para o oeste, para a Califórnia, após uma curta estada em Baltimore, no lar de seu avô, o velho religioso que ela descreve em *The Making of Americans*, que vivia em uma casa velha em Baltimore com um grupo grande de pessoas alegres e simpáticas, os tios e tias dela.

Gertrude Stein nunca deixou de agradecer à mãe por não ter esquecido nem perdoado. Imagine só, ela me dizia, se minha mãe tivesse perdoado a cunhada e meu pai tivesse retomado os negócios com meu tio e nós tivéssemos morado e sido criados em Nova York, imagine só, ela dizia, que coisa horrível. Teríamos sido ricos, em vez de relativamente pobres, mas imagine só como seria horrível ter de crescer em Nova York.

Eu, como californiana, posso compreender muito bem.

E, então, pegaram o trem para a Califórnia. A única coisa de que Gertrude Stein se lembra da viagem é que ela e a irmã usavam lindos e enormes chapéus austríacos de feltro vermelho, cada um enfeitado com uma bela pena de avestruz, e, em algum momento da viagem, sua irmã debruçou-se na janela e seu chapéu foi levado pelo vento. Seu pai tocou a campainha de emergência, fez o trem parar e, para espanto e perplexidade dos passageiros e do condutor, pegou de volta o chapéu. A única outra coisa de que se lembra é que tinham uma cesta de comida maravilhosa que lhes foi presenteada pelas tias de Baltimore e, dentro dela, havia um peru maravilhoso. E que, mais tarde, à medida que a comida diminuía, era renovada ao longo da ferrovia sempre que paravam, e isso era sempre emocionante. E também que, em algum lugar do deserto, eles viram índios de pele vermelha e que, em algum outro lugar do deserto, ganharam uns pêssegos de sabor muito estranho.

Quando chegaram na Califórnia, foram a um laranjal, mas ela não se lembra de nenhuma laranja, se lembra de encher as caixas de charutos do pai com pequenas limas que eram deliciosas.

Chegaram lentamente a São Francisco e estabeleceram-se em

Oakland. Ela se lembra dos eucaliptos da região, que lhe pareceram tão altos, finos e selvagens, e da vida animal, muito feroz. Mas tudo isso e muito mais, toda a vida material daqueles dias, foi descrito na vida da família Hersland no seu *Making of Americans*. O mais importante a contar agora é sobre sua educação.

Seu pai, depois de ter levado os filhos para a Europa para que eles pudessem desfrutar de uma educação europeia, insistia que eles deveriam esquecer o francês e o alemão, para que seu inglês americano ficasse mais puro. Gertrude Stein aprendera a tagarelar em alemão e, depois, em francês, mas só aprendeu a ler em inglês. Como ela dizia, para ela, os olhos eram mais importantes que os ouvidos, e, por isso — tanto naquela época quanto depois —, o inglês acabou tornando-se sua única língua.

Sua paixão pelos livros começou nessa época. Ela lia tudo o que era impresso e cruzava seu caminho, e muitas coisas cruzaram seu caminho. Em sua casa havia alguns romances perdidos, alguns livros de viagem, os livros muito bem encadernados que sua mãe ganhara de presente, Wordsworth[102], Scott[103] e outros poetas, *O Peregrino*, de Bunyan[104], uma coleção comentada de Shakespeare, Burns[105], os *Registros do Congresso*[106], enciclopédias etc. Leu todos eles, muitas vezes. Ela e seus irmãos começaram a comprar outros livros. Havia também a biblioteca pública local e, mais tarde, em São Francisco, a Biblioteca do Comércio e a Biblioteca do Instituto Mecânico, com suas excelentes coleções de autores dos séculos XVIII e XIX. A partir dos 8 anos, quando assimilou Shakespeare, até os 15, quando já lia Clarissa Harlowe[107], Fielding[108],

---

102 William Wordsworth (1770-1850) — poeta inglês que iniciou o romantismo na literatura inglesa. (N. do T.)

103 *Sir* Walter Scott (1771-1832) — novelista, poeta, dramaturgo e historiador escocês. (N. do T.)

104 *O Peregrino — A Viagem do Cristão à Vida Celestial* (*The Pilgrim's Progress from This World, to That Which Is to Come*, no original em inglês) é um livro do escritor e pastor batista John Bunyan (1628-1688). (N. do T.)

105 Robert Burns (1759-1796) — poeta escocês. É considerado o poeta nacional da Escócia. (N. do T.)

106 No original, *The Congressional Records*. Registros oficiais dos procedimentos e debates do Congresso dos Estados Unidos, publicados pelo governo quinzenalmente. (N. do T.)

107 Personagem do romance *Clarissa* (no original, em inglês, *Clarissa or The History of a Young Lady* — "Clarissa, ou a História de uma Jovem Dama"), do escritor inglês Samuel Richardson (1689-1761), publicado em 1748. (N. do T.)

108 Henry Fielding (1707-1754) — novelista e dramaturgo inglês, conhecido por suas obras satíricas. (N. do T.)

Smollett[109] etc., ela já se preocupava com a possibilidade de que em alguns anos teria lido tudo e não haveria mais nada para ler, e vivia continuamente com a língua inglesa. Ela lia muitíssimo sobre história e, muitas vezes, cai na risada, dizendo que é uma das poucas pessoas de sua geração que leu cada linha de *A Vida de Frederico, o Grande, de Carlyle*[110], e da *História Constitucional da Inglaterra, de Lecky*[111], além dos poemas mais longos de Charles Grandison[112] e de Wordsworth. Na verdade, ela continua a mesma, sempre lendo. Lê de tudo e sobre qualquer coisa e, mesmo agora, detesta ser interrompida e, acima de tudo, por mais que já tenha lido um livro — e por mais tolo que ele seja —, não admite que zombem dele ou que lhe digam o fim. Ainda é, como sempre foi, algo muito real para ela.

Ela sempre se interessou menos pelo teatro. Diz que passa rápido demais, a mistura de olhos e ouvidos a incomoda, e sua emoção nunca consegue acompanhar o ritmo. Só se interessou por música quando era adolescente. Acha difícil ouvir música, não lhe prende a atenção. Tudo isso, é claro, pode parecer estranho, já que dizem que o trabalho dela agrada aos ouvidos e ao subconsciente. Na verdade, são seus olhos e sua mente que se mantêm ativos, influentes e preocupados com suas escolhas.

A vida na Califórnia chegou ao fim quando Gertrude Stein tinha cerca de 17 anos. Os últimos anos haviam sido solitários e se passaram em meio às aflições da adolescência. Após a morte da mãe e, depois, da do pai, ela, sua irmã e um irmão deixaram a Califórnia, rumo ao leste. Foram para Baltimore e ficaram com a família da mãe. Ali, ela começou a se sentir menos só. Sempre me descrevia como era estranho sair da vida fechada, um tanto desesperadora, que vivera nos últimos anos para a vida alegre na companhia de todos os seus tios e tias. Quando, mais tarde, ela foi para Radcliffe, descreveu essa experiência na primeira

---

109   Tobias Smollett (1721-1771) — autor e poeta escocês. (N. do T.)
110   Thomas Carlyle (1795-1881) — historiador, escritor satírico, tradutor, ensaísta, filósofo, matemático e professor escocês. (N. do T.)
111   William Lecky (1838-1903) — historiador, ensaísta e teórico político irlandês. (N. do T.)
112   A autora faz referência à obra *The History of Sir Charles Grandison* ("*A História de Sir Charles Grandison*", em inglês), do escritor Samuel Richardson, publicada em 1753. (N. do T.)

coisa que escreveu. Não era bem a primeira coisa que já tinha escrito. Ela se lembra de ter escrito duas vezes antes disso. Uma vez, quando tinha cerca de 8 anos e tentou escrever um drama shakespeariano — chegando no máximo à direção de cena, em que os cortesãos faziam comentários espirituosos. E então, como não lhe ocorrera nenhum comentário espirituoso, desistiu.

O único outro esforço de que ela consegue se lembrar deve ter sido mais ou menos com a mesma idade. Pediram às crianças das escolas públicas que fizessem uma descrição por escrito. Ela se lembra de ter descrito um pôr do sol com o sol entrando em uma caverna de nuvens. De qualquer forma, foi uma das seis descrições selecionadas para ser copiadas em um lindo papel-pergaminho. Depois de tentar copiá-la duas vezes e a caligrafia ficar cada vez pior, foi forçada a deixar outra pessoa copiar para ela. O que sua professora considerava uma vergonha. Ela não se lembra de ter achado a mesma coisa.

Na verdade, sua letra sempre foi ilegível, e, muitas vezes, só eu consigo decifrar o que nem ela mesma consegue ler.

Ela nunca foi capaz, nem teve jamais nenhuma vontade, de se entregar a qualquer trabalho artístico. Nunca sabe como algo vai ficar até que esteja terminado, seja ao arrumar um quarto, um jardim, suas roupas ou qualquer outra coisa. Ela não consegue desenhar nada. Não sente nenhuma relação entre o objeto e a folha de papel. Quando estava na faculdade de medicina, deveria desenhar peças de anatomia, mas nunca conseguia distinguir o que era côncavo ou convexo ao desenhar. Ela se lembra de que, quando era muito pequena, tinha de aprender desenho, e mandaram-na para um curso. As crianças eram orientadas a desenhar uma xícara e um pires em casa, e o melhor desenho seria recompensado com uma medalha de couro estampado e, na semana seguinte, a mesma medalha seria, mais uma vez, entregue a quem fizesse o melhor desenho. Gertrude Stein foi para casa, contou aos irmãos, e eles colocaram uma bela xícara com pires diante dela, e cada um explicou-lhe como desenhá-los. Nada aconteceu. Finalmente, um deles fez o desenho para ela. Ela o levou para o curso e ganhou a medalha de couro. E, no caminho para casa, no meio de alguma brincadeira, ela perdeu a medalha de couro. E assim foi o fim das aulas de desenho.

Ela diz que é bom não ter a mínima noção de como as coisas que a divertem são feitas. Você deve ter uma ocupação cativante e, quanto às outras coisas na vida, para que possa desfrutar delas plenamente, deve apenas contemplar seus resultados. Dessa forma, provavelmente sentirá as coisas mais profundamente do que aqueles que sabem minimamente como elas são feitas.

Ela é completamente viciada no que os franceses chamam de *métier*[113] e afirma que só se pode ter um *métier*, assim como só se pode ter um idioma. Seu *métier* é escrever, e seu idioma é o inglês.

A observação e a construção levam à imaginação, isto é, concedem-lhe a posse da imaginação, é isso que ela tem ensinado a muitos autores jovens. Certa vez, quando Hemingway escreveu em uma de suas histórias que Gertrude Stein sempre soube o que havia de bom em um Cézanne, ela olhou para ele e disse, Hemingway, comentários não são literatura.

Os jovens, muitas vezes, quando aprendem tudo o que podem aprender, acusam-na de ter um orgulho exacerbado. Ela diz, sim, é claro. Ela percebeu que, na literatura inglesa de sua época, ela é única. Ela sempre soube, e agora ela afirma.

Ela compreende muito bem os fundamentos da criação, e, portanto, seus conselhos e suas críticas são inestimáveis para todos os seus amigos. Quantas vezes ouvi Picasso dizer-lhe — depois que ela havia comentado algo sobre um quadro dele, exemplificando com algo que ela estava tentando fazer —, *raconte-moi cela*. Em outras palavras, fale-me a respeito. Ainda hoje, os dois têm longas conversas solitárias. Eles se sentam em duas cadeirinhas baixas lá em cima, no apartamento dele, com os joelhos roçando, e Picasso diz, *explique-moi cela*[114]. E eles explicam, um ao outro. Eles falam sobre tudo, sobre quadros, sobre cachorros, sobre morte, sobre infelicidade. Como Picasso é espanhol, a vida é trágica, amarga e infeliz. Gertrude Stein costuma descer para falar comigo e diz, Pablo tem tentado me convencer de que sou tão infeliz quanto ele. Ele insiste nisso, e que tenho as mesmas razões que

---

113 "Profissão" ou, por extensão, "carreira", em francês. (N. do T.)
114 "Explique-me isso", em francês.

ele para ser infeliz. E eu pergunto para ela, mas e você, é infeliz? Bom, não acho que pareça infeliz, pareço? E ela ri. Ele diz, ela me conta, que não pareço porque sou mais corajosa, mas acho que não sou, ela repete, não, acho que não.

E, assim, Gertrude Stein, depois de passar um inverno em Baltimore e tendo se tornado mais humanizada, menos adolescente e menos solitária, foi para Radcliffe. E lá divertiu-se muito.

Ela fazia parte de um grupo de rapazes de Harvard e moças de Radcliffe, e todos conviviam com muita proximidade, de maneira muito interessante. Um deles, um jovem filósofo e matemático que fazia pesquisas em psicologia, deixou uma marca definitiva em sua vida. Ambos trabalharam juntos em uma série de experimentos de psicografia, sob a orientação de Münsterberg[115]. O resultado de seus próprios experimentos, que Gertrude Stein escreveu e publicou na *Harvard Psychological Review*, foi seu primeiro texto publicado. É algo muito interessante de ler, porque o método de escrita que seria desenvolvido posteriormente em *Three Lives* e em *The Making of Americans* já é perceptível.

A pessoa mais importante na vida de Gertrude Stein em Radcliffe foi William James[116]. Ela gostava de sua vida e de si mesma. Era secretária do clube de filosofia e divertia-se com todo tipo de pessoa. Gostava de dedicar-se ao esporte de fazer perguntas, e gostava igualmente de respondê-las. Ela gostava de tudo ali. Mas a impressão realmente duradoura de sua vida em Radcliffe foi causada por William James.

É bastante estranho que ela não estivesse, então, completamente interessada na obra de Henry James, por quem ela agora tem uma enorme admiração e a quem considera definitivamente como seu precursor, sendo ele o único escritor do século XIX que — enquanto americano — pressentiu o método do século XX. Gertrude Stein sempre fala dos Estados Unidos considerando-o, agora, o país mais antigo do mundo, pois, por causa dos métodos da Guerra Civil e dos conceitos comerciais que a seguiram, os Estados Unidos criaram o século XX e,

---

115 Hugo Münsterberg (1863-1916) — psicólogo germano-americano, um dos pioneiros da psicologia aplicada às teorias organizacionais. (N. do T.)

116 William James (1842-1910) — filósofo e psicólogo americano e o primeiro educador a ministrar um curso de psicologia nos Estados Unidos. (N. do T.)

uma vez que todos os outros países estão somente agora vivendo ou começando a viver uma vida do século XX, os Estados Unidos teriam começado, já na década de 1860, a criação do século e, por isso, são agora o país mais antigo do mundo.

Da mesma forma, ela afirma que Henry James foi a primeira pessoa na literatura a encontrar o caminho para os métodos literários do século XX. Mas, estranhamente, em todo o seu período de formação, ela não leu nem se interessou pela obra dele. Como ela costuma dizer, sempre somos naturalmente antagônicos a nossos pais e simpatizantes de nossos avós. Os pais são próximos demais, nos atrapalham, precisamos ficar sós. Assim, talvez seja essa a razão pela qual só muito recentemente Gertrude Stein tenha lido Henry James.

William James a encantava. Sua personalidade, sua forma de ensinar e sua maneira de divertir-se consigo mesmo e com seus alunos, tudo nele a agradava. Mantenha a mente aberta, ele costumava dizer, e, quando alguém se opunha, mas professor James, o que estou dizendo é verdade. Sim, dizia James, é repulsivamente verdade.

Gertrude Stein nunca teve reações subconscientes, tampouco foi um bom objeto de estudo para experiências de psicografia. Um dos alunos do seminário de psicologia — do qual Gertrude Stein, ainda que fosse estudante, participava a pedido pessoal de William James — estava realizando uma série de experimentos sobre sugestionamento do subconsciente. Quando ele leu o artigo sobre o resultado de seus experimentos, começou a explicar que um dos objetos estudados não trouxera absolutamente nenhum resultado, baixando a média estatística — e tornando a conclusão de seus experimentos falsa — por isso, ele gostaria de eliminar esse registro. De quem é o registro, perguntou James. Da srta. Stein, disse o aluno. Ah, disse James, se a srta. Stein não trouxe resultados, devo dizer que a ausência de resultados é tão normal quanto sua ocorrência e, decididamente, não devemos cortar seus registros.

Era um lindo dia de primavera, Gertrude Stein costumava ir à ópera todas as noites e também ia à ópera à tarde e, além disso, estava muito ocupada com outras coisas, e era o período dos exames finais, e ainda haveria o exame do curso ministrado por William James.

Ela sentou-se com a folha de prova diante de si e, simplesmente, não conseguia fazer nada. Caro professor James, ela escreveu no cabeçalho da folha. Lamento muito, mas realmente não estou com a menor vontade de ter um exame de filosofia hoje, e foi embora.

No dia seguinte, ela recebeu um cartão-postal de William James que dizia: Cara srta. Stein, entendo perfeitamente como se sente, muitas vezes sinto-me da mesma forma. E, por fim, deu ao seu trabalho a nota mais alta do curso.

Quando Gertrude Stein estava terminando seu último ano em Radcliffe, William James um dia perguntou-lhe o que ela iria fazer. Ela disse que não tinha ideia. Bom, disse ele, deveria fazer filosofia ou psicologia. Agora, para cursar filosofia, você precisa de matemática avançada, e imagino que isso nunca lhe tenha interessado. Agora, para psicologia, você precisa de uma formação médica, uma educação em medicina abre todas as portas, como Oliver Wendell Holmes[117] me disse, e eu lhe repito. Gertrude Stein interessava-se tanto por biologia quanto por química, então a faculdade de medicina não lhe apresentava dificuldades.

Não havia dificuldades, a não ser pelo fato de que Gertrude Stein nunca fora aprovada em mais do que a metade de seus exames de admissão para Radcliffe, já que nunca tivera a intenção de obter um diploma. No entanto, com considerável esforço e bastantes aulas particulares, Gertrude Stein entrou na Escola de Medicina Johns Hopkins.

Alguns anos depois, quando Gertrude Stein e seu irmão estavam apenas começando a conhecer Matisse e Picasso, William James veio até Paris, e os dois se encontraram. Ela foi vê-lo em seu hotel. Ele estava muitíssimo interessado no que ela andana fazendo, interessado em seus escritos e nos quadros de que ela lhe falara. Foi com ela à sua casa para vê-los. Ele viu os quadros e, perplexo, disse, eu sempre falei que você deveria manter sua mente aberta.

Há apenas dois anos, mais ou menos, aconteceu algo muito estranho. Gertrude Stein recebeu uma carta de um homem de Boston. Ficou evidente, pelo papel timbrado, que vinha de uma firma de advogados. O homem dizia na carta que, fazia não muito tempo, lendo na biblioteca

---

117 Oliver Wendell Holmes (1809-1894) — médico, professor, palestrante e autor americano. (N. do T.)

de Harvard, descobrira que a biblioteca de William James havia sido doada à universidade. Entre os livros estava o exemplar de *Three Lives* que Gertrude Stein havia dedicado e enviado a James. Nas margens do livro, havia ainda anotações que William James evidentemente fizera ao lê-lo. O homem, então, continuava dizendo que, muito provavelmente, Gertrude Stein teria bastante interesse nessas notas e propôs, caso ela desejasse, copiá-las para ela, pois havia se apropriado do livro — em outras palavras, tomou-o emprestado e passou a considerá-lo como seu. Ficamos bastante intrigadas, sem saber o que fazer a respeito. Por fim, escrevemos um bilhete dizendo que Gertrude Stein gostaria de ter uma cópia das notas de William James. Em resposta, veio um manuscrito, que o próprio homem havia redigido, e um bilhete dizendo que ele desejava que Gertrude Stein desse a sua opinião a respeito. Sem saber o que fazer com aquilo tudo, Gertrude Stein não fez nada.

Depois de passar nos exames de admissão, ela se estabeleceu em Baltimore e foi para a escola de medicina. Tinha uma criada chamada Lena, e é a história dela que Gertrude Stein escreveu mais tarde, como o primeiro conto de *Three Lives*.

Os dois primeiros anos da escola de medicina foram normais. Eram simplesmente trabalhos de laboratório, e Gertrude Stein, sob a orientação de Llewelys Barker[118], dedicou-se imediatamente a trabalhos de pesquisa. Começou um estudo de todos os tratos do sistema nervoso central, o início de um estudo comparativo. Tudo isso foi posteriormente incorporado ao livro de Llewelys Barker. Ela encantou-se com o doutor Mall[119], professor de anatomia, que orientou seu trabalho. Sempre cita a resposta que ele dava a qualquer aluno que se desculpasse por algo. Ele fazia uma cara pensativa e dizia, sim, é exatamente igual à nossa cozinheira. Sempre há uma desculpa. Ela nunca traz a comida quente para a mesa. No verão, é claro, não pode trazê-la quente porque já está quente demais, e, no inverno, é claro que não pode, porque está

---

118 Llewellys Franklin Barker (1867-1943) — médico canadense e professor da Escola de Medicina Johns Hopkins, de 1905 até sua morte. No original, seu nome está grafado incorretamente, *Llewelys* no lugar de *Llewellys*; procurando manter a fidelidade ao original, optou-se por manter o erro. (N. do T.)

119 Franklin Mall (1862-1917) — anatomista e patologista americano e o primeiro professor de anatomia da Escola de Medicina Johns Hopkins. (N. do T.)

frio demais, sim, sempre há uma razão. O doutor Mall acreditava em cada um desenvolvendo sua própria técnica. Ele também comentava, ninguém ensina nada a ninguém, no início o bisturi de todos os alunos está cego, depois o bisturi de todos os alunos está afiado, e ninguém nunca ensinou nada a ninguém.

Gertrude Stein gostou bastante desses dois primeiros anos da faculdade. Ela sempre gostou de conhecer bastante gente, de se envolver em muitas histórias, e não estava terrivelmente interessada, mas também não estava entediada com o que estava fazendo. Além disso, tinha inúmeros parentes agradáveis em Baltimore, e gostava disso. Nos últimos dois anos da faculdade de medicina, ela ficou entediada, completamente entediada. Havia bastante intriga e brigas entre os alunos — disso ela gostava —, mas a prática e a teoria da medicina não lhe interessavam nem um pouco. Era bastante notório entre todos os seus professores que estava entediada, mas como seus dois primeiros anos de trabalho científico lhe deram certa reputação, todos lhe deram os créditos necessários, e o fim de seu último ano estava muito perto. Foi então que chegou sua vez de participar dos partos dos bebês, e nesse momento ela começou a notar os negros e os lugares que mais tarde ela utilizaria no segundo dos contos de *Three Lives*, "Melanctha Herbert", a história que foi o início de seu trabalho revolucionário.

Como sempre diz de si mesma, ela sofre de muita inércia, mas, uma vez que começa, só para quando acha outra coisa para começar.

À medida que os exames finais se aproximavam, alguns de seus professores começaram a ficar zangados. Grandes homens como Halstead[120], Osler[121] etc., conhecendo a reputação de seus trabalhos científicos originais, tornaram os exames de medicina uma mera formalidade e a aprovaram. Mas houve outros que não foram tão amigáveis. Gertrude Stein vivia rindo, e isso era uma complicação. Eles lhe faziam perguntas, embora — como ela dizia a seus amigos — isso fosse uma tolice, já que havia tantos outros alunos ansiosos e ávidos por responder. No entanto, eles a questionavam vez ou outra, e, como

---

[120] William Stewart Halsted (1852-1922) — cirurgião americano. (N. do T.)
[121] *Sir* William Osler (1849-1919) — médico canadense e um dos quatro fundadores do Hospital Johns Hopkins, em Baltimore. (N. do T.)

ela dizia, o que poderia fazer, ela não sabia as respostas e eles não acreditavam que ela não soubesse, pensavam que ela não respondia porque não os considerava professores dignos de resposta. Era uma situação difícil — como ela mesma dizia —, era impossível pedir desculpas e explicar-lhes que estava tão entediada que não conseguia se lembrar de coisas que, obviamente, mesmo o estudante de medicina mais estúpido não seria capaz de esquecer. Um dos professores disse-lhe que, embora todos os figurões estivessem dispostos a aprová-la, ele pretendia dar-lhe uma lição e recusou-se a atribuir-lhe nota suficiente para a aprovação — por isso, ela não pôde se formar. Os ânimos ficaram exaltados por toda a faculdade de medicina. Sua amiga íntima, Marion Walker[122], implorou-lhe, dizendo, mas Gertrude, Gertrude, lembre-se da causa das mulheres, e Gertrude Stein respondeu, você não sabe o que é ficar entediada.

O professor que a reprovara pediu-lhe que fosse vê-lo. Ela foi. Ele disse, claro, srta. Stein, tudo o que precisa fazer é um curso de verão aqui, e, no outono, naturalmente, poderá se formar. Mas de forma alguma, disse Gertrude Stein, o senhor não tem ideia de como lhe sou grata. Sofro de uma inércia tão grande e tenho tão pouca iniciativa que, se o senhor não tivesse me impedido de me formar, eu teria, bom, não digo começado a praticar medicina, mas pelo menos teria ido para o ramo da psicologia patológica, e o senhor não sabe como gosto pouco de psicologia patológica e como a medicina me aborrece. O professor ficou completamente estarrecido, e foi assim o fim da formação médica de Gertrude Stein.

Ela sempre diz que não gosta do que é anormal, pois é óbvio demais. Ela diz que o normal é simplesmente muito mais complicado e interessante.

Há apenas alguns anos, Marion Walker, a velha amiga de Gertrude Stein, veio visitá-la em Bilignin[123], onde passávamos o verão. Ela e Gertrude Stein não se encontravam desde aquela época, nem se correspondiam, mas gostavam tanto uma da outra, e discordavam

---

122 Gertrude Stein teve duas amigas com o mesmo nome, Marion Walker Evans e Marion Walker Williams. A amiga citada nesta obra é Marion Walker Evans. (N. do T.)
123 Vilarejo no sudeste da França. (N. do T.)

violentamente sobre a causa das mulheres, tanto quanto antes. Não, como Gertrude Stein explicou a Marion Walker, não é que ela não se importasse com a causa das mulheres — ou com qualquer outra causa —, mas isso não era problema dela.

Durante esses anos em Radcliffe e Johns Hopkins, ela costumava passar os verões na Europa. Nos últimos dois anos, seu irmão tinha se estabelecido em Florença e, agora que tudo relacionado à medicina acabara, ela juntou-se ao irmão e, mais tarde, eles instalaram-se em Londres, durante o inverno.

Em Londres, ficaram em algumas hospedarias e sentiam-se confortáveis. Conheceram várias pessoas por meio dos Berenson, Bertrand Russell[124], os Zangwill[125], depois Willard (Josiah Flynt[126]), que escreveu *Tramping with Tramps* e que conhecia todos os *pubs* de Londres, mas Gertrude Stein não se divertia muito com eles. Ela começou a passar seus dias inteiros no Museu Britânico lendo os romances elizabetanos. Voltou a seu amor inicial por Shakespeare e pelos elizabetanos e mergulhou na prosa elizabetana, particularmente na prosa de Greene[127]. Mantinha caderninhos cheios de frases que a agradavam tanto quanto a haviam agradado quando era criança. No resto do tempo, vagava pelas ruas de Londres, achando-as infinitamente deprimentes e sombrias. Nunca esqueceu essa memória de Londres, e nunca quis voltar lá, mas, em 1912, foi ver John Lane[128], o editor, e teve uma experiência muito agradável, visitou pessoas muito simpáticas e alegres e, então, esqueceu suas velhas recordações, passando a gostar bastante de Londres.

Ela vivia dizendo que aquela sua primeira visita tinha feito Londres parecer-lhe exatamente como em Dickens, e as histórias de Dickens

---

124 Bertrand William Russell (1872-1970) — filósofo, matemático, historiador, escritor e ativista político inglês. Ganhou o Prêmio Nobel de Literatura em 1950. (N. do T.)

125 Israel Zangwill (1864-1926) e Edith Ayrton Zangwill (1879-1945) — autores e ativistas políticos britânicos. (N. do T.)

126 Josiah Flynt Willard (1869-1907) — sociólogo e autor americano. Sua obra máxima, *Tramping with Tramps* ("*Vagabundeando com Vagabundos*", em inglês), trata das memórias do autor quando viajou pelos Estados Unidos e por outros países, estudando como os sem-teto se vestiam, falavam, mendigavam, entre outras coisas, no fim do século XIX. (N. do T.)

127 Robert Greene (1558-1592) — autor inglês, muito popular em sua época, conhecido hoje especialmente por seus ataques à obra de Shakespeare. (N. do T.)

128 John Lane (1854-1925) — editor britânico. (N. do T.)

sempre a assustaram. Como ela costuma dizer, qualquer coisa pode assustá-la, e Londres, quando era como Dickens a descrevera, certamente a assustava.

Houve algumas compensações, houve a prosa de Greene, e foi nessa época que ela descobriu os romances de Anthony Trollope[129], para ela o maior dos vitorianos. Ela então reuniu a coleção completa de sua obra, em parte difícil de obter e somente disponível pela Tauchnitz[130], e é dessa coleção que Robert Coates[131] se refere quando fala sobre Gertrude Stein emprestando livros a jovens escritores. Ela também comprou uma grande quantidade de memórias do século XVIII, entre elas *The Creevy Papers*[132] e as memórias de Walpole[133], que emprestou a Bravig Imbs[134] quando ele escreveu o que ela acredita ser uma biografia admirável de Chatterton[135]. Ela lê muitos livros, mas não se preocupa com eles, não se preocupa com as edições nem com a roupagem — desde que a impressão não seja tão ruim, e nem com isso ela se preocupa muito. Foi também nessa época, de acordo com ela, que parou de se preocupar se haveria alguma coisa para ler no futuro, dizendo que sentia que, de alguma forma, poderia sempre encontrar algo para ler.

Mas a tristeza de Londres e as mulheres bêbadas, as crianças, a escuridão e a solidão trouxeram de volta toda a melancolia de sua adolescência, e, certo dia, ela disse que iria embora para os Estados Unidos, e partiu. Ficou por lá o resto do inverno. Nesse meio-tempo, seu irmão também saíra de Londres e foi para Paris, onde, mais tarde, Gertrude Stein juntou-se a ele. Imediatamente, ela começou a escrever. Escreveu um romance curto.

O engraçado a respeito desse romance é que ela se esqueceu

---

129 Anthony Trollope (1815-1882) — autor inglês da era vitoriana. (N. do T.)

130 Tauchnitz era o nome de uma família de editores alemães que publicava obras da literatura inglesa para distribuição fora da Grã-Bretanha. (N. do T.)

131 Robert Coates (1897-1973) — escritor e crítico de arte americano. (N. do T.)

132 *The Creevey Papers* ("*Os Documentos de Creevey*", em inglês) são uma coletânea de cartas e excertos do diário de Thomas Creevey (1768-1838), um político inglês, publicada em 1903. Optou-se por manter o erro na grafia (Creevy) do original. (N. do T.)

133 *Sir* Robert Walpole (1676-1745) — político e primeiro-ministro britânico. (N. do T.)

134 Bravig Imbs (1904-1946) — autor, poeta e jornalista americano. (N. do T.)

135 Thomas Chatterton (1752-1770) — poeta inglês que se suicidou aos 17 anos. (N. do T.)

totalmente dele por vários anos. Lembrava-se de ter começado, um pouco mais tarde, quando escrevia *Three Lives*, mas esse primeiro texto foi completamente esquecido, ela nunca o mencionara para mim, mesmo quando a conheci. Deve tê-lo esquecido quase imediatamente. Nessa primavera, apenas dois dias antes de nossa ida para o interior, Gertrude Stein estava procurando um manuscrito qualquer de *The Making of Americans* que queria mostrar para Bernard Faÿ e encontrou dois volumes cuidadosamente escritos do primeiro romance completamente esquecido. Ficou muito envergonhada e hesitante a respeito, realmente não queria lê-lo. Louis Bromfield[136] estava em nossa casa naquela noite, e ela entregou-lhe o manuscrito e disse-lhe, leia você.

---

136 Louis Bromfield (1896-1956) – autor americano. (N. do T.)

5

1907-1914

E assim a vida em Paris começou, e, como todos os caminhos levam a Paris, agora todos nós estamos aqui, e posso começar a contar o que aconteceu quando eu já fazia parte de tudo.

Quando cheguei a Paris pela primeira vez, uma amiga e eu nos hospedamos em um hotelzinho no Boulevard Saint-Michel e, depois, alugamos um pequeno apartamento na Rue Notre-Dame-des-Champs, e então minha amiga voltou para a Califórnia, e eu fui morar com Gertrude Stein na Rue de Fleurus.

Já tinha estado na Rue de Fleurus todos os sábados à noite e, além dos sábados, muitas outras vezes. Ajudei Gertrude Stein com as revisões de *Three Lives* e comecei a datilografar *The Making of Americans*. A pequena máquina portátil francesa de má qualidade não era forte o suficiente para datilografar um livro tão grosso, então compramos uma grande e imponente Smith Premier, que, a princípio, parecia muito deslocada no ateliê, mas logo nos acostumamos com ela, e lá permaneceu até que eu conseguisse uma portátil americana, ou seja, até a guerra acabar.

Como já disse, Fernande foi a primeira esposa de um gênio com quem eu me sentara. Os gênios vinham e conversavam com Gertrude Stein, e suas esposas sentavam-se comigo. A lista se estendeu a perder de vista, ao longo dos anos. Comecei sentando-me com Fernande e, depois, com *madame* Matisse e Marcelle Braque, Josette Gris[137], Eve Picasso, Bridget Gibb e Marjory Gibb[138], Hadley e Pauline Hemingway[139], a sra. Sherwood Anderson[140], a sra. Bravig Imbs e a sra. Ford Madox Ford[141] e muitas outras; os gênios, quase gênios e projetos de gênio, todos eles tinham esposas, e eu sentei-me e conversei com todas elas, todas as esposas, e mais tarde — bem mais tarde — sentei-me e conversei com todos eles também. Mas comecei com Fernande.

Também fui para a Casa Ricci, em Fiesole, com Gertrude Stein e seu irmão. Como me lembro bem do primeiro verão que passei com eles! Fizemos coisas maravilhosas. Gertrude Stein e eu pegamos um táxi em Fiesole, acho que era o único da cidade, e fomos naquele velho táxi até Siena. Certa vez, Gertrude Stein havia ido até lá a pé com uma amiga, mas, naqueles dias tórridos da Itália, eu preferia ir de carro. Foi uma viagem encantadora. Depois, outra vez, fomos a Roma e trouxemos um lindo prato renascentista preto. Maddalena, a velha cozinheira italiana, veio até o quarto de Gertrude Stein certa manhã para trazer-lhe água para o banho. Gertrude Stein estava com soluços. Mas a *signora* não pode parar com eles, perguntou Maddalena, nervosa. Não, disse Gertrude, entre soluços. Maddalena foi embora, balançando a cabeça, muito triste. Em um minuto, ouviu-se um estrondo terrível. Maddalena saiu correndo, ah, *signora, signora*, disse ela, fiquei tão chateada com os soluços que quebrei o prato preto que a signora trouxe com tanto cuidado de Roma. Gertrude Stein começou a praguejar, ela tem o hábito

---

137 Charlotte Herpin (1894–1983), também conhecida como Josette Gris, foi amante de Juan Gris. (N. do T.)
138 Esposas do pintor escocês Robert Gibb (1845–1932). (N. do T.)
139 Primeira e segunda esposas do escritor americano Ernest Hemingway (1899–1961). (N. do T.)
140 Sherwood Anderson (1876–1941) – romancista e contista americano. (N. do T.)
141 Ford Madox Ford (1873–1939) – escritor, crítico e editor inglês. (N. do T.)

horrível de praguejar sempre que algo inesperado acontece — e sempre me diz que aprendeu esse hábito quando era jovem, na Califórnia, e como sou uma californiana convicta, não posso dizer nada. Ela praguejou, e os soluços pararam. O rosto de Maddalena ficou só sorrisos. Ah, a *signorina*, disse ela, parou de soluçar. Ah, não, não quebrei aquele prato lindo, só fiz barulho e disse que quebrei para fazer a *signorina* parar de soluçar.

Gertrude Stein tem muitíssima paciência quando quebram até mesmo seus objetos mais queridos, e sou eu, sinto muito dizer, quem normalmente os quebra. Nem ela nem a criada nem o cachorro quebram nada, mas não é a criada quem toca neles, sou eu que os espano e, infelizmente, às vezes, quebro sem querer. Vivo implorando para que ela me prometa deixar-me levá-los para o conserto com um especialista antes que eu lhe diga qual objeto quebrei, e ela responde que eles não lhe dão nenhum prazer depois que são consertados, mas, tudo bem, leve-o para o conserto, conserte-o, e ele ficará guardado. Ela adora objetos que sejam quebráveis, sejam eles baratos ou de valor, uma galinha de uma mercearia ou um pombo de uma feira, um deles acabou de quebrar essa manhã mesmo, dessa vez não fui eu quem quebrou, ela ama todos os objetos e se lembra de todos eles, mas sabe que mais cedo ou mais tarde vão se quebrar, e diz que, como os livros, sempre achará outros. No entanto, para mim, isso não é um consolo. Ela diz que gosta do que tem e que gosta da aventura de algo novo. É o que ela sempre fala sobre os jovens pintores, sobre qualquer coisa, quando todo mundo sabe que eles são bons, a aventura acaba. E inclui Picasso, com um suspiro, mesmo depois que todos sabem que eles são bons, não há mais pessoas que realmente gostem deles além daquelas que gostavam quando quase ninguém sabia que eram bons.

Tive de fazer uma caminhada bastante quente naquele verão. Gertrude Stein insistia que ninguém poderia ir a Assis a não ser a pé. Ela tem três santos favoritos: Santo Inácio de Loyola, Santa Teresa d'Ávila e São Francisco. Infelizmente, tenho apenas um santo favorito, Santo Antônio de Pádua, porque é ele quem encontra objetos perdidos e, como o irmão mais velho de Gertrude Stein disse certa vez sobre mim, se eu fosse um general, nunca perderia uma batalha, apenas esqueceria de onde a colocara. Santo Antônio ajuda-me a encontrá-la. Sempre coloco uma quantia considerável em sua caixa de esmolas em toda igreja que visito. A princípio, Gertrude Stein era contra essa extravagância, mas agora ela percebe quão necessária ela é e, se eu não estou com ela, ela se lembra de Santo Antônio por mim.

Era um dia italiano muito quente, começamos a andar, como de costume, por volta do meio-dia, já que essa era a hora de caminhada preferida de Gertrude Stein, pois era a hora mais quente e, além disso, presumivelmente, São Francisco também teria preferido essa hora, já que andara em tudo que é horário. Partimos de Perugia, cruzando o vale quente. Fui tirando a roupa aos poucos, naquela época usava-se muito mais roupa do que agora, e eu cheguei até mesmo a tirar as meias — o que era totalmente incomum naquela época — e, mesmo assim, derramei algumas lágrimas antes que chegássemos, mas acabamos chegando. Gertrude Stein gostava muito de Assis por dois motivos, por causa de São Francisco e da beleza de sua cidade e porque as velhas costumavam levar — em vez de uma cabra — um porquinho para todo lado pelas colinas do lugar. O porquinho preto era sempre decorado com uma fita vermelha. Gertrude Stein sempre gostou de porquinhos e vivia dizendo que, na velhice, esperava subir e descer as colinas de Assis com um porquinho preto. Hoje ela passeia pelas colinas de Ain[142] com um grande cachorro branco e um cachorrinho preto, então suponho que dê no mesmo.

Ela sempre gostou de porcos, e, por isso, Picasso fez e deu-lhe de presente alguns desenhos encantadores do filho pródigo entre os porcos. E um estudo maravilhoso com apenas os porcos. Foi também nessa época que ele criou para ela uma decoração de teto minúscula em um pequeno painel de madeira, uma espécie de *hommage à Gertrude*[143], com mulheres e anjos trazendo frutas e tocando trombetas. Durante anos, ela prendeu-o no teto acima da cama. Só depois da guerra é que foi colocado na parede.

Mas retornemos ao início de minha vida em Paris. Ela concentrou-se

---

142 Departamento francês (equivalente aos estados brasileiros) localizado no sudeste do país, próximo à fronteira com a Suíça. (N. do T.)

143 "Homenagem a Gertrude", em francês. (N. do T.)

na Rue de Fleurus e nas noites de sábado e parecia um caleidoscópio girando lentamente.

O que aconteceu naqueles primeiros anos? Muita coisa aconteceu.

Como dizia, quando me tornei presença habitual na Rue de Fleurus, os Picasso estavam mais uma vez juntos, Pablo e Fernande. Naquele verão, eles foram mais uma vez para a Espanha, e ele voltou com algumas paisagens espanholas. Pode-se dizer que essas paisagens — duas delas ainda estão na Rue de Fleurus e outra está em Moscou, na coleção que Stchoukine[144] iniciou e agora é propriedade nacional — foram o início do cubismo. Nelas, não havia influência da escultura africana. Evidentemente, havia uma forte influência de Cézanne, particularmente de suas últimas aquarelas, com o céu recortado por espaços, e não cubos.

Mas o principal, o tratamento dado às casas, era essencialmente espanhol e, portanto, essencialmente Picasso. Nesses quadros, ele primeiro realçou o estilo de construção dos vilarejos espanhóis, o contorno das casas que não seguia a paisagem, mas sobrepunha-se e integrava-se a ela, misturando-se a ela ao bloqueá-la. Era o mesmo princípio da camuflagem das armas e dos navios na guerra. No primeiro ano da guerra, Picasso, Eve — com quem ele morava à época —, Gertrude e eu caminhávamos pelo Boulevard Raspail em uma noite fria de inverno. Não há nada no mundo mais frio que o Boulevard Raspail em uma noite fria de inverno, costumávamos chamá-lo de retirada de Moscou. De repente, descendo a rua, surgiu um enorme canhão, o primeiro que qualquer um de nós tinha visto pintado, quero dizer, camuflado. Pablo parou, como que enfeitiçado. *C'est nous qui avons fait ça*, ele disse, fomos nós que criamos isso. E ele estava certo, foi ele mesmo. De Cézanne, passando por ele, chegaram a esse desenho. Sua previsão se confirmara.

Mas voltemos às três paisagens. Quando elas foram penduradas na parede pela primeira vez, todos se opuseram. Por acaso, ele e Fernande haviam tirado algumas fotos dos vilarejos que ele pintara, e ele deu cópias dessas fotos para Gertrude Stein. Quando as pessoas diziam que

---

144 Sergei Ivanovich Shchukin (1854-1936) — empresário e colecionador de arte russo. A autora usa a grafia francesa do nome. (N. do T.)

os cubos esparsos das paisagens não pareciam com nada além de cubos, Gertrude Stein ria e dizia, se vocês tivessem se oposto a essas paisagens por elas serem realistas demais, teriam certa razão em suas objeções. E, então, ela lhes mostrava as fotos e, realmente, as fotos — como ela afirmara com toda razão — poderiam ser consideradas como uma cópia exata da natureza. Anos depois, Elliot Paul, por sugestão de Gertrude Stein, tirou uma foto do quadro de Picasso e publicou-a lado a lado com as fotografias do vilarejo, o que foi extremamente interessante. Foi esse, então, realmente, o início do cubismo. A cor também era tipicamente espanhola, o amarelo prateado pálido com uma levíssima sugestão de verde, cor que posteriormente ficou tão conhecida nas pinturas cubistas de Picasso, assim como nas de seus discípulos.

Gertrude Stein vive dizendo que o cubismo é uma concepção puramente espanhola, que só os espanhóis podem ser cubistas e que o único cubismo de verdade é o de Picasso e Juan Gris. Picasso o criou e Juan Gris impregnou-o com sua clareza e sua exaltação. Para entender o que ela quer dizer, basta ler *The Life and Death of Juan Gris*[145], de Gertrude Stein, escrito após a morte de um de seus dois amigos mais queridos, Picasso e Juan Gris, ambos espanhóis.

Ela sempre diz que os americanos podem entender os espanhóis. Que elas são as únicas duas nações ocidentais que podem conceber a abstração. Que, nos americanos, ela se exprime pelo desmembramento, na literatura e no maquinário e, na Espanha, por um ritual tão abstrato que não se relaciona com nada além do próprio ritual.

Sempre me lembro de Picasso falando, enojado, sobre alguns alemães que diziam gostar de touradas, claro que gostavam — dizia ele, com raiva —, eles gostam de derramamento de sangue. Para um espanhol, não se trata de derramamento de sangue, mas de um ritual.

Os americanos — assim dizia Gertrude Stein — são como os espanhóis, são abstratos e cruéis. Eles não são brutais, são cruéis. Não têm nenhum contato íntimo com a terra, ao contrário da maioria dos europeus. Seu materialismo não é o materialismo da existência, da posse, é o materialismo da ação e da abstração. Então, o cubismo é espanhol.

---

145 "*The Life and Death of Juan Gris*" ("*A Vida e Morte de Juan Gris*", em inglês) foi um artigo da autora publicado em julho de 1927, ainda sem tradução para o português. (N. do T.)

Nós ficamos muito impressionadas — na primeira vez que Gertrude Stein e eu fomos para a Espanha, cerca de um ano depois do início do cubismo — ao ver como o cubismo se manifestava naturalmente ali. Nas lojas de Barcelona, em vez de postais, havia moldurinhas quadradas, e, dentro delas, colocava-se um charuto — um charuto de verdade —, um cachimbo, um lenço etc., tudo absolutamente igual à disposição de muitos quadros cubistas, com pedaços de papel recortado representando outros objetos. Esse é o toque moderno, que vinha sendo feito na Espanha havia séculos.

Picasso, em seus primeiros quadros cubistas, usava tipos de impressão, assim como Juan Gris, para forçar a superfície pintada a parecer algo mais rígido, e a rigidez vinha da letra impressa. Aos poucos, em vez de usar os tipos, passaram a pintar as letras, e foi aí que tudo se perdeu, só Juan Gris era capaz de pintar uma letra com tanta intensidade que ainda mostrava aquele contraste rígido. E assim o cubismo foi surgindo, aos poucos, mas acabou por surgir.

Foi nessa época que a intimidade entre Braque e Picasso começou a crescer. Foi nessa época que Juan Gris, um jovem rude e bastante efusivo, veio de Madri para Paris e começou a chamar Picasso de *cher maître*, para grande aborrecimento dele. Por isso, Picasso pegou o hábito de chamar Braque de *cher maître*, em tom de piada, e lamento dizer que algumas pessoas tolas interpretaram a piada como sinal de que Picasso considerava Braque seu mestre.

Mas, mais uma vez, estou me avançando, distanciando-me daqueles primeiros dias em Paris, quando conheci Fernande e Pablo.

Naquela época, apenas as três paisagens haviam sido pintadas, e Picasso estava começando a pintar algumas cabeças que pareciam recortadas em planos, lembrando filões compridos de pão.

Naquela época, Matisse, com a escola ainda funcionando, estava realmente começando a tornar-se bastante conhecido, tanto que, para grande entusiasmo de todos, Bernheim-Jeune[146], uma firma tipicamente de classe média, ofereceu-lhe um contrato para comprar toda a sua obra por um valor muito bom. Foi um momento emocionante.

---

146 Bernheim-Jeune é uma das galerias mais antigas de Paris. Aberta em 1863, continua em funcionamento até hoje. (N. do T.)

Isso tudo estava acontecendo por influência de um homem chamado Fénéon[147]. *Il est très fin*[148], dizia Matisse, muito impressionado com Fénéon. Fénéon era um jornalista, um jornalista francês que inventara algo que se chamava *feuilleton en deux lignes*[149], ou seja, foi o primeiro a dar as notícias do dia em duas linhas. Ele parecia uma caricatura do Tio Sam à francesa, e fora retratado de pé, em frente a uma cortina, em um quadro da fase circense de Toulouse-Lautrec.

E agora os Bernheim, não sei como nem por quê, ao contratar Fénéon, iriam associar-se à nova geração de pintores.

De qualquer forma, algo aconteceu, pois esse contrato não durou muito tempo, mas, seja como for, mudou a sorte de Matisse. Ele agora tinha uma posição estabelecida. Comprou uma casa e um terreno em Clamart[150] e começou a mudar-se para lá. Deixem-me descrever como via a casa.

Essa casa em Clamart era muito confortável, embora o banheiro — que a família apreciava muito graças ao longo contato com os americanos, é preciso dizer que os Matisse sempre foram, e continuaram sendo, escrupulosamente arrumados e limpos — ficasse no térreo, ao lado da sala de jantar. Mas, tudo bem, isso era e é um costume francês, das casas francesas. Um banheiro tinha mais privacidade quando era no térreo. Não faz muito tempo, ao visitar a casa nova que Braque estava construindo, o banheiro ficava também no térreo, dessa vez embaixo da sala de jantar. Quando perguntamos, mas por quê, eles falaram que, por ficar mais próximo da fornalha, seria mais quente.

O terreno em Clamart era grande, e o jardim era o que Matisse — em uma mistura de orgulho e tristeza — chamava de *un petit Luxembourg*[151]. Havia também uma estufa de vidro para flores. Mais tarde, eles plantaram begônias, que ficavam cada vez menores. Do outro lado havia lilases

---

147 Félix Fénéon (1861-1944) – crítico de arte, diretor de galerias e escritor francês. (N. do T.)
148 "Ele é muito refinado", em francês. (N. do T.)
149 "Folhetim em duas linhas", em francês. (N. do T.)
150 Município nos subúrbios de Paris. (N. do T.)
151 "Um pequeno Luxemburgo", em francês. Referência ao Jardim de Luxemburgo, parque situado na região central de Paris. (N. do T.)

e, um pouco mais além, um grande ateliê desmontável. Eles gostavam muito da casa. *Madame* Matisse, muito imprudente, saía todos os dias para olhar e colher flores, deixando um táxi à sua espera. Naquela época, apenas os milionários deixavam um táxi esperando e, mesmo assim, muito raramente.

Eles se mudaram e ficaram muito confortáveis, e logo o enorme ateliê estava cheio de estátuas enormes e quadros enormes. Essa foi a época de Matisse. Logo ele também começou a achar Clamart tão bonita que não via a hora de voltar para casa, isto é, depois que ele vinha a Paris para suas sessões de nu artístico — algo que ele fizera todas as tardes de sua vida, desde o início de tudo, e continuava fazendo toda tarde. A escola dele não mais existia, já que o governo havia desapropriado o antigo convento para transformá-lo em um liceu, e a escola teve de chegar ao fim.

Esse foi o começo de dias muito prósperos para os Matisse. Foram para a Argélia e para Tânger, e seus devotados alunos alemães presentearam-lhes com vinhos do Reno e um magnífico cão policial preto, o primeiro da raça que qualquer um de nós tinha visto.

E, então, Matisse fez uma grande exposição de seus quadros em Berlim. Lembro-me muito bem de um dia de primavera, era um dia adorável, e fomos almoçar em Clamart com os Matisse. Quando chegamos lá, todos estavam reunidos em torno de uma enorme caixa destampada. Subimos as escadas e nos juntamos a eles, e, dentro da caixa, encontrava-se a maior coroa de louros já feita, amarrada com uma linda fita vermelha. Matisse mostrou a Gertrude Stein um cartão que a acompanhava. Nele, lia-se, "Para Henri Matisse, Triunfante no Campo de Batalha de Berlim", e fora assinado por Thomas Whittemore. Thomas Whittemore era um arqueólogo de Boston e professor da Tufts College[152], um grande admirador de Matisse, e essa era sua homenagem. Matisse, ainda mais pesaroso que o normal, disse, mas ainda não estou morto. *Madame* Matisse, acabado o choque, disse, mas Henri, olhe só — e abaixou-se para arrancar uma folha, colocando-a na boca —, é

---

152 Universidade localizada no estado americano de Massachusetts, fundada em 1852. Atualmente chama-se Tufts University. (N. do T.)

louro de verdade, imagine como vai ficar bom na sopa. E, ainda mais animada, disse, a fita servirá maravilhosamente, por um bom tempo, como fita de cabelo para Margot.

Os Matisse permaneceram em Clamart mais ou menos até a guerra. Durante esse período, eles e Gertrude Stein viam-se cada vez menos. Então, depois que a guerra estourou, começaram a vir bastante para nossa casa. Estavam solitários e preocupados, a família de Matisse em Saint-Quentin, no Norte, estava dentro das linhas alemãs, e seu irmão estava preso como refém. Foi *madame* Matisse quem me ensinou a tricotar luvas de lã. Ela as fazia com uma perfeição e rapidez impressionantes, e aprendi a fazê-las também. Depois, Matisse foi morar em Nice, e, de uma forma ou de outra, embora continuassem bons amigos, Gertrude Stein e os Matisse nunca mais se viram.

As noites de sábado, no começo, eram frequentadas por muitos húngaros, vários alemães, muitas pessoas de nacionalidade mista, um pouco de americanos e praticamente nenhum inglês. Eles só começariam a aparecer mais tarde, e, com eles, veio a aristocracia de tudo quanto é país, inclusive alguns membros da realeza.

Entre os alemães que costumavam aparecer naquela época estava Pascin[153]. Ele era uma criatura magra, de aparência brilhante, que já tinha uma reputação considerável como criador de caricaturas pequenas e muito nítidas para a *Simplicissimus*, a mais alegre de todas as revistas de quadrinhos alemãs. Os outros alemães contavam histórias muito estranhas a seu respeito. Que ele havia sido criado em um bordel, que era filho de pais desconhecidos, provavelmente tinha sangue real etc.

Ele e Gertrude Stein não se viram mais desde aquela época, mas, alguns anos atrás, encontraram-se no *vernissage* de um jovem pintor holandês, Kristians Tonny[154], que fora aluno de Pascin e em cuja obra Gertrude Stein estava então interessada. Gostaram de se reencontrar e tiveram uma longa conversa.

---

[153] Julius Mordecai Pincas (1885-1930), conhecido como Pascin, diferentemente do que a autora afirma, foi um artista búlgaro, conhecido por seus desenhos, especialmente por suas contribuições à revista semanal alemã *Simplicissimus*, mencionada logo adiante. (N. do T.)

[154] Tonny Kristians (1907-1977), conhecido como Kristians Tonny, foi um desenhista e pintor surrealista. (N. do T.)

Pascin era, de longe, o mais divertido dos alemães, embora eu não seja capaz de afirmar isso, pois ainda havia Uhde[155].

Uhde era, sem dúvida, bem-nascido, não era um alemão loiro, era um homem alto e magro, moreno, com uma testa ampla e muito espirituoso. Quando veio pela primeira vez a Paris, foi a todas as lojas de antiguidades e quinquilharias da cidade para ver o que conseguiria encontrar. Não encontrou muito, encontrou o que supostamente seria um Ingres[156], alguns dos primeiros Picassos, mas talvez tenha encontrado outras coisas. De qualquer forma, quando a guerra estourou, ele supostamente seria um dos superespiões alemães e pertenceria ao Estado-Maior alemão.

Diziam que ele havia sido visto perto do Departamento de Guerra francês, após a declaração de guerra, e era certo que ele e um amigo tinham uma casa de verão muito perto do que posteriormente seria a Linha Hindenburg[157]. Bom, de qualquer forma, ele era muito simpático e divertido. Foi o primeiro a comercializar os quadros do *douanier* Rousseau. Mantinha uma espécie de loja de arte particular. Era lá que Braque e Picasso iam vê-lo com suas roupas mais novas e rústicas, ao melhor estilo do Cirque Médrano, e abriam fogo constante, apresentando um ao outro e pedindo mutuamente que lhe fossem apresentados.

Uhde costumava aparecer no sábado à noite acompanhado por jovens loiros muito altos e bonitos, que batiam os calcanhares um no outro, faziam reverências e, então, ficavam a noite toda em pé, solenemente atentos. Formavam um pano de fundo muito decorativo para o resto do grupo. Lembro-me de uma noite em que o filho do grande erudito Bréal[158] e sua esposa — muito divertida e inteligente — trouxeram um violonista espanhol que queria vir tocar. Uhde e sua guarda pessoal colocaram-se como pano de fundo, e a noite acabou

---

155 Wilhelm Uhde (1874-1947) – colecionador e negociante de arte, autor e crítico alemão. (N. do T.)
156 Jean-Auguste-Dominique Ingres (1780-1867) – pintor neoclássico francês. (N. do T.)
157 A Linha Hindenburg (ou Linha Siegfried) foi um vasto sistema de fortificações a nordeste da França construído pelos alemães durante a Primeira Guerra Mundial. (N. do T.)
158 Michel Bréal (1832-1915) – filologista francês, considerado o fundador da semântica moderna. (N. do T.)

muito animada, o violonista tocou, e Manolo[159] estava lá. Foi a única vez que vi o escultor Manolo, na época uma figura lendária em Paris. Picasso, muito animado, começou a executar uma dança meridional espanhola não muito respeitável, o irmão de Gertrude Stein imitou a dança agonizante de Isadora Duncan — que também era muito animada —, Fernande e Pablo começaram uma discussão sobre Frédéric do Lapin Agile e os apaches[160]. Fernande afirmava que os apaches eram melhores que os artistas, e seu dedo indicador subiu no ar. Picasso disse, sim, os apaches, claro, têm suas universidades, os artistas não. Fernande enfureceu-se, sacudiu-o e disse, você acha que é espirituoso, mas é apenas estúpido. Ele, muito tristonho, mostrou-lhe que ela lhe arrancara um botão, e ela, muito zangada, disse, e você, a única coisa de que você pode se vangloriar é de ter sido uma criança precoce. Naquela época, as coisas não iam muito bem entre eles, foi mais ou menos na época em que eles saíram da Rue Ravignan para morar em um apartamento no Boulevard Clichy, em que chegariam até mesmo a ter um criado e prosperariam.

Mas voltemos a Uhde e, primeiro, a Manolo. Manolo era, talvez, o amigo mais antigo de Picasso. Era um espanhol estranho. Ele — rezava a lenda — era irmão de um dos maiores batedores de carteira de Madri. Manolo, no entanto, era gentil e admirável. Ele era a única pessoa em Paris com quem Picasso falava espanhol. Todos os outros espanhóis tinham esposas ou amantes francesas e, com o hábito de falar o tempo todo em francês, sempre falavam em francês entre eles. Isso sempre me pareceu muito estranho. No entanto, Picasso e Manolo sempre conversavam em espanhol.

Havia muitas histórias sobre Manolo, ele sempre amara e vivera sob a proteção dos santos. Contavam a história de como ele, quando chegou a Paris, entrou na primeira igreja que viu e lá notou que havia uma mulher que recebia dinheiro sempre que trazia uma cadeira para alguém. Então Manolo começou a fazer o mesmo, ia a várias igrejas e

---

159 Manuel Martinez Hugué, mais conhecido simplesmente como Manolo (1872-1945) — escultor catalão. (N. do T.)

160 A autora faz referência a Frédéric Gérard, proprietário do cabaré *Au Lapin Agile* ("Do Coelho Ágil", em francês) e aos "apaches", apelido dado ao grupo de libertários anarquistas e, por vezes, criminosos que começavam a se misturar aos artistas de Montmartre. (N. do T.)

sempre levava uma cadeira para alguém e recebia dinheiro em troca, até que, certo dia, foi pego pela mulher, a dona do negócio e das cadeiras, e armou-se uma confusão.

Certa vez, estava duro e propôs a seus amigos rifar uma de suas esculturas, todos concordaram e, quando se encontraram, descobriram que todos tinham o mesmo número. Quando o repreenderam, ele explicou que fizera isso porque sabia que seus amigos ficariam infelizes se não tivessem todos o mesmo número. Acreditava-se que ele saíra da Espanha durante o serviço militar, quer dizer, como pertencia à cavalaria, ele atravessou a fronteira e vendeu seu cavalo e todo o seu equipamento, conseguindo dinheiro suficiente para vir para Paris e tornar-se um escultor. Certa vez, deixaram que ele passasse alguns dias na casa de um amigo de Gauguin. Quando o dono da casa voltou, todas as lembranças de Gauguin e todos os esboços de Gauguin haviam sumido. Manolo vendeu-os para Vollard, e Vollard teve de devolvê-los. Ninguém se importou. Manolo era como um mendigo espanhol louco e doce, elevado espiritualmente, e todos gostavam dele. Moréas[161], o poeta grego, que naquela época era uma figura muito conhecida em Paris, gostava muito dele e costumava levá-lo junto sempre que tinha algo para fazer. Manolo sempre o acompanhava, na esperança de conseguir uma refeição de graça, mas costumava ficar esperando enquanto Moréas comia. Manolo sempre se manteve paciente e otimista, embora Moréas tivesse, à época, a mesma fama que Guillaume Apollinaire teria depois, pagando raramente, ou melhor, nunca pagando nada.

Manolo costumava fazer estátuas para os botecos de Montmartre em troca de refeições etc., até que Alfred Stieglitz[162] ouviu falar dele e expôs suas obras em Nova York, e vendeu algumas delas, então Manolo voltou para a fronteira francesa, em Céret[163], e lá viveu dali em diante, trocando a noite pelo dia, ele e sua esposa catalã.

Agora, Uhde. Uhde, em uma noite de sábado, apresentou sua noiva

---

161 Jean Moréas, nascido Ioannis Papadiamantopoulos (1856-1910) — poeta, ensaísta e crítico de arte grego, que escrevia majoritariamente em francês. (N. do T.)
162 Alfred Stieglitz (1864-1946) — fotógrafo americano. (N. do T.)
163 Cidade no sul da França, na fronteira com a região espanhola da Catalunha. (N. do T.)

a Gertrude Stein. A moral de Uhde não era lá grande coisa, e como sua noiva parecia uma jovem muito convencional e bem de vida, ficamos todos surpresos. Mas descobrimos que se tratava de um casamento arranjado. Uhde queria tornar-se alguém respeitável, e ela queria tomar posse da própria herança, o que só poderia fazer depois de se casar. Casou-se com Uhde e, logo depois, eles se divorciaram. Ela então casou-se com Delaunay[164], o pintor que começava a ficar famoso, fundador da primeira de muitas vulgarizações da ideia cubista, a pintura de casas com chumbo, a chamada escola catastrófica.

Delaunay era um francês loiro e alto. Tinha uma mãe baixinha, muito animada. Ela costumava aparecer na Rue de Fleurus com viscondes idosos, que se pareciam exatamente com a imagem que as crianças têm de um velho marquês francês. Sempre deixavam seus cartões de visita e escreviam um bilhete de agradecimento muito formal, e nunca demostravam, de maneira nenhuma, que estavam se sentindo completamente deslocados. O próprio Delaunay era muito divertido. Era bastante hábil e excessivamente ambicioso. Vivia perguntando quantos anos Picasso tinha quando pintara determinado quadro. Quando lhe respondiam, sempre dizia, ah, ainda não sou tão velho assim. Farei tanto quanto ele quando chegar a essa idade.

De fato, ele progrediu muito rapidamente. Costumava aparecer bastante na Rue de Fleurus. Gertrude Stein encantava-se com ele. Era engraçado e pintou um quadro muito bom, *As Três Graças Diante de Paris*[165], um quadro enorme em que ele combinou as ideias de todo mundo e adicionou uma certa nitidez francesa e um frescor próprio dele. Tinha uma atmosfera bastante notável e obteve grande sucesso. Depois disso, seus quadros perderam toda a qualidade, ficaram grandes e vazios, ou pequenos e vazios. Lembro-me dele trazendo um desses quadros pequenos para dentro de nossa casa e dizendo, olha, trouxe para vocês um quadro pequenino, uma joia. É pequeno, disse Gertrude Stein, mas é mesmo uma joia?

---

164 Robert Delaunay (1885-1941) — pintor francês que, com Guillaume Apollinaire, fundou o orfismo, movimento originário do cubismo, que a autora chamará de "escola catastrófica", termo cunhado por ela, unicamente. (N. do T.)

165 O nome verdadeiro da obra é apenas *As Três Graças* (*Les Trois Grâces*, em francês). (N. do T.)

Foi Delaunay quem se casou com a ex-mulher de Uhde, e eles montaram uma ótima casa. Juntaram-se a Guillaume Apollinaire, e foi ele quem lhes ensinou a cozinhar e a viver. Guillaume era extraordinário. Ninguém além de Guillaume era capaz de zombar de seus anfitriões, zombar de seus convidados, zombar de sua comida e incentivá-los a se esforçar cada vez mais e mais. Era a herança italiana de Guillaume — Stella[166], o pintor nova-iorquino, fazia a mesma coisa quando era jovem em Paris

Foi a primeira oportunidade de viajar de Guillaume, ele foi para a Alemanha com Delaunay e divertiu-se muito.

Uhde costumava deliciar-se contando como sua ex-esposa chegou em casa, certo dia, e, falando sobre a futura carreira de Delaunay, explicou-lhe que ele deveria abandonar Picasso e Braque, o passado, e dedicar-se à causa de Delaunay, o futuro. Devemos lembrar que Picasso e Braque ainda não tinham sequer trinta anos. Uhde contava a todos essa história, com muitos acréscimos espirituosos, e sempre adicionava, conto-lhes tudo isso *sans discrétion*[167], ou seja, podem contar para todo mundo.

O outro alemão que frequentava nossa casa naquela época era entediante. Que eu saiba, é um homem muito importante em seu país agora, e era um amigo extremamente fiel a Matisse, em qualquer momento, mesmo durante a guerra. Era a fortaleza da escola de Matisse. Matisse nem sempre — ou quase nunca — era muito gentil com ele. Todas as mulheres o adoravam, era o que se dizia dele. Era uma espécie de Don Juan robusto. Lembro-me de uma escandinava alta apaixonada por ele e que nunca entrava em casa nos sábados à noite, mas ficava no pátio. Sempre que a porta se abria para alguém entrar ou sair, era possível ver seu sorriso na escuridão do pátio, como o sorriso do Gato Risonho[168]. Gertrude Stein sempre o perturbou. Ela fazia e comprava coisas tão estranhas. Ele nunca ousou criticá-la em nada diretamente,

---

166 Joseph Stella, nascido Giuseppe Michele Stella (1877-1946) — pintor ítalo-americano, um dos destaques do movimento futurista nos Estados Unidos. (N. do T.)

167 "Sem discrição", em francês. (N. do T.)

168 Personagem do romance *Alice no País das Maravilhas*, do escritor inglês Lewis Carroll (1832-1898). (N. do T.)

mas, para mim, ele dizia, e a senhorita, *mademoiselle*, a senhorita — e apontava para o objeto desprezado — acha aquilo bonito?

Certa vez, quando estávamos na Espanha — na verdade, foi na primeira vez em que fomos à Espanha —, Gertrude Stein insistiu em comprar, na cidade de Cuenca, uma enorme tartaruga, novinha em folha, feita de pedras do Rio Reno. Ela tinha joias antigas adoráveis, mas, completamente satisfeita consigo mesma, usava aquela tartaruga como broche. Purrmann[169], dessa vez, ficou estarrecido. Ele me encurralou a um canto. Aquela joia, disse ele, que a srta. Stein está usando, aquelas pedras são de verdade?

Falando em Espanha, também me lembro que, certa vez, estávamos em um restaurante abarrotado. De repente, no fundo do salão, uma figura alta se levantou, e um homem fez uma reverência solene para Gertrude Stein, que também respondeu solenemente. Certamente, era um húngaro das noites de sábado perdido.

Havia um outro alemão de quem, devo admitir, ambas gostávamos. Isso foi muito mais tarde, por volta de 1912. Também era um alemão alto e moreno. Ele falava inglês, era amigo de Marsden Hartley[170], de quem gostávamos muito, e gostamos de seu amigo alemão, não posso negar.

Ele costumava descrever a si próprio como o filho rico de um pai não tão rico. Em outras palavras, ele recebia uma grande mesada de um pai relativamente pobre, que era professor universitário. Rönnebeck[171] era encantador e vivia sendo convidado para jantar. Estava jantando conosco, certa noite, quando Berenson, o famoso crítico de arte italiana, também lá estava. Rönnebeck trazia consigo algumas fotos de quadros de Rousseau. Deixou-as no ateliê, e estávamos todos na sala de jantar. Todo mundo começou a falar sobre Rousseau. Berenson ficou intrigado, mas Rousseau, Rousseau, disse ele, Rousseau era um pintor razoável, mas por que todo esse entusiasmo? Ah, ele disse, suspirando, a moda mudou, eu sei, mas na verdade nunca pensei que Rousseau

---

169 Hans Purrmann (1880-1966) — artista alemão. (N. do T.)
170 Marsden Hartley (1877-1943) — poeta, ensaísta e pintor modernista americano. (N. do T.)
171 Arnold Rönnebeck (1885-1947) — artista modernista e administrador de museus alemão, naturalizado americano. (N. do T.)

chegaria a tornar-se a moda dos jovens. Berenson tinha certa tendência a ser arrogante e, por isso, todos o deixavam falar à vontade. Por fim, Rönnebeck disse, gentilmente, mas talvez, sr. Berenson, o senhor nunca tenha ouvido falar do grande Rousseau, o *douanier* Rousseau. Não, admitiu Berenson, não tinha — e, mais tarde, quando viu as fotos, entendeu ainda menos e ficou bastante agitado. Mabel Dodge[172], que estava presente, disse, mas, Berenson, você deve lembrar-se de que a arte é inevitável. Isso, disse Berenson, recompondo-se, você entende, sendo a *femme fatale*[173] que é.

Gostávamos muito de Rönnebeck, e, além disso, na primeira vez que ele veio à nossa casa, citou alguns dos trabalhos de Gertrude Stein para ela. Ela emprestara alguns manuscritos a Marsden Hartley. Era a primeira vez que alguém citava-lhe seu trabalho, e ela, naturalmente, gostou. Ele também traduziu para o alemão alguns dos perfis que ela estava escrevendo à época, o que lhe trouxe, pela primeira vez, reputação internacional. Isso, no entanto, não é completamente verdade, Roché, o leal Roché, havia apresentado *Three Lives* a alguns jovens alemães, e eles já estavam sob seu feitiço. Mas Rönnebeck era encantador, e gostávamos muito dele.

Rönnebeck era escultor, fazia pequenas esculturas de corpo inteiro — o que fazia muito bem — e estava apaixonado por uma garota americana que estudava música. Ele gostava da França e de todas as coisas francesas, e gostava muito de nós. Como de costume, todos nós nos separamos no verão. Ele disse que teria um verão muito divertido pela frente. Recebera a encomenda da figura de uma condessa e seus dois filhos, os pequenos condes, e iria passar o verão fazendo esse trabalho na casa da condessa, que possuía uma propriedade magnífica às margens do Mar Báltico.

Quando todos voltamos naquele inverno, Rönnebeck estava diferente. Em primeiro lugar, ele voltou com muitas fotos de navios da Marinha alemã, fazendo questão de mostrá-las a nós. Não estávamos interessadas. Gertrude Stein disse, claro, Rönnebeck, vocês têm uma

---

172 Mabel Dodge Luhan (1879-1962) — rica patrona das artes americana. (N. do T.)
173 "Mulher fatal", em francês. (N. do T.)

marinha, claro, nós americanos também temos uma marinha, todos têm uma marinha, só que, para qualquer pessoa que não seja da marinha, um grande encouraçado é igual a qualquer outro, não seja bobo. No entanto, ele estava diferente. Tinha se divertido. Tirara fotos em companhia dos condes e até mesmo uma com o príncipe herdeiro da Alemanha, que era um grande amigo da condessa. O inverno — era o inverno de 1913 e 1914 — passou. Todas as coisas habituais aconteceram, e, como sempre, demos alguns jantares. Esqueci-me do que celebramos em um deles, mas achamos que Rönnebeck seria excelente companhia para a celebração. Nós o convidamos. Ele mandou nos avisar que precisaria passar dois dias em Munique, mas que viajaria à noite e voltaria a tempo para o jantar. Foi o que fez, e esteve encantador, como sempre.

Logo depois, ele partiu para uma viagem rumo ao norte, para visitar as cidades das catedrais. Quando voltou, trouxe-nos uma série de fotos de todas essas cidades vistas do alto. Para que essas fotos, perguntou Gertrude Stein. Ah, ele disse, pensei que você se interessaria, são vistas do alto que tirei de todas as cidades das catedrais. Tirei-as do topo das torres e achei que você se interessaria porque, veja bem, elas se parecem exatamente com os quadros dos discípulos de Delaunay, que você chama de escola do terremoto, disse ele, virando-se para mim. Agradecemos e não pensamos mais naquilo. Mais tarde, durante a guerra, encontrei-as e, furiosa, rasguei todas elas.

Depois, todos começamos a conversar sobre nossos planos para o verão. Gertrude Stein iria para Londres em julho para ver John Lane e assinar o contrato de *Three Lives*. Rönnebeck disse, em vez disso, por que você não vem para a Alemanha, ou então antes ou logo depois disso? Porque, disse Gertrude Stein, como você bem sabe, eu não gosto de alemães. Sim, eu sei, disse Rönnebeck, eu sei, mas você gosta de mim e se divertiria muito. Eles ficariam muito interessados, e isso significaria muito para eles, vamos, disse ele. Não, disse Gertrude Stein, gosto de você, mas não gosto dos alemães.

Fomos para a Inglaterra em julho, e, chegando lá, Gertrude Stein recebeu uma carta de Rönnebeck dizendo que ele ainda queria muito que fôssemos para a Alemanha, mas, como não iríamos, seria melhor que passássemos o verão na Inglaterra ou talvez na Espanha, e não — como havíamos planejado — voltar para Paris. Esse foi, naturalmente, o fim de nossa relação. Tirem a conclusão que quiserem dessa história.

Quando cheguei a Paris pela primeira vez, havia um punhado de americanos nas noites de sábado, e esse punhado tornou-se gradativamente mais abundante, mas, antes de contar sobre os americanos, devo contar tudo a respeito do banquete em homenagem a Rousseau.

No início de minha estada em Paris, uma amiga e eu estávamos morando, como já disse, em um pequeno apartamento na Rue Notre-Dame-des-Champs. Eu não tinha mais aulas de francês com Fernande, porque ela e Picasso estavam juntos novamente, mas ela nos visitava frequentemente. O outono havia chegado, e eu me lembro muito bem por que comprara meu primeiro chapéu de inverno parisiense. Era um refinado chapéu de veludo preto, um chapéu grande com um enfeite amarelo brilhante. Até mesmo Fernande o aprovou.

Fernande estava almoçando conosco, certo dia, e disse que haveria um banquete para Rousseau, e era ela quem o ofereceria. Contou o número de convidados. Fomos incluídas. Quem era Rousseau? Eu não sabia, mas isso realmente não importava, pois haveria um banquete, e todo mundo iria, e nós fomos convidadas.

No sábado seguinte à noite, na Rue de Fleurus, todo mundo estava falando do banquete para Rousseau, e, então, descobri que Rousseau era o pintor cujo quadro eu tinha visto naquele primeiro *Independente*. Parece que Picasso havia encontrado recentemente, em Montmartre, um grande retrato de uma mulher feito por Rousseau, comprara-o, e a festa era em homenagem à compra e ao pintor. Seria realmente maravilhoso.

Fernande contou-me várias coisas sobre o cardápio. Haveria *riz à la valenciennes*[174], que Fernande tinha aprendido a cozinhar na última viagem à Espanha, e também ela havia feito algumas encomendas, já me esqueci do que ela havia encomendado, mas tinha encomendado uma porção de coisas na Félix Potin, uma cadeia de mercearias em que se faziam pratos prontos. Todo mundo estava animado. Foi Guillaume Apollinaire, pelo que me lembro, que, conhecendo muito bem Rousseau,

---

174 "Arroz à moda valenciana", em francês. (N. do T.)

fez com que ele prometesse comparecer e deveria trazê-lo, e todos deveriam escrever poesias e canções, e era para ser tudo muito *rigolo*, uma das palavras favoritas de Montmartre, que significa algo como diversão brincalhona. Iríamos nos encontrar no café, no início da Rue Ravignan, para tomar um aperitivo, e depois subiríamos ao ateliê de Picasso para jantar. Coloquei meu chapéu novo, fomos todos para Montmartre e nos encontramos no café.

Quando Gertrude Stein e eu entramos no café, parecia haver muitas pessoas presentes e, no meio delas, uma garota alta e magra que, com seus braços longos e finos estendidos, balançava para a frente e para trás. Eu não sabia o que ela estava fazendo, evidentemente não era ginástica, era desconcertante, mas ela parecia muito atraente. O que é aquilo, eu sussurrei para Gertrude Stein. Ah, essa é Marie Laurencin, receio que ela já tenha tomado aperitivos preliminares demais. É ela a velha de quem Fernande me falou, barulhenta como um animal, que irrita Pablo? Sim, ela realmente irrita Pablo, mas é muito jovem e já bebeu demais, disse Gertrude Stein, entrando no café. Nesse momento, ouviu-se um barulho tremendo na porta do café, e Fernande apareceu, muito grande, muito nervosa e muito brava. Félix Potin, disse ela, não mandou o jantar. Todos pareciam consternados com essa terrível notícia, mas eu, com meu jeito americano, disse a Fernande, venha depressa, vamos telefonar. Naquela época, em Paris, ninguém telefonava para lugar nenhum, muito menos para uma loja de produtos alimentícios. Mas Fernande concordou, e lá fomos nós. Em todos os lugares a que íamos, ou não havia telefone ou ele não funcionava, e finalmente conseguimos um que funcionasse, mas o Félix Potin estava fechado, ou a ponto de fechar, e não deu ouvidos aos nossos apelos. Fernande ficou completamente arrasada, mas, por fim, eu a convenci a dizer-me exatamente o que a Félix Potin iria nos mandar, e, então, encontramos substitutos em uma e outra lojinha de Montmartre, e Fernande acabou revelando que havia feito tanto *riz à la valenciennes* que daria para todo mundo, e foi o que aconteceu.

Quando voltamos para o café, quase todo mundo que estava lá havia ido embora, e novas pessoas chegaram, e Fernande disse a todos que viessem conosco. Enquanto subíamos a ladeira, vimos diante de nós o grupo todo. No meio deles estava Marie Laurencin, apoiada de um lado em Gertrude Stein e, do outro, no irmão de Gertrude Stein, e ela caía ora nos braços de um, ora nos braços de outro, com a voz sempre alta e doce e os braços sempre finos, graciosos e longos. Guillaume, claro, não estava com eles, ele deveria trazer o próprio Rousseau depois que todos estivessem à mesa.

Fernande tomou a frente daquela lenta procissão, seguida por mim, e chegamos ao ateliê. Ele estava realmente impressionante. Eles tinham arranjado cavaletes, cavaletes de carpinteiro, e colocado tábuas sobre eles e bancos ao redor. À cabeceira da mesa, lá estava a nova aquisição, o Rousseau, coberto com bandeiras e grinaldas, no meio de duas estátuas, não me lembro quais. Tudo muito magnífico e muito festivo. O *riz à la valenciennes* provavelmente estava cozinhando lá embaixo, no apartamento de Max Jacob. Max, que não andava às boas com Picasso, não estava presente, mas usaram seu apartamento para o arroz e para os sobretudos masculinos. As mulheres deveriam colocar seu casaco no apartamento da frente, que fora de Van Dongen em seus dias de espinafre e, agora, pertencia a um francês chamado Vaillant. Era o apartamento que, mais tarde, seria de Juan Gris.

Mal tive tempo de acomodar meu chapéu e admirar a decoração, com Fernande falando os maiores insultos de Marie Laurencin o tempo todo, quando o resto do grupo chegou. Fernande, grande e imponente, bloqueou o caminho, não teria sua festa estragada por Marie Laurencin. Era uma festa séria, um banquete sério para Rousseau, e nem ela nem Pablo tolerariam aquele tipo de comportamento. É claro que Pablo, esse tempo todo, estava escondido, na retaguarda. Gertrude Stein protestou, metade em inglês, metade em francês, que preferia ser enforcada se todo o esforço que tivera para fazer Marie Laurencin subir aquela ladeira terrível tivesse sido em vão. Absolutamente não, e, além disso, ela lembrou a Fernande que Guillaume e Rousseau chegariam a qualquer minuto e que era preciso que todos já estivessem corretamente sentados antes disso. A essa altura, Pablo já tomara a frente, juntou-se a ela e disse, sim, sim, e Fernande cedeu. Ela sempre teve um pouco de medo de Guillaume Apollinaire, de sua solenidade e de sua sagacidade, e todos entraram. Todos se sentaram.

Todos se sentaram e começaram a comer arroz e outras coisas, quer dizer, assim que Guillaume Apollinaire e Rousseau entraram, o que fizeram logo depois, sendo extremamente aclamados. Como me lembro bem de sua chegada! Rousseau, um francês baixinho e pálido, com uma barbinha, como tantos franceses que se via por toda parte. Guillaume Apollinaire, com traços bem-feitos e faces rosadas, cabelos escuros e uma pele linda. Todos foram apresentados e sentaram-se novamente. Guillaume sentou-se ao lado de Marie Laurencin. Ao ver Guillaume, Marie, que ficara relativamente calma sentada ao lado de Gertrude Stein, irrompeu novamente aos gritos e movimentos descontrolados. Guillaume puxou-a porta afora, desceu com ela e, após um intervalo respeitável, voltou com Maria um pouco magoada, mas sóbria. A essa altura, todos já haviam comido de tudo, e a poesia começou. Ah, sim, antes disso, Frédéric — do Lapin Agile e da Universidade dos Apaches — entrou com seu companheiro habitual, um jumento, deram-lhe de beber, e ele saiu novamente. Então, pouco depois, alguns cantores de rua italianos, tendo ouvido falar da festa, entraram. Fernande levantou-se na ponta da mesa e, vermelha, levantou o dedo indicador bem alto, disse que ali não era aquele tipo de festa, e eles foram imediatamente expulsos.

Quem estava lá? Estávamos nós e Salmon, André Salmon, naquela época um jovem poeta e jornalista em ascensão, Pichot e Germaine Pichot, Braque e, talvez, Marcelle Braque — mas dela não me recordo bem, sei que se falava dela na época —, os Raynal[175], os Ageros, o falso Greco e sua esposa e vários outros casais que eu não conhecia e de quem não me lembro, e Vaillant, o jovem francês comum muito gentil que morava no apartamento em frente.

As cerimônias começaram. Guillaume Apollinaire levantou-se e fez um discurso solene, não me lembro de nada do que ele disse, mas acabou com um poema que havia escrito, meio que cantando, e todos juntaram-se a ele no refrão, *La peinture de ce Rousseau*[176]. Então alguém, possivelmente Raynal, não me lembro, levantou-se, e houve brindes, e depois, de repente, André Salmon, que estava sentado ao lado de minha

---

175 Maurice Raynal (1884-1954) — crítico de arte francês. (N. do T.)
176 "A pintura desse Rousseau", em francês. (N. do T.)

amiga, solenemente discorrendo sobre literatura e viagens, saltou sobre a nada rígida mesa e iniciou um discurso despropositado e um poema. No fim, agarrou um copo grande e bebeu o que havia dentro e, então, perdeu imediatamente a cabeça, ficando completamente bêbado e começando a brigar. Todos os homens o seguraram, as estátuas cambalearam, Braque, um sujeito enorme, agarrou uma estátua em cada braço e ficou ali, segurando-as, enquanto o irmão de Gertrude Stein, outro sujeito grande, protegia o pequeno Rousseau e seu violino de qualquer perigo. Os outros, com Picasso na liderança — porque Picasso, apesar de pequeno, é bastante forte —, arrastaram Salmon para o apartamento da frente e trancaram-no lá. Todos voltaram e sentaram-se novamente.

Depois disso, a noite seguiu tranquila. Marie Laurencin cantou em voz baixa algumas canções normandas antigas encantadoras. A esposa de Agero cantou algumas adoráveis canções antigas do Limousin[177], Pichot dançou uma maravilhosa dança espanhola religiosa, terminando deitado no chão como um Cristo crucificado. Guillaume Apollinaire aproximou-se solenemente de mim e de minha amiga, pedindo que cantássemos algumas das canções nativas dos índios pele-vermelha. Nenhuma de nós sentíasse preparada para fazê-lo, para grande tristeza de Guillaume e de toda a plateia. Rousseau, alegre e gentil, tocou violino e falou das peças que havia escrito e de suas recordações do México. Estava tudo muito tranquilo e, por volta das 3 da manhã, entramos no apartamento em que deixáramos Salmon e nossos chapéus e casacos para buscá-los e ir para casa. Ali, no sofá, Salmon dormia calmamente, e, ao redor dele, meio mastigados, estavam uma caixa de fósforos, um *petit bleu*[178] e o enfeite amarelo do meu chapéu. Imaginem como me senti, mesmo às 3 da manhã. No entanto, Salmon acordou, muito encantador e muito educado, e saímos todos juntos para a rua. De repente, soltando um grito selvagem, Salmon desceu correndo a ladeira.

Gertrude Stein e seu irmão, minha amiga e eu, todos em um único táxi, levamos Rousseau para casa.

---

177   Região no centro-oeste da França. (N. do T.)
178   Literalmente "pequeno azul" ou simplesmente "azulzinho", em francês. Era o apelido dado aos telegramas à época. (N. do T.)

Cerca de um mês depois, numa escura tarde do inverno parisiense, eu estava andando apressada para casa e senti alguém me seguindo. Apressei-me ainda mais e mais, os passos aproximaram-se, e ouvi, *mademoiselle, mademoiselle. Virei-me.* Era Rousseau. Ah, *mademoiselle*, ele disse, não deveria andar sozinha depois de escurecer, posso acompanhá-la até em casa? E foi o que ele fez.

Não foi muito depois disso que Kahnweiler[179] chegou a Paris. Kahnweiler era um alemão casado com uma francesa, e eles moraram muitos anos na Inglaterra. Kahnweiler fora para a Inglaterra a trabalho e economizava dinheiro para realizar o sonho de um dia ter uma galeria de quadros em Paris. Chegado o momento, ele abriu uma pequena galeria, muito jeitosa, na Rue Vignon. Sondou a situação aos poucos e, então, entregou-se completamente ao grupo cubista. Passou por dificuldades no início, Picasso — sempre desconfiado — não queria ir longe demais com ele. Fernande negociava com Kahnweiler, mas, por fim, todos perceberam a sinceridade de seu interesse e de sua fé no movimento, e que ele poderia e iria vender suas obras. Todos assinaram contrato com ele e, até a guerra, ele fez tudo o que podia por todos. As tardes com o grupo entrando e saindo de sua galeria eram, para Kahnweiler, realmente como passar as tardes com Vasari[180]. Ele acreditava neles e em sua futura grandeza. Faltava apenas um ano para a guerra quando ele acrescentou Juan Gris em sua galeria. Faltavam apenas dois meses para a guerra quando Gertrude Stein viu as primeiras pinturas de Juan Gris na galeria de Kahnweiler e comprou três delas.

Picasso vive dizendo que, naquela época, costumava dizer a Kahnweiler que ele deveria se tornar um cidadão francês, que a guerra viria e seria um inferno. Kahnweiler sempre disse que faria isso quando passasse da idade de ser convocado, pois, naturalmente, não queria cumprir o serviço militar uma segunda vez. A guerra chegou, Kahnweiler estava na Suíça com a família em férias e não pôde mais voltar. Todos os seus bens foram confiscados.

---

179 Daniel-Henry Kahnweiler (1884-1979) — colecionador de arte alemão, um dos maiores negociantes de arte francesa do século XX. (N. do T.)
180 Giorgio Vasari (1511 1574) — pintor e arquiteto italiano conhecido principalmente por suas biografias de artistas italianos. (N. do T.)

O leilão promovido pelo governo dos quadros de Kahnweiler, que incluía praticamente todos os quadros cubistas dos três anos anteriores à guerra, foi a primeira ocasião, acabada a guerra, em que todos do velho grupo se reuniram. Havia um esforço bastante conhecido, por parte de todos os negociantes de arte mais velhos, agora que a guerra acabara, para liquidar o cubismo. O leiloeiro oficial, um conhecido negociante de quadros, confessou ser essa sua intenção. Ele manteria os preços tão baixos quanto possível e desencorajaria o público quanto pudesse. Como é que os artistas poderiam se defender?

Por acaso, estivemos com os Braque um ou dois dias antes da exibição pública dos quadros à venda, e Marcelle Braque, a esposa de Braque, disse-nos que eles haviam tomado uma decisão. Picasso e Juan Gris não podiam fazer nada porque eram espanhóis, e esse era um leilão do governo francês. Marie Laurencin era tecnicamente alemã, Lipschitz[181] era russo — o que não era muito popular à época. Braque, um francês que recebera a Croix de Guerre em uma batalha, que fora promovido a oficial, ganhara a Légion d'Honneur[182] e ferira-se seriamente na cabeça, podia fazer o que quisesse. Ele também tinha uma motivação técnica para procurar briga com o leiloeiro. Havia enviado uma lista de pessoas que provavelmente comprariam seus quadros — um privilégio concedido a um artista cujos quadros seriam vendidos publicamente —, e os catálogos não haviam sido enviados a essas pessoas. Quando chegamos, Braque já cumprira sua missão. Chegamos no fim da briga. Havia grande confusão.

Braque abordara o leiloeiro, dizendo-lhe que ele havia negligenciado seus deveres mais óbvios. O leiloeiro respondeu que fizera e faria o que quisesse e chamou Braque de porco normando. Braque esmurrou-o. Braque é um homenzarrão, e o leiloeiro não, e Braque tentou não bater forte, mas, mesmo assim, o leiloeiro foi ao chão. A polícia entrou, e eles foram levados para a delegacia. Lá, contaram sua história. Braque, é claro, como herói de guerra, foi tratado com todo o respeito, e, quando

---

181 Jacques Lipschitz (1891-1973) — escultor cubista de origem lituana. Judeu, fugiu da Europa durante a Segunda Guerra Mundial e naturalizou-se americano. (N. do T.)

182 Tanto a Croix de Guerre ("Cruz de Guerra") quanto a Légion d'Honneur ("Legião de Honra") são condecorações militares francesas. (N. do T.)

ele falou com o especialista tratando-o por tu[183], o especialista perdeu completamente a paciência e a cabeça e foi publicamente repreendido pelo juiz. Logo depois que tudo acabou, Matisse chegou e quis saber o que tinha acontecido e o que estava acontecendo, e Gertrude Stein contou-lhe. Matisse disse — e era bem típico de Matisse dizer isso — *Braque a raison, celui-là a volé la France, et on sait bien ce que c'est que voler la France*[184].

Na verdade, os compradores se assustaram, e todos os quadros, a não ser os de Derain, foram vendidos por uma ninharia. O coitado do Juan Gris, cujos quadros não levaram quase nada, tentou mostrar-se honrado. Afinal, conseguiram um preço razoável, disse ele a Gertrude Stein, mas estava triste.

Felizmente, Kahnweiler, que não havia lutado contra a França, foi autorizado a voltar no ano seguinte. Os outros não precisavam mais dele, mas Juan precisava desesperadamente, e a lealdade e generosidade de Kahnweiler com Juan Gris em todos aqueles anos difíceis só podem ser comparadas à lealdade e generosidade de Juan quando, finalmente, pouco antes de sua morte, ele se tornou famoso e recebeu ofertas tentadoras de outros donos de galerias.

Kahnweiler ter vindo para Paris e assumido comercialmente a causa dos cubistas fez uma grande diferença para todos eles. Seu presente e seu futuro estavam garantidos.

Os Picasso mudaram-se do antigo apartamento na Rue Ravignan para um apartamento no Boulevard Clichy. Fernande começou a comprar móveis e contratou uma criada, e ela, claro, fazia um *soufflé*. Era um ótimo apartamento, com bastante sol. De modo geral, no entanto, Fernande não estava tão feliz quanto antes. Havia sempre muita gente lá, e chegavam até mesmo a servir o chá da tarde. Braque era bastante presente, foi o auge da intimidade entre Braque e Picasso, foi a essa altura que começaram a pintar instrumentos musicais em seus quadros.

---

183 Em francês, usa-se o pronome tu somente com pessoas mais chegadas ou da família, usando-se *vous* ("vós") em outros casos. Usar tu com pessoas com as quais não se tem intimidade é considerado, ainda hoje, falta de educação. (N. do T.)

184 "Braque está certo, esse aí roubou a França, e sabemos muito bem o que é roubar a França", em francês. (N. do T.)

Foi também o início das montagens de Picasso. Ela fazia naturezas-mortas com objetos e as fotografava. Depois, fazia montagens com papel, e deu uma delas para Gertrude Stein. Talvez seja a única que tenha sobrado.

Também foi nessa época que ouvi falar de Poiret pela primeira vez. Ele possuía uma casa flutuante no Sena, na qual dera uma festa e convidara Pablo e Fernande. Deu a Fernande um lindo lenço rosa com franjas douradas e também um enfeite de vidro estirado para colocar no chapéu, uma ideia inteiramente nova naquela época. Ela me deu o enfeite e usei-o em um chapéu de palha pontudo por muitos anos. Talvez ainda o tenha.

E também havia o mais jovem dos cubistas. Nunca soube o nome dele. Estava cumprindo o serviço militar e queria seguir a carreira diplomática. Como ele surgiu em nosso meio, e se pintava ou não, eu não sei. Tudo o que sei é que ele era conhecido como o mais jovem dos cubistas.

Nessa época, Fernande tinha uma nova amiga, de quem sempre falava comigo. Chamava-se Eve, e morava com Marcoussis[185]. E, certa noite, os quatro chegaram à Rue de Fleurus, Pablo, Fernande, Marcoussis e Eve. Foi a única vez que vimos Marcoussis, até muitos anos mais tarde.

Eu conseguia entender perfeitamente a afeição de Fernande por Eve. Como disse, a grande heroína de Fernande era Evelyn Thaw, baixinha e negativa. Ali estava uma Evelyn Thaw francesa, pequena e perfeita.

Não muito depois disso, Picasso apareceu certo dia e disse a Gertrude Stein que decidira alugar um ateliê na Rue Ravignan. Poderia trabalhar melhor lá. Não conseguira alugar novamente o antigo, mas pegou um no andar de baixo. Fomos vê-lo lá um dia. Ele não estava, e Gertrude Stein, de brincadeira, deixou seu cartão de visitas. Voltamos em alguns dias. Picasso estava trabalhando em um quadro no qual estava escrito *ma jolie*[186] e, no canto inferior, pintara o cartão de visita de Gertrude Stein. Quando partimos, Gertrude Stein disse, Fernande

---

185 Louis Marcoussis, nascido Ludwik Markus (1878-1941) – pintor e gravurista polonês, naturalizado francês. (N. do T.)

186 "Minha linda", em francês. (N. do T.)

certamente não é ma jolie, imagino quem será. Ficamos sabendo em poucos dias. Pablo fugira com Eve.

Isso foi na primavera. Todos tinham o hábito de passar o verão em Céret, perto de Perpignan, provavelmente por causa de Manolo, e todos, apesar de tudo, voltaram para lá. Fernande estava com os Pichot e Eve, com Pablo. Houve algumas brigas terríveis, depois, todos voltaram a Paris.

Certa noite, nós também já tínhamos voltado, Picasso apareceu. Ele e Gertrude Stein tiveram uma longa conversa a sós. Era o Pablo, disse ela ao entrar, depois de despedir-se dele. E ele me disse uma coisa maravilhosa de Fernande, contou que sua beleza sempre o prendera, mas não suportava nenhuma de suas manias. Falou ainda que Pablo e Eve estavam morando agora no Boulevard Raspail e que iríamos visitá-los no dia seguinte.

Nesse meio-tempo, Gertrude Stein recebera uma carta de Fernande, muito digna, escrita com a reticência típica de uma francesa. Disse que entendia perfeitamente que a amizade de Gertrude Stein sempre fora com Pablo e que, embora Gertrude sempre se mostrou simpática e afetuosa com ela, agora que haviam se separado, era naturalmente impossível que, no futuro, houvesse qualquer tipo de relação entre as duas porque não poderia haver dúvidas quanto à sua escolha. Disse também que ela sempre se lembraria da relação delas com prazer e que se permitiria, caso fosse necessário, contar com a generosidade de Gertrude.

E assim, Picasso deixou Montmartre para nunca mais voltar.

Quando apareci pela primeira vez na Rue de Fleurus, Gertrude Stein estava revisando as provas de *Three Lives*. Logo comecei a ajudá-la, e, em pouco tempo, o livro foi publicado. Pedi-lhe que me deixasse fazer uma assinatura do serviço de recortes Romeike[187], já que o anúncio dessa firma no *San Francisco Argonaut*[188] fora uma das paixões da minha infância. Logo os recortes começaram a chegar.

---

187 A empresa Romeike, fundada nos Estados Unidos pelo empresário lituano Henry Romeike (1855-1903), era especializada em recortes de notícias específicas, à escolha do assinante, na imprensa local ou nacional. Esse ramo de negócios mantém-se até hoje e é conhecido atualmente como *press clipping*. (N. do T.)

188 *The Argonaut* era um jornal regional baseado em São Francisco, na Califórnia. Circulou entre 1878 e 1956. (N. do T.)

É bastante espantoso o número de jornais que notaram esse livro, impresso de forma particular e por uma pessoa completamente desconhecida. O artigo que mais agradou a Gertrude Stein foi o do jornal *Kansas City Star*. Tanto na época quanto nos anos posteriores, ela vivia se perguntando quem poderia tê-lo escrito, mas nunca descobriu. Foi uma crítica muito simpática e compreensiva. Mais tarde, quando ela ficava desanimada com o que diziam, referia-se ao artigo como tendo-lhe sido, naquela ocasião, um grande conforto. Ela diz, em "Composition and Explanation"[189], que, quando escrevemos algo, aquilo é perfeitamente claro e, então, começamos a ter dúvidas a respeito, lemos novamente e nos perdemos uma vez mais, como quando escrevemos pela primeira vez.

A outra coisa relacionada com esse seu primeiro livro que lhe deu prazer foi uma nota muito entusiasmada de H.G. Wells[190]. Ela a manteve por anos separada do resto, de tanto que significara para ela. Escreveu para o autor naquela época, e eles combinaram de encontrar-se muitas vezes, mas esse encontro nunca aconteceu. E não é provável que se encontrem agora.

Naquela época, Gertrude Stein estava escrevendo *The Making of Americans*. O romance deixara de ser a história de uma família para tornar-se a história de todo mundo que a família conhecia e, então, tornou-se a história de todos os tipos e de todos os indivíduos da humanidade. Mas, mesmo assim, havia um herói, e estava à beira da morte. No dia em que ele morreu, eu conheci Gertrude Stein no apartamento de Mildred Aldrich. Mildred gostava muito de Gertrude Stein e interessou-se muito em saber o fim do livro. Ele tinha mais de mil páginas, e eu o estava datilografando.

Sempre digo que não se pode dizer como um quadro realmente é ou como um objeto realmente é a menos que se tire o pó dele todos os dias, e não se pode dizer como um livro é até datilografá-lo ou

---

189 "Composition as Explanation" (e não "Composition and Explanation", como transcrito pela autora) foi um ensaio escrito por Gertrude Stein no qual ela discute o processo de concatenação das ideias. Foi originalmente uma palestra dada nas universidades inglesas de Cambridge e Oxford, em 1926. (N. do T.)

190 Herbert George Wells (1866-1946) – escritor inglês, autor de inúmeros romances de ficção científica de sucesso, tais como *O Homem Invisível*, *A Máquina do Tempo* e *Guerra dos Mundos*, entre outros. (N. do T.)

revisá-lo. Então, ele lhe proporciona algo que a simples leitura nunca proporcionaria. Muitos anos depois, Jane Heap[191] disse que ela nunca apreciara a qualidade do trabalho de Gertrude Stein até tê-lo revisado.

Quando *The Making of Americans* foi finalizado, Gertrude Stein começou outro livro, que também seria longo, e chamou-o de *A Long Gay Book*[192], mas acabou não sendo tão longo, nem esse nem outro que ela iniciou ao mesmo tempo, *Many Many Women*[193], porque foram ambos interrompidos pela escrita dos perfis. E foi assim que ela começou a escrever perfis.

Hélène costumava ficar em casa com o marido aos domingos à noite, quer dizer, ela sempre se mostrava disposta a vir, mas quase sempre lhe dizíamos que não se incomodasse em fazê-lo. Gosto de cozinhar, sou excelente em cozinhar pratos rápidos, e, além disso, Gertrude Stein gostava, de tempos em tempos, que eu preparasse alguma comida americana. Certo domingo à noite, eu estava muito ocupada cozinhando algo típico e, então, chamei Gertrude Stein para sair do ateliê e vir jantar. Ela chegou muito animada e não quis se sentar. Quero mostrar-lhe uma coisa, ela disse. Não, disse eu, temos de comer o prato quente. Não, ela disse, você tem de ver isso primeiro. Gertrude Stein nunca gosta da comida quente, e eu gosto de minha comida quente, nunca concordamos nisso. Ela admite que se pode esperar a comida esfriar, mas não se pode aquecê-la depois que já está no prato, então combinamos que eu serviria tão quente quanto quisesse. Apesar de meus protestos e da comida esfriando, tive de ir ler. Ainda posso ver as minúsculas páginas do caderno escritas, frente e verso. Era o perfil intitulado "Ada", o primeiro perfil de *Geography and Plays*. Comecei a ler e achei que ela estava zombando de mim, e reclamei — ela diz que eu também reclamo a respeito de minha autobiografia. Finalmente, terminei de ler e fiquei completamente feliz com o que lera. E, então, jantamos.

Esse foi o início de uma longa série de perfis literários. Ela escreveu

---

191 Jane Heap (1883-1964) — editora americana e figura significativa no desenvolvimento e na promoção do movimento literário modernista nos Estados Unidos. (N. do T.)

192 *A Long Gay Book* ("Um Livro Grande e Alegre", em inglês), publicado em 1933, continua a história iniciada em The Making of Americans. (N. do T.)

193 *Many Many Women* ("Muitas, Muitas Mulheres", em inglês) tem como principal foco as emoções, os relacionamentos e os comportamentos femininos. (N. do T.)

perfis de praticamente todas as pessoas que conhecia, escrevendo-os de todas as formas e em todos os estilos.

Ada foi seguida por perfis de Matisse e Picasso, e Stieglitz — que estava muito interessado neles e em Gertrude Stein — imprimiu-os em um número especial de *Camera Work*[194].

Então, ela começou a fazer pequenos perfis de todos os que entravam e saíam de nossa casa. Fez um de Arthur Frost[195], o filho de A.B. Frost, o ilustrador americano. Frost era um aluno de Matisse, e o orgulho que sentiu ao ler seu perfil — e descobrir que tinha três páginas inteiras a mais que o perfil de Matisse e o de Picasso — foi algo inacreditável.

A.B. Frost reclamou com Pat Bruce[196] — que levara Frost para conhecer Matisse — que era uma pena que Arthur não pudesse se tornar um artista convencional, ganhando assim fama e dinheiro. Pode-se levar um cavalo até a fonte, mas não se pode obrigá-lo a beber, disse-lhe Pat Bruce. A maioria dos cavalos bebe, sr. Bruce, foi a resposta de A.B. Frost.

Bruce, Patrick Henry Bruce, foi um dos primeiros e mais fervorosos alunos de Matisse, e logo pintou pequenos Matisses, mas não estava feliz. Ao explicar sua infelicidade, disse a Gertrude Stein, fala-se muito das tristezas dos grandes artistas, a trágica infelicidade dos grandes artistas, mas, no fim das contas, eles continuam sendo grandes artistas. Um artista pequeno sofre da mesma trágica infelicidade e das tristezas de um grande artista, mas não é um grande artista.

Ela fez perfis de Nadelman[197], dos *protégés* da escultora sra. Whitney[198], Lee[199] e Russell[200], e também de Henry Phelan Gibb[201], seu primeiro e melhor amigo inglês. Fez perfis de Manguin, de Roché, de

---

194 *Camera Work* foi uma revista de fotografia trimestral publicada por Alfred Stieglitz entre 1903 e 1917. (N. do T.)
195 Arthur Burdett Frost, Jr. (1887-1917) — pintor abstrato americano, mais conhecido por ser filho do ilustrador americano A.B. Frost (1851-1928), citado pela autora. (N. do T.)
196 Patrick Henry Bruce (1881-1936) — pintor cubista americano. (N. do T.)
197 Elie Nadelman (1882-1946) — escultor e desenhista polonês-americano. (N. do T.)
198 Gertrude Vanderbilt Whitney (1875-1942) — escultora, colecionadora e patronesse de arte americana. É também a fundadora do museu de arte americana Whitney Museum, em Nova York. (N. do T.)
199 Arthur Lee (1881-1961) — escultor americano. (N. do T.)
200 Morgan Russell (1886-1953) — artista modernista americano. (N. do T.)
201 Harry Phelan Gibb (1870-1948) — pintor britânico. (N. do T.)

Purrmann e de David Edstrom[202], o escultor sueco gordo que se casou com a chefe da igreja Ciência Cristã em Paris e acabou destruindo-a. E de Brenner[203], Brenner, o escultor que nunca terminava nada. Tinha uma técnica admirável e muitas obsessões que o impediam de trabalhar. Gertrude Stein gostava muito dele — e ainda gosta. Certa vez, ela posou para ele por semanas, e ele fez um retrato fragmentado dela que é muito bom. Mais tarde, ele e Cody[204] publicaram alguns números de uma revistinha chamada *Soil* e acabaram figurando entre os primeiros que publicaram algo de Gertrude Stein. A única revistinha que a precedeu foi uma publicação chamada *Rogue*, impressa por Allan Norton[205], e que publicou sua descrição da loja Galerie Lafayette. É claro que tudo isso aconteceu muito mais tarde, e por meio de Carl van Vechten[206].

Ela também fez perfis da srta. Etta Cone e de sua irmã, a dra. Claribel Cone. E também fez perfis da srta. Mars e da srta. Squires, sob o título "Miss Furr and Miss Skeene". Havia perfis de Mildred Aldrich e de sua irmã. Todos receberam seu perfil para ler e todos ficaram contentes, e tudo era muito divertido. Isso ocupou grande parte daquele inverno, e depois fomos para a Espanha.

Na Espanha, Gertrude Stein começou a escrever as coisas que levaram a *Tender Buttons*[207].

Eu gostei imensamente da Espanha. Fomos para lá várias vezes, e, a cada vez, gostei mais e mais. Gertrude Stein diz que sou imparcial em todos os assuntos, exceto em relação à Espanha e aos espanhóis.

A cidade de Ávila foi nossa primeira parada, e, de imediato, fiquei

---

202 Peter David Edstrom (1873-1938) — escultor sueco, naturalizado americano. Como a autora afirma logo depois, foi casado com a chefe da filial francesa da igreja Ciência Cristã à época, Cora Downer (1870-1921). (N. do T.)

203 Michael Brenner (1885-1969) — escultor lituano, naturalizado americano. (N. do T.)

204 Cody, na verdade, chamava-se Robert J. Coady (1876-1921) — pintor e galerista americano que, juntamente com Michael Brenner, fundou a revista *The Soil* ("O Solo", em inglês), uma das publicações que ajudaram a definir a identidade cultural do modernismo americano. (N. do T.)

205 Allen Norton (1878-1945) — poeta e editor literário americano. *Rogue* foi uma de suas muitas publicações. A autora cometeu um erro de grafia (Allan no lugar de Allen), que foi mantido. (N. do T.)

206 Carl van Vechten (1880-1964) — escritor e fotógrafo americano. (N. do T.)

207 *Tender Buttons* (literalmente, "Botões Macios" — a autora admitiu que o título era uma referência aos mamilos femininos) foi publicado em 1914. O romance é dividido em três seções, "Objects" ("Objetos"), "Food" ("Comida") e "Rooms" ("Salas" ou "Cômodos"). (N. do T.)

perdidamente apaixonada por Ávila, devo ficar por toda a eternidade em Ávila, eu insistia. Gertrude Stein ficou muito chateada, Ávila era uma boa cidade, mas — insistiu — ela precisava de Paris. Eu sentia que não precisava de nada além de Ávila. Nós duas discutimos muito violentamente a respeito. No entanto, ficamos lá por dez dias e, como Santa Teresa[208] era uma das heroínas da juventude de Gertrude Stein, nos divertimos muito. Na ópera *Four Saints*[209], escrita há alguns anos, ela descreve a paisagem que tanto me comoveu.

Seguimos para Madri e lá encontramos Georgiana King[210], da Bryn Mawr, uma velha amiga de Gertrude Stein da época de Baltimore. Georgiana King escreveu algumas das mais interessantes críticas — entre as primeiras escritas — de *Three Lives*. Àquela época, estava reeditando a revista *Street* sobre as catedrais da Espanha e, por isso, atravessando todo o país. Ela nos deu conselhos muito bons.

Naquela ocasião, Gertrude Stein usava um conjunto de veludo cotelê marrom, com paletó e saia, e um pequeno chapéu de palha, tudo feito sob encomenda para ela por uma mulher de Fiesole, além de sandálias, e, muitas vezes, ela carregava uma bengala. Nesse verão, o cabo da bengala era de âmbar. Foi mais ou menos com esse traje, sem o chapéu e a bengala, que Picasso a pintou em seu retrato. Era um traje ideal para a Espanha, todos pensavam que ela pertencia a alguma ordem religiosa, e éramos tratadas com o mais absoluto respeito. Lembro-me de que, certa vez, uma freira estava nos mostrando as relíquias de um convento em Toledo. Estávamos perto dos degraus do altar. De repente, ouvimos um estrondo, Gertrude Stein deixara cair sua bengala. A freira ficou pálida, os fiéis assustaram-se. Gertrude Stein pegou a bengala e, voltando-se para a freira assustada, disse, tranquilizando-a, não, não está quebrada.

Naqueles dias de viagens pela Espanha, eu costumava usar o que chamava de meu disfarce espanhol. Casaco de seda preta, luvas pretas e um chapéu preto, o único prazer que eu me permitia eram adoráveis flores artificiais no chapéu. Isso sempre causava enorme

---

208 Santa Teresa de Jesus nasceu na cidade de Ávila. (N. do T.)
209 *Four Saints in Three Acts* ("Quatro Santos em Três Atos") é uma ópera do compositor americano Virgil Thomson (1896-1989) baseada em um libreto escrito por Gertrude Stein. (N. do T.)
210 Georgiana Goddard King (1871-1939) — historiadora da arte e fotógrafa americana. (N. do T.)

interesse nas camponesas, e elas pediam-me — com muita educação — permissão para tocar as flores, para convencerem-se de que eram mesmo artificiais.

Fomos para a cidade de Cuenca naquele verão — Harry Gibb, o pintor inglês, nos contara a respeito. Harry Gibb é um estranho caso de homem que previa tudo. Tinha sido um pintor especializado em animais bem-sucedido em sua juventude na Inglaterra — ele vinha do Norte da Inglaterra —, casou-se e foi para a Alemanha; lá, ficou insatisfeito com o que vinha fazendo e ouviu falar da nova escola de pintura em Paris. Veio para Paris e, imediatamente, foi influenciado por Matisse. Então, interessou-se por Picasso e fez algumas pinturas realmente notáveis, com a mistura de influências dos dois. Tudo aquilo junto levou-o a outra coisa, algo que conseguia completar o que os surrealistas tentaram fazer depois da guerra. A única coisa que lhe faltava era o que os franceses chamam de *saveur*, que se pode chamar de a graciosidade de um quadro. Por causa dessa carência, era-lhe impossível encontrar um público francês para seus quadros. Naturalmente, naquela época não havia um público inglês. Harry Gibb teve fases muito ruins. Estava sempre vivendo fases ruins. Ele e a esposa, Bridget, uma das esposas mais simpáticas de um gênio com quem me sentei, eram pessoas muito corajosas e enfrentavam tudo de maneira admirável, mas sempre havia dias muito mais difíceis. E, então, as coisas melhoraram um pouco. Ele encontrou alguns patronos e, em 1912 e 1913, foi para Dublin e organizou uma exposição memorável de seus quadros por lá. Foi nessa mesma época que levou consigo várias cópias do perfil de Mabel Dodge na Villa Curonia[211] — que ela mandara imprimir em Florença —, e foi então que os escritores de Dublin ouviram Gertrude Stein lê-lo em voz alta nos cafés da cidade. O dr. Gogarty[212], anfitrião e admirador de Harry Gibb, adorava ler — ele mesmo, em voz alta — e pedir que outros também o fizessem.

Depois disso, vieram a guerra e o eclipse para o pobre Harry e, desde então, uma longa e triste luta. Ele teve seus altos e baixos, mais

---

211 Propriedade construída pela família Medici no século XV, em Florença. (N. do T.)
212 Oliver Gogarty (1878-1957) — poeta, autor e médico irlandês. (N. do T.)

baixos que altos, mas apenas recentemente houve nova reviravolta em sua vida. Gertrude Stein, que os amava profundamente, tinha plena convicção de que os dois pintores de sua geração que só seriam descobertos depois de mortos, predestinados a uma vida trágica, eram Juan Gris e Harry Gibb. Juan Gris, morto há cinco anos, está começando a ficar conhecido. Harry Gibb, ainda vivo, continua desconhecido. Gertrude Stein e Harry Gibb sempre foram amigos muito leais e amorosos. Um dos primeiros perfis muito bons que ela fez foi o dele, publicado na *Oxford Review*[213] e, depois, em *Geography and Plays*.

Então, Harry Gibb nos falou de Cuenca, seguimos por uma estradinha de ferro cheia de curvas que terminava no meio do nada, e lá estava Cuenca.

Ficamos encantados com Cuenca, e a população de Cuenca ficou encantada conosco. Ficou tão encantada conosco que começava a mostrar-se inconveniente. Então, certo dia, quando estávamos caminhando, subitamente o povo, em especial as crianças, começou a manter-se distante. Logo depois, surgiu um homem uniformizado, fez continência e disse que era guarda da polícia do povoado e que o governador da província havia lhe recomendado que nos acompanhasse a distância enquanto caminhávamos pela região, para que não fôssemos perturbadas pela população, e que esperava que isso não nos incomodasse. Não incomodava, e ele foi encantador, nos levou a lugares adoráveis, aonde possivelmente não poderíamos ter ido sozinhas. Assim era a Espanha nos velhos tempos.

Finalmente, voltamos para Madri, e lá descobrimos La Argentina[214] e as touradas. Os jovens jornalistas de Madri tinham acabado de descobri-la. Nós a encontramos por acaso em um café-concerto, tínhamos ido ver as danças espanholas e, depois que a vimos pela primeira vez, fomos todas as tardes e todas as noites. Fomos também às touradas. A princípio elas me perturbavam, e Gertrude Stein costumava me dizer, agora olhe, agora não olhe, até que, finalmente, eu era capaz de olhar o tempo todo.

---

213 Revista da Universidade de Oxford. (N. do T)
214 Antonia Mercé y Luque (1890-1936), mais conhecida como La Argentina, foi uma bailarina argentina, famosa por suas coreografias em estilo neoclássico de danças tradicionais espanholas. (N. do T.)

Por fim, fomos para Granada e ficamos por algum tempo. Ali, Gertrude Stein conseguiu trabalhar maravilhosamente. Ela sempre gostou muito de Granada. Foi lá que teve sua primeira experiência de Espanha, ainda na faculdade, logo após a guerra hispano-americana, quando ela e o irmão passaram pelo país. Divertiram-se muito, e ela vive contando que, certo dia, estava sentada na sala de jantar conversando com um homem de Boston e sua filha quando, de repente, ouviu-se um barulho terrível, o zurrar de um burro. O que é isso, perguntou a jovem de Boston, tremendo. Ah, disse o pai, é o último suspiro do Mouro.

Nós gostamos muito de Granada, conhecemos muitas pessoas divertidas, ingleses e espanhóis, e foi lá, naqueles dias, que o estilo de Gertrude Stein foi mudando gradativamente. Diz ela que, até então, interessava-se mais pelo interior das pessoas, por seu caráter e pelo que se passava no seu íntimo, e foi naquele verão que ela sentiu, pela primeira vez, vontade de exprimir o ritmo do mundo visível.

Foi um processo longo e atormentador, ela olhava, ouvia e descrevia. Ela sempre foi, e continua sendo até hoje, atormentada pela questão do exterior e do interior. Uma das coisas que sempre a preocupam em relação à pintura é a dificuldade que o artista sente — e que faz com que ele se dedique às naturezas-mortas — de que, afinal, o ser humano não é, em sua essência, passível de ser pintado. Mais uma vez — e bem recentemente — ela chegou à conclusão de que um pintor acrescentaria algo à solução desse problema. Ela começou a se interessar por Picabia, alguém por quem ela até então não havia se interessado, porque pelo menos ele sabia que, se você não resolver o problema da pintura pintando seres humanos, não o resolverá de jeito nenhum. Há também um discípulo de Picabia que está enfrentando o mesmo problema, mas ele vai resolvê-lo. Talvez não. Bom, de qualquer forma, é disso que ela vive falando, e agora sua luta pessoal contra isso estava para começar.

Foi nessa época que ela também escreveu "Susie Asado", "Preciocilla" e "Gypsies"[215], ainda na Espanha. Gertrude Stein experimentava de tudo ao tentar fazer descrições. Tentou também, durante pouco tempo,

---

215 "Susie Asado" e "Preciocilla" foram dois poemas escritos em 1913 pela autora. O poema *Gypsies* foi renomeado para *Sweet Tails* antes de ser publicado no livro Tender Buttons. (N. do T.)

inventar palavras, mas logo desistiu. A língua inglesa era seu meio, e com a língua inglesa sua tarefa era cumprida, seu problema resolvido. O uso de palavras fabricadas a ofendia, era uma fuga para certo sentimentalismo falso.

Não, ela continuou com sua tarefa, embora — depois de voltar para Paris — descrevesse salas e objetos que, com seus primeiros experimentos feitos na Espanha, formariam a obra *Tender Buttons*.

No entanto, sempre se concentrou em estudar pessoas, por isso a série interminável de perfis.

Voltamos para a Rue de Fleurus, como sempre.

Uma das pessoas que a impressionaram muito quando cheguei na Rue de Fleurus foi Mildred Aldrich.

Mildred Aldrich estava então com pouco mais de 50 anos, uma mulher robusta e vigorosa, com um rosto igual ao de George Washington, cabelos brancos e roupas e luvas incrivelmente limpas. Uma figura bastante marcante e que se destacava naquele grupo de nacionalidades misturadas. Na verdade, ela era alguém de quem Picasso poderia dizer — e disse — *c'est elle qui fera la gloire de l'Amérique*[216]. Fazia qualquer pessoa do mesmo país que a vira nascer ficar muito contente.

Já que sua irmã partira para os Estados Unidos, ela morava sozinha no último andar de um prédio na esquina do Boulevard Raspail com a transversal, Rue Boissonade. Lá, junto à janela, mantinha uma enorme gaiola cheia de canários. Sempre pensamos que ela adorava canários. Muito pelo contrário. Certa vez, uma amiga deixou para ela um canário em uma gaiola para cuidar durante sua ausência. Mildred, como sempre fazia com tudo, cuidou muito bem do canário na gaiola. Um amigo, ao ver tal coisa, e concluindo, naturalmente, que Mildred gostava de canários, deu-lhe outro pássaro. É claro que Mildred cuidou muito bem de ambas as aves, e, assim, os canários aumentaram e o tamanho da gaiola continuou a crescer até que, em 1914, ela se mudou para Huiry[217], no topo de uma colina junto ao Rio Marne, e doou seus

---

216 "É ela que trará glória para a América", em francês. (N. do T.)
217 Cidade francesa na região parisiense. (N. do T.)

canários. Sua desculpa foi dizer que no campo os gatos comiam os canários. Mas o verdadeiro motivo — que, certa vez, ela me contou — era que ela não suportava canários.

Mildred era uma excelente dona de casa. Fiquei muito surpresa — pois tinha tido uma impressão muito diferente dela — ao visitá-la certa tarde e encontrá-la remendando suas roupas maravilhosamente bem.

Mildred adorava cabogramas[218], adorava ficar em situação difícil — ou melhor, adorava gastar dinheiro —, e, como sua capacidade para ganhá-lo, embora grande, fosse limitada, Mildred vivia passando por dificuldades graves. Naquela época, estava a ponto de assinar o contrato para levar a peça *Blue Bird*, de Maeterlinck[219], aos palcos americanos. Os arranjos exigiam cabogramas intermináveis, e minhas primeiras lembranças de Mildred eram dela vindo ao nosso pequeno apartamento na Rue Notre-Dame-des-Champs, tarde da noite, pedindo-me para que lhe emprestasse dinheiro para um longo cabograma. Alguns dias depois, o dinheiro foi devolvido junto com uma linda azaleia, cinco vezes mais cara que a quantia emprestada. Não é de admirar que ela vivesse passando por dificuldades. Mas todo mundo a ouvia com atenção. Ninguém no mundo era capaz de contar histórias como Mildred. Ainda posso vê-la na Rue de Fleurus, sentada em uma das grandes poltronas, e, pouco a pouco, a plateia aumentando a seu redor enquanto ela falava.

Ela gostava muito de Gertrude Stein, interessava-se bastante por seu trabalho. Ficou entusiasmada com *Three Lives*, profundamente impressionada; um pouco inquieta com *The Making of Americans* e bastante chateada com *Tender Buttons*, mas sempre fiel e convicta de que, se era algo que Gertrude Stein havia escrito, valia a pena.

Foram realmente comoventes a alegria e o orgulho que ela demonstrou quando Gertrude Stein, em 1926, presidiu suas palestras em Cambridge e Oxford. Gertrude Stein deveria ler seu conteúdo para elas antes de partir. E foi o que Gertrude Stein fez, para prazer de ambas.

---

218 Telegrama transmitido por cabos. (N. do T.)
219 Maurice Maeterlinck (1862-1949) – dramaturgo, poeta e ensaísta belga. Recebeu o Prêmio Nobel de Literatura em 1911. Sua peça *The Blue Bird* ("O Pássaro Azul"), de 1908, fez bastante sucesso nos palcos europeus. (N. do T.)

Mildred Aldrich gostava de Picasso e até mesmo de Matisse, isto é, como pessoas, mas estava preocupada. Certo dia, ela me disse, Alice, diga-me se está tudo bem, se eles estão bem mesmo, eu sei que Gertrude acha que sim, e ela os conhece, mas, sério, não é tudo *fumisterie*, não é tudo uma farsa?

Apesar desses eventuais dias de dúvida, Mildred Aldrich gostava de tudo. Gostava de nos visitar sozinha e de vir com outras pessoas. Ela acabou trazendo muita gente. Foi ela quem trouxe Henry McBride, que, à época, escrevia para o jornal *The New York Sun*. Foi Henry McBride quem manteve o nome de Gertrude Stein na mente do público durante todos aqueles anos angustiantes. Riam se quiserem, ele costumava dizer aos detratores dela, mas riam com ela, e não dela, assim vocês se divertirão muito mais.

Henry McBride não acreditava em sucesso mundano. Isso arruína a gente, arruína a gente, ele costumava dizer. Mas, Henry — Gertrude Stein costumava responder com tristeza —, você não acha que vou chegar a ter sucesso algum dia, gostaria de ter pelo menos um pouco, sabe? Pense em meus manuscritos inéditos. Henry McBride mantinha-se firme, o melhor que posso lhe desejar, ele sempre dizia, é que você não tenha sucesso. É a única coisa boa realmente. Era firme quanto a isso.

No entanto, ficou muitíssimo satisfeito quando Mildred começou a ter sucesso e, agora, diz que acha que chegou a hora de Gertrude Stein ter um pouco de sucesso. Agora ele não acha que isso lhe faria mal.

Foi mais ou menos nessa época que Roger Fry[220] apareceu pela primeira vez em nossa casa. Ele trouxe consigo Clive Bell[221] e a sra. Clive Bell e, mais tarde, ainda muitos outros. Clive Bell sempre andava acompanhado pelos outros dois. Ele se queixava bastante de que tanto sua esposa quanto Roger Fry interessavam-se demais por obras de arte importantes. Era muito estranho em relação a esse assunto. Era bastante divertido, mas, mais tarde, quando se tornou crítico de arte, ficou muito menos agradável.

---

220 Roger Fry (1866-1934) – pintor e crítico de arte inglês. (N. do T.)
221 Arthur Clive Bell (1881-1964) – crítico de arte inglês. (N. do T.)

Roger Fry sempre foi muito encantador, encantador como convidado e encantador como anfitrião; mais tarde, quando fomos para Londres, passamos um dia com ele no campo.

Ele ficou completamente emocionado ao ver o retrato de Gertrude Stein que Picasso pintara. Escreveu um artigo a respeito na *Burlington Review*[222] e o ilustrou com duas fotos, uma ao lado da outra — de um lado, a fotografia desse retrato e, do outro, de um retrato de Rafael. Insistiu que os dois quadros tinham o mesmo valor. Trouxe inúmeras pessoas para nossa casa. E logo havia uma multidão de ingleses, incluindo Augustus John[223] e Lamb[224], Augustus John com uma aparência incrível e não muito sóbrio, Lamb um tanto estranho e atraente.

Nessa época, Roger Fry tinha muitos discípulos jovens. Entre eles estava Wyndham Lewis[225], alto e magro, parecendo um jovem francês em ascensão, talvez porque seus pés fossem tipicamente franceses, ou, pelo menos, seus sapatos. Ele costumava sentar-se e medir os quadros. Não posso dizer que ele media os quadros de verdade, com uma trena, mas realmente parecia que estava tirando todas as medidas das telas cuidadosamente, das linhas dentro do quadro e de tudo o que pudesse lhe ser útil. Gertrude Stein gostava bastante dele. Gostou dele mais ainda certo dia, quando ele veio e contou tudo sobre a briga que tivera com Roger Fry. Roger Fry estivera conosco poucos dias antes e já nos havia contado tudo. Eles contaram exatamente a mesma história, mas de uma forma diferente, muito diferente.

Também foi nessa época que Prichard[226], do Museu de Belas Artes de Boston e, mais tarde, do Museu de Kensington, começou a frequentar nossa casa. Prichard trazia muitos rapazes de Oxford. Eles traziam bastante beleza ao grupo e achavam Picasso maravilhoso. Sentiam — e de certa forma era verdade — que ele tinha uma certa aura a seu redor. Entre esses rapazes estava o arqueólogo Thomas Whittemore, do Tufts

---

222 Revista inglesa dedicada às artes plásticas. Atualmente, chama-se *The Burlington Magazine*. (N. do T.)
223 Augustus John (1878-1961) — pintor e desenhista galês. (N. do T.)
224 Charles Vincent Lamb (1893-1964) — pintor irlandês. (N. do T.)
225 Percy Wyndham Lewis (1882-1957) — crítico de arte, escritor e pintor inglês. (N. do T.)
226 Matthew Stuart Prichard (1865-1936) — curador de arte inglês. (N. do T.)

College. Ele era original e envolvente e, certo dia, para grande alegria de Gertrude Stein, disse: todo azul é precioso.

Todo mundo trazia alguém. Como já disse, a personalidade das noites de sábado ia mudando pouco a pouco, quer dizer, o tipo de pessoas que vinha mudara. Alguém trouxe a infanta Eulália[227] inúmeras vezes. Ela ficou encantada com tudo e, com a lisonjeira memória da realeza, sempre se lembrava de meu nome, mesmo alguns anos depois, quando nos encontramos por acaso na Place Vendôme. Quando entrou na sala, ficou um pouco assustada. Parecia-lhe um lugar tão estranho, mas, aos poucos, ela passou a gostar muito daqui.

Lady Cunard[228] trouxe sua filha Nancy, à época uma garotinha, e, muito solenemente, pediu-lhe que nunca se esquecesse daquela visita.

Quem mais veio? Foram tantos. O ministro da Baviera trouxe muitas pessoas. Jacques-Émile Blanche[229] trouxe outras tantas encantadoras, assim como Alphonse Kann[230]. *Lady* Ottoline Morrell[231] surgiu parecendo uma maravilhosa versão feminina de Disraeli[232], alta, estranha, hesitando timidamente à porta. Veio também uma holandesa, praticamente da realeza, que, deixada por um instante por seu acompanhante — que teve de ir buscar um táxi —, ficou extremamente nervosa.

Houve uma princesa romena, cujo cocheiro ficou impaciente. Hélène entrou na sala, anunciando bruscamente que o cocheiro não iria esperá-la. E, depois, o próprio cocheiro bateu violentamente à porta e anunciou novamente que não esperaria mais.

Era uma variedade infinita de gente. E todos apareciam, ninguém fazia grande diferença. Gertrude Stein sentava-se calmamente em uma cadeira, e quem conseguisse fazia o mesmo, o resto ficava em pé. Havia

---

[227] A infanta Eulália da Espanha (1864-1958) era filha da rainha Isabel II e tia do rei Afonso XIII da Espanha. (N. do T.)

[228] Maud Alice Burke, conhecida como *lady* Cunard (1872-1948), era uma socialite anglo-americana. (N. do T.)

[229] Jacques-Émile Blanche (1861-1942) — artista francês. (N. do T.)

[230] Alphonse Kann (1870-1948) — colecionador de arte austríaco. (N. do T.)

[231] *Lady* Ottoline Morrell (1873-1938) — aristocrata inglesa e patronesse de arte. (N. do T.)

[232] Referência a Benjamin Disraeli (1804-1881) — político britânico e primeiro-ministro do Reino Unido em dois períodos, de fevereiro a dezembro de 1868 e entre os anos de 1874 e 1880. (N. do T.)

amigos que se reuniam ao redor do fogareiro e conversavam, e havia desconhecidos intermináveis, que entravam e saíam. Minhas lembranças dessa época são muito vívidas.

Como já disse, todo mundo trazia alguém. William Cook[233] trouxe muita gente de Chicago, senhoras robustas e muito ricas, magras e igualmente ricas, altas e bonitas. Naquele verão, tendo achado as Ilhas Baleares no mapa, fomos para a Ilha de Maiorca e, no barquinho que nos levou até lá, encontramos Cook. Ele também encontrara as Baleares no mapa. Ficamos pouco tempo, mas ele passou o verão todo e, quando voltou, mais tarde, tornou-se o primeiro de uma multidão de americanos que descobrira Palma desde então. Nós acabamos voltando para lá durante a guerra.

Foi durante esse mesmo verão que Picasso nos incumbiu de entregar uma carta a um amigo seu de quando era jovem, um tal de Raventos[234], em Barcelona. Mas ele fala francês, perguntou Gertrude Stein, e Pablo deu uma risadinha, melhor que você, Gertrude, respondeu ele.

Raventos nos divertiu imensamente, ele e um descendente de De Soto[235] nos acompanharam por dois longos dias — os dias eram longos porque muitos deles viravam noite. Mesmo naquela época eles tinham um automóvel, e nos levaram até o topo das colinas para ver as igrejas antigas. Subíamos a toda velocidade cada colina e, depois, descíamos felizes, um pouco mais devagar, e, a cada duas horas, parávamos para comer. Quando, finalmente, voltamos para Barcelona, por volta das 10 horas da noite, nos disseram: agora vamos tomar um aperitivo e depois jantaremos. Era exaustivo comer tanto, mas nós nos divertimos.

Mais tarde, muito mais tarde, na verdade poucos anos atrás, Picasso nos apresentou a outro amigo de sua juventude.

Sabartés[236] e ele conheciam-se desde os 15 anos, mas como Sabartés havia sumido na América do Sul, em Montevidéu, no Uruguai, antes de Gertrude Stein conhecer Picasso, ela nunca ouvira falar dele.

---

233 William Edwards Cook (1881-1959) — artista e patrono de arquitetura americano. (N. do T.)
234 Ramon Reventós i Bordoy (1880-1923) — jornalista e contista catalão. O nome Raventos foi grafado incorretamente pela autora. (N. do T.)
235 Referência a Hernando de Soto (c. 1500-1542) — explorador e conquistador espanhol. (N. do T.)
236 Jaume Sabartés i Gual (1881-1968) — artista, poeta e escritor catalão. (N. do T.)

Certo dia, alguns anos atrás, Picasso mandou avisar que iria levar Sabartés à nossa casa. Sabartés, enquanto estava no Uruguai, havia lido algumas coisas de Gertrude Stein em várias revistas e tinha grande admiração por seu trabalho. Nunca lhe ocorreu que Picasso a conhecesse. Tendo voltado para Paris pela primeira vez depois de todos aqueles anos, ele foi ver Picasso e falou-lhe sobre essa tal Gertrude Stein. Mas ela é minha única amiga, disse Picasso, e sua casa é a única que frequento. Leve-me com você, disse Sabartés, e assim vieram.

Gertrude Stein e os espanhóis eram amigos naturais, e, mais uma vez, a amizade floresceu.

Foi nessa época que os futuristas, os futuristas italianos, fizeram sua grande exposição em Paris, que causou bastante barulho. Todo mundo estava animado e, como essa exposição estava sendo realizada em uma galeria muito conhecida, todo mundo compareceu. Jacques-Émile Blanche ficou terrivelmente nervoso. Nós o encontramos vagando a esmo, trêmulo, no Jardin des Tuileries[237], e ele dizia, parece que está tudo bem, mas está mesmo? Não, não está, disse Gertrude Stein. Você me faz muito bem, disse Jacques-Émile Blanche.

Os futuristas, liderados por Severini[238], aglomeraram-se ao redor de Picasso. Ele os trouxe para nossa casa. Marinetti[239] veio sozinho mais tarde, pelo que me lembro. De qualquer forma, todos acharam os futuristas muito entediantes.

Epstein[240], o escultor, chegou à Rue de Fleurus certa noite. Quando Gertrude Stein veio para Paris pela primeira vez, em 1904, Epstein parecia um fantasma de tão magro, bastante bonito e melancólico, e costumava surgir do meio das estátuas de Rodin no Museu do Luxemburgo. Ele tinha ilustrado os estudos sobre os guetos judeus de Hutchins Hapgood[241] e, com o dinheiro, veio para Paris, mas era muito pobre. Agora, quando

---

237 Parque público de Paris, localizado em frente ao Museu do Louvre. (N. do T.)
238 Gino Severini (1883 1966) – pintor italiano, líder do movimento futurista. (N. do T.)
239 Filippo Marinetti (1876-1944) – poeta, editor e teórico de arte italiano, um dos fundadores do movimento futurista. (N. do T.)
240 *Sir* Jacob Epstein (1880-1959) – escultor anglo-americano, um dos pioneiros da escultura moderna. (N. do T.)
241 Hutchins Hapgood (1869-1944) – jornalista e autor americano. (N. do T.)

eu o vi pela primeira vez, tinha vindo a Paris para assentar a estátua de esfinge em homenagem a Oscar Wilde, sobre seu túmulo. Era um homem grande e bastante robusto, expressivo, mas não bonito. Tinha uma esposa inglesa com um notável par de olhos castanhos, de uma tonalidade que eu nunca vira antes.

A dra. Claribel Cone, de Baltimore, entrava e saía majestosamente. Ela adorava ler o trabalho de Gertrude Stein em voz alta, e lia-o extraordinariamente bem. Gostava de paz, cortesias e conforto. Ela e sua irmã, Etta Cone, estavam viajando. O único quarto do hotel em que estavam não era confortável. Etta pediu à irmã que se conformasse, pois seria por apenas uma noite. Etta, respondeu a dra. Claribel, uma noite é tão importante quanto qualquer outra de minha vida, e devo estar confortável. Quando a guerra estourou, ela estava em Munique, envolvida em um trabalho científico. Nunca poderia partir porque não seria confortável viajar. Todos ficavam encantados com a dra. Claribel. Muito mais tarde, Picasso fez um desenho dela.

Emily Chadbourne[242] apareceu, foi ela quem trouxe *lady* Ottoline Morrell e também várias pessoas de Boston.

Certa vez, Mildred Aldrich trouxe uma pessoa muito extraordinária, Myra Edgerly[243]. Lembrei-me muito bem que, quando era bem jovem, fui a um baile a fantasia, um baile de Mardi Gras em São Francisco, e vi uma mulher muito alta, muito bonita e muito brilhante lá. Era Myra Edgerly, quando jovem. Genthe[244], o conhecido fotógrafo, fez inúmeras fotos dela, a maioria com ela acompanhada por um gato. Ela tinha vindo para Londres como uma miniaturista e teve um daqueles sucessos fenomenais que os americanos geralmente têm na Europa. Fez miniaturas de todo mundo, até mesmo da família real, e manteve seu jeito sincero, descuidado, franco e alegre durante todo esse tempo. Agora, tinha vindo a Paris para estudar um pouco. Conheceu Mildred Aldrich e tornou-se uma amiga devota. Na verdade, foi Myra quem, em 1913 — quando a capacidade de Mildred ganhar dinheiro começou a diminuir rapidamente —, garantiu-lhe uma

---

242 Emily Crane Chadbourne (1871-1964) – colecionadora de arte americana. (N. do T.)
243 Mira Edgerly-Korzybska (1872-1954) – pintora americana. (N. do T.)
244 Arnold Genthe (1869-1942) – fotógrafo germano-americano. (N. do T.)

pensão e possibilitou que Mildred se mudasse para o topo da colina junto ao Rio Marne.

Myra Edgerly estava bastante ansiosa para que o trabalho de Gertrude Stein ficasse mais conhecido. Quando Mildred lhe falou sobre todos aqueles manuscritos não publicados, Myra disse que algo deveria ser feito. E, certamente, algo foi feito.

Ela conhecia ligeiramente John Lane e disse que Gertrude e eu deveríamos ir para Londres. Mas, antes, Myra precisava escrever algumas cartas, e, depois, eu precisava escrever cartas para todo mundo, em nome de Gertrude Stein. Ela me ditou as palavras que eu deveria empregar. Lembro-me que começava, srta. Gertrude Stein, como pode ou não saber, é, e então eu continuava e dizia tudo o que tinha a dizer.

Sob o impulso incansável de Myra, fomos para Londres no inverno de 1912-13, por algumas semanas. Divertimo-nos muito.

Myra nos levou para ficar com o coronel e a sra. Rogers em Riverhill[245], no condado de Surrey. A propriedade ficava na vizinhança de Knole e de Ightham Mote, belíssimas casas, com belos parques. Essa foi minha primeira visita a uma casa de campo na Inglaterra, já que, quando era criança, eu só tinha ficado no quarto de brinquedos. Aproveitei cada minuto. O conforto, as lareiras imensas, as criadas altas — que pareciam anjos da anunciação —, os belos jardins, as crianças, a tranquilidade de tudo aquilo. E a quantidade de objetos e de coisas bonitas. O que é isso, eu perguntava à sra. Rogers, ah, não faço ideia, já estava aqui quando me mudei. Fiquei com a impressão de que houve uma porção de adoráveis noivas naquela casa que haviam encontrado todas aquelas coisas quando se mudaram.

Gertrude Stein gostava menos das visitas às casas de campo do que eu. O fluxo de conversações contínuo, agradável e hesitante e o som incessante da voz humana falando em inglês a incomodavam.

Na nossa visita seguinte a Londres, como — por causa da guerra — passamos muito tempo em casas de campo com nossos amigos, ela

---

245 O coronel John Middleton Rogers (s.d.-1945), militar condecorado, e sua esposa, Muriel Blanche Rogers (s.d.-1919), foram os donos de uma imensa propriedade chamada Riverhill, que continua nas mãos da família Rogers até hoje e atualmente está aberta a visitação. (N. do T.)

conseguiu isolar-se durante considerável parte do dia e evitar pelo menos uma das três ou quatro refeições, e gostou mais.

Nós nos divertimos muito na Inglaterra. Gertrude Stein esqueceu-se completamente de suas primeiras lembranças de Londres e, desde então, gostava muitíssimo de viajar para lá.

Fomos para a casa de campo de Roger Fry e fomos recebidas de maneira adorável por sua irmã quaker[246]. Visitamos *lady* Ottoline Morrell e encontramos todo mundo. Fomos à propriedade de Clive Bell. Andávamos o tempo todo, íamos às compras e encomendávamos coisas. Ainda tenho minha bolsa e minha caixa de joias. Divertimo-nos muito. E visitávamos John Lane constantemente. Na verdade, deveríamos ir todos os domingos à tarde a sua casa para o chá, e Gertrude Stein fez várias entrevistas com ele em seu escritório. Acabei conhecendo muitíssimo bem tudo o que havia em todas as lojas perto de Bodley Head[247], já que, enquanto Gertrude Stein estava lá dentro com John Lane, nada acontecia, e, depois, quando algo finalmente acontecia, eu esperava do lado de fora, olhando para tudo.

As tardes de domingo na casa de John Lane eram muito divertidas. Que eu me lembre, durante aquela primeira estadia em Londres, fomos lá duas vezes.

John Lane estava muito interessado. A sra. John Lane era de Boston e muito gentil.

O chá das tardes de domingo na casa de John Lane era uma experiência única. John Lane tinha três cópias de *Three Lives* e do perfil de Mabel Dodge. Ninguém sabia como ele escolhia as pessoas para mostrar os livros. Não dava nenhum deles para ninguém ler. Colocava-os nas mãos de quem escolhia, retirando-os logo depois e, de alguma forma inaudível, anunciava que Gertrude Stein estava ali. Ninguém era apresentado a ninguém. De vez em quando, John Lane conduzia Gertrude Stein por várias salas e mostrava-lhe seus quadros, estranhos quadros de escolas inglesas de todos os períodos, alguns muito agradáveis.

---

246 Os *quakers* (também denominados "quacres" em português) fazem parte de vários grupos religiosos distintos, com origem comum em um movimento protestante britânico do século XVII liderado por George Fox (1624-1691). (N. do T.)

247 The Bodley Head era o nome da editora fundada em 1887 por John Lane. (N. do T.)

Às vezes, ele contava a história de como conseguira um ou outro. Nunca dizia mais nada sobre os quadros. Mostrou-lhe também inúmeros desenhos de Beardsley[248], e conversavam sobre Paris.

No segundo domingo em que lá fomos, ele convidou-a para voltar ao Bodley Head uma vez mais. Essa foi uma entrevista bem longa. Ele disse que a sra. Lane havia lido *Three Lives* e gostado muitíssimo, e que ele confiava muito no julgamento da mulher. Perguntou a Gertrude Stein quando ela voltaria para Londres. Ela respondeu que provavelmente não voltaria para Londres. Bem, disse ele, quando você voltar, em julho, imagino que estaremos prontos para lhe arranjar alguma coisa. Talvez, acrescentou, eu possa ir vê-la em Paris no início da primavera.

E, assim, partimos de Londres. De um modo geral, estávamos muito contentes. Tínhamos nos divertido muito, e foi a primeira vez que Gertrude Stein conversou com um editor.

Mildred Aldrich costumava trazer um imenso grupo de pessoas para nossa casa nos sábados à noite. Certa vez, várias pessoas entraram com ela, incluindo Mabel Dodge. Lembro-me muito bem de minha primeira impressão acerca dela.

Ela era uma mulher robusta, com uma franja volumosa de cabelos grossos sobre a testa, cílios longos e pesados, olhos muito bonitos e uma afetação bem antiquada. Tinha uma voz adorável. Ela me lembrava uma heroína de minha juventude, a atriz Georgia Cayvan[249]. Mabel nos convidou a ir a Florença para ficar com ela. Iríamos passar o verão, como era nosso hábito, na Espanha, mas voltaríamos a Paris no outono e aí, talvez fôssemos para lá. Quando voltamos, havia vários telegramas urgentes de Mabel Dodge pedindo que fôssemos para a Villa Curonia, e acabamos indo.

Divertimo-nos muito. Gostávamos de Edwin Dodge e de Mabel Dodge, mas gostamos especialmente de Constance Fletcher[250], que conhecemos lá.

---

248 Aubrey Beardsley (1872-1898) – ilustrador e autor inglês. (N. do T.)

249 Georgie Eva Cayvan (1857-1906) – atriz de teatro americana muito popular na segunda metade do século XIX. (N. do T.)

250 Julia Constance Fletcher (1853-1938) – autora e dramaturga nascida no Brasil, filha de missionários americanos, que assinava suas obras sob o pseudônimo de George Fleming. (N. do T.)

Constance Fletcher chegou cerca de um dia depois de nós, e fui até a estação para esperá-la. Mabel Dodge descreveu-a como uma mulher muito grande, que usaria uma túnica roxa e era surda. Na verdade, ela estava de verde e não era surda, mas muito míope, e era encantadora.

Seu pai e sua mãe eram de Newburyport, no estado de Massachusetts, e ainda viviam lá. A família de Edwin Dodge era da mesma cidade, e esse era um forte vínculo que tinham. Quando Constance tinha 12 anos, sua mãe se apaixonou pelo professor de inglês do irmão mais novo de Constance. Ela sabia que sua mãe estava prestes a sair de casa. Durante uma semana, ficou deitada na cama, chorando, e depois acompanhou a mãe e o futuro padrasto à Itália. Seu padrasto era inglês, e Constance tornou-se uma inglesa fervorosa. O padrasto era pintor e gozava de certa reputação entre os ingleses residentes na Itália.

Quando Constance Fletcher tinha 18 anos, escreveu um *best-seller* chamado *Kismet*[251] e ficou noiva do lorde Lovelace, descendente de Byron.

Ela acabou não se casando com ele e, dali em diante, viveu definitivamente na Itália. Finalmente, fixou-se em Veneza. Isso foi depois da morte de sua mãe e de seu pai. Como californiana, eu sempre gostei de sua descrição de Joaquin Miller[252] em Roma, quando de sua juventude.

Agora, em sua relativa velhice, era atraente e impressionante. Gosto muito de bordado e fiquei fascinada com seu jeito de bordar coroas de flores. Não havia nada desenhado no linho que ela iria bordar, ela simplesmente segurava-o em suas mãos, de tempos em tempos aproximava-o de um olho e, do nada, a coroa tomava forma. Ela adorava fantasmas. Havia dois deles na Villa Curonia, e Mabel gostava muito de usá-los para assustar os hóspedes americanos, o que fazia de maneira muito sugestiva e eficaz. Certa vez, ela quase matou de medo os membros de uma festa na casa, que incluíam Jo e Yvonne Davidson, Florence Bradley[253], Mary Foote[254] e várias outras pessoas. E, por fim,

---

251 "Destino" ou "sina", em inglês. (N. do T.)
252 Cincinnatus Heine Miller, conhecido como Joaquin Miller (1837-1913) – poeta e autor americano. (N. do T.)
253 Florence Bradley (s.d.) – atriz americana. (N. do T.)
254 Mary Hallock Foote (1847-1938) – autora e ilustradora americana. (N. do T.)

para dar mais efeito, pediu ao padre local que exorcizasse os fantasmas. Pode-se imaginar o estado de espírito de seus convidados. Mas Constance Fletcher adorava fantasmas e era particularmente apegada ao último deles, o fantasma melancólico de uma governanta inglesa que se matara na casa.

Certa manhã, fui até o quarto de Constance Fletcher para perguntar-lhe como estava, já que ela não passara nada bem na noite anterior.

Entrei e fechei a porta. Constance Fletcher, muito grande e muito pálida, estava deitada em uma das imensas camas renascentistas que mobiliavam a propriedade. Tive uma noite deliciosa, disse Constance Fletcher, o fantasma gentil ficou comigo a noite toda, na verdade acabou de sair. Imagino que ainda esteja no armário, abra-o, por favor. Abri. Está aí, perguntou Constance Fletcher. Disse que não vi nada. Ah, sim, disse Constance Fletcher.

Tivemos uma estada maravilhosa, e, na época, Gertrude Stein escreveu o perfil de Mabel Dodge. Também escreveu o perfil de Constance Fletcher, que mais tarde foi publicado em *Geography and Plays*. Muitos anos mais tarde, na verdade depois da guerra, em Londres, conheci Siegfried Sassoon[255], em uma festa organizada por Edith Sitwell[256] para Gertrude Stein. Ele falou do perfil de Constance Fletcher feito por Gertrude Stein, que havia lido em *Geography and Plays*, e disse que começou a se interessar pelo trabalho de Gertrude Stein por causa desse perfil. E acrescentou, perguntando, e você a conhecia, e se a conhecia, pode contar-me sobre sua voz maravilhosa? Eu disse, muitíssimo interessada, então você não a conhecia? Não, ele disse, nunca a vi, mas ela arruinou minha vida. Como, perguntei eu, animada. Porque, ele respondeu, ela separou meu pai de minha mãe.

Constance Fletcher havia escrito uma peça de muito sucesso, que teve uma longa temporada em Londres, chamada Green Stockings[257], mas, na verdade, sua vida era na Itália. Ela era mais italiana que os italianos. Admirava o padrasto e, por isso, tornara-se inglesa, mas era

---

[255] Siegfried Sassoon (1886-1967) – poeta e escritor inglês. (N. do T.)
[256] Dame Edith Sitwell (1887-1964) – poeta e crítica literária britânica. (N. do T.)
[257] "Meias-Calças Verdes", em inglês. (N. do T.)

realmente dominada pelas finas mãos de Maquiavel. Conseguia fazer intrigas — e realmente as fazia — até melhor que os próprios italianos e, por muitos anos, exerceu uma perturbadora influência em Veneza, não só entre os ingleses, mas também entre os italianos.

André Gide[258] apareceu enquanto estávamos na Villa Curonia. Foi uma noite bastante entediante. E então conhecemos Muriel Draper e Paul Draper[259]. Gertrude Stein sempre gostou muito de Paul. Ela adorava o entusiasmo americano dele e sua explicação de todas as coisas musicais e humanas. Ele passara por muitas aventuras no oeste americano, e esse era outro vínculo entre os dois. Quando Paul Draper partiu para voltar a Londres, Mabel Dodge recebeu um telegrama que dizia: *pérolas desaparecidas suspeito do segundo homem*. Ela procurou Gertrude Stein, muito agitada, perguntando-lhe o que deveria fazer a respeito. Não me deixe nervosa, disse Gertrude Stein, não faça nada. E então, sentando-se, mas isso é uma coisa muito simpática de se dizer, *suspeito do segundo homem*, que adorável, mas quem e o que é o segundo homem? Mabel explicou que, da última vez que houve um assalto na propriedade, a polícia disse que não podiam fazer nada, porque ninguém suspeitava de nenhuma pessoa em particular, e, dessa vez, para evitar essa complicação, Paul suspeitava do segundo homem, o segundo criado. Enquanto ela dava essa explicação, outro telegrama chegou, *pérolas encontradas*. O segundo criado havia colocado as pérolas na caixa de colarinhos.

Haweis[260] e a esposa, que futuramente se tornaria Mina Loy[261], também estavam em Florença. A casa deles havia sido desmontada pelos pedreiros para uma reforma, mas eles colocaram tudo em ordem para nos oferecer um delicioso almoço. Tanto Haweis quanto Mina estavam entre os primeiros interessados pela obra de Gertrude Stein. Haweis ficara fascinado com o que lera no manuscrito de *The Making of Americans*. No entanto, ele implorou-lhe que colocasse algumas vírgulas.

---

258 André Gide (1869-1951) — autor francês, ganhador do Prêmio Nobel de Literatura em 1947. (N. do T.)

259 Paul Draper (1887-1925) — cantor lírico americano, e sua esposa, Muriel Draper (c. 1886-1952), uma escritora e artista americana. (N. do T.)

260 Stephen Haweis (1878-1969) — pintor britânico. (N. do T.)

261 Mina Loy, nascida Mina Gertrude Löwy (1882-1966) — poeta, dramaturga e pintora inglesa. (N. do T.)

Gertrude Stein disse-lhe que as vírgulas eram desnecessárias, o sentido deveria estar intrínseco, e não ter de ser explicado por vírgulas, e, além disso, as vírgulas eram apenas um sinal de que deveríamos fazer uma pausa e respirar, mas todos deveríamos saber quando fazer uma pausa e respirar. No entanto, como ela gostava muito de Haweis e ele havia lhe dado uma pintura encantadora para que ela fizesse um leque, Gertrude Stein lhe ofereceu duas vírgulas. Deve-se, no entanto, acrescentar que, ao reler o manuscrito, ela as retirou.

Mina Loy, igualmente interessada, conseguia entender sem as vírgulas. Ela sempre foi capaz de entender.

Assim que Gertrude Stein escreveu o perfil de Mabel Dodge, Mabel quis imediatamente publicá-lo. Ela mandou imprimir e encadernar 300 cópias, em papel florentino. Mabel Dodge logo concebeu a ideia de que Gertrude Stein deveria ser convidada a casas de campo, uma após a outra, para fazer perfis, e, então, deveria fazer perfis de milionários americanos, o que seria uma carreira muito emocionante e lucrativa. Gertrude Stein riu. Pouco depois, voltamos para Paris.

Foi durante esse inverno que Gertrude Stein começou a escrever peças. Elas começaram pela intitulada *It Happened a Play*[262]. Foi escrita a partir de um jantar oferecido por Harry e Bridget Gibb. Depois, ela escreveu *Ladies' Voices*[263]. Seu interesse em escrever peças ainda continua. Ela diz que uma paisagem é um arranjo natural tanto para um campo de batalha quanto para uma peça, e, por isso, é preciso escrever peças.

Florence Bradley, amiga de Mabel Dodge, estava passando o inverno em Paris. Ela tinha alguma experiência de palco e estava interessada em montar um pequeno teatro. Ficou extremamente interessada em levar essas peças ao palco. Demuth[264] também estava em Paris na mesma época. Estava então mais interessado em escrever do que em pintura, e particularmente interessado nessas peças. Ele e Florence Bradley viviam conversando sobre elas.

---

262   Posteriormente renomeada para *What Happened, A Play* ("O que Aconteceu, uma Peça", em inglês). Parte integrante de *Geography and Plays*. (N. do T.)
263   "Vozes das Damas", em inglês. Também parte integrante de *Geography and Plays*. (N. do T.)
264   Charles Demuth (1883-1935) – pintor americano. (N. do T.)

Desde então, Gertrude Stein nunca mais viu Demuth. Quando soube que ele pintava, ficou muito interessada. Nunca se escreveram, mas muitas vezes enviavam mensagens por amigos em comum. Demuth sempre mandava dizer que, algum dia, faria um quadrinho que o agradaria muito e, então, o enviaria para ela. E, por incrível que pareça, depois de todo aquele tempo, dois anos atrás alguém deixou na Rue de Fleurus, durante nossa ausência, um quadro pequeno, com um bilhete que dizia que aquele era o quadro que Demuth estava disposto a oferecer a Gertrude Stein. Trata-se de uma pequena e notável paisagem, com telhados e janelas tão sutis que se tornam tão misteriosos e vivos quanto os telhados e janelas de Hawthorne[265] ou Henry James.

Não muito tempo depois disso, Mabel Dodge foi para os Estados Unidos, e esse foi o inverno da *Armoury Show*[266], a primeira vez que o público em geral teve a oportunidade de ver qualquer um daqueles quadros. Foi lá que *Nu Descendo uma Escada, de Marcel Duchamp*[267], foi mostrado.

Foi nessa época que Picabia e Gertrude Stein se conheceram. Lembro-me de ter ido jantar na casa de Picabias, um jantar agradável, Gabrielle Picabia cheia de vida e alegria, Picabia moreno e animado, e Marcel Duchamp parecendo um jovem cruzado normando.

Sempre fui completamente capaz de compreender o entusiasmo que Marcel Duchamp despertou em Nova York quando foi para lá nos primeiros anos da guerra. Seu irmão acabara de morrer em consequência dos ferimentos em combate, outro irmão ainda estava no *front*, e ele foi considerado inapto para o serviço militar. Ficou muito deprimido e foi para os Estados Unidos. Todo mundo o adorava. Tanto que era uma piada corrente em Paris dizer que, quando um americano chegava à cidade, a primeira coisa que perguntava era, como está o

---

265 Charles Hawthorne (1872-1930) – pintor e professor americano. (N. do T.)

266 *The Armoury Show*, também conhecida como Exposição Internacional de Arte Moderna, foi uma exposição promovida pela Associação Americana de Pintores e Escultores, em 1913, nos galpões da Guarda Nacional Americana, em Nova York. (N. do T.)

267 Marcel Duchamp (1887-1968) – pintor, escultor e escritor franco-americano, considerado um dos maiores expoentes da arte moderna. Sua obra *Nu Descendo a Escada*, de 1912, é considerada um marco do modernismo. (N. do T.)

Marcel? Certa vez, Gertrude Stein foi ver Braque, logo depois da guerra, e, entrando no apartamento, em que por acaso também estavam três jovens americanos, disse a Braque, como está Marcelle? Os três jovens americanos aproximaram-se dela ofegantes e perguntaram, você viu Marcel? Ela riu e, acostumada com a inevitabilidade da crença americana de que havia apenas um Marcel, explicou-lhes que a esposa de Braque chamava-se Marcelle, e era sobre Marcelle Braque que ela fizera a pergunta.

Naquela época, Picabia e Gertrude Stein não chegavam a ser grandes amigos. Ela se aborrecia com sua persistência e com o que ela chamava de vulgaridade da adolescência tardia. Mas, curiosamente, nesse último ano, ambos começaram a gostar muito um do outro. Ela está muito interessada em seus desenhos e suas pinturas. Tudo começou com uma exposição apenas um ano atrás. Agora, ela está convencida de que, embora ele — em certo sentido — não tenha talento para ser pintor, ele tem uma ideia que foi e que será de imenso valor por todos os tempos. Ela chama-o de Leonardo da Vinci do movimento. E é verdade, ele entende e inventa de tudo.

Assim que o inverno da *Armoury Show* acabou, Mabel Dodge voltou para a Europa e trouxe consigo o que Jacques-Émile Blanche chamou de sua coleção *des jeunes gens assortis*, uma variedade mista de rapazes. Da coleção constavam Carl van Vechten, Robert Jones[268] e John Reed[269]. Carl van Vechten não veio à Rue de Fleurus com ela. Veio mais tarde, na primavera, sozinho. Os outros dois vieram com ela. Lembro-me da noite em que vieram todos. Picasso também estava presente. Ele olhou para John Reed com um olhar crítico e disse, *le genre de Braque mais beaucoup moins rigolo*, o tipo de Braque, mas bem menos engraçado. Lembro-me também que Reed me falou de sua viagem pela Espanha. Disse-me que tinha visto muitas coisas estranhas por lá, que tinha visto bruxas sendo perseguidas pelas ruas de Salamanca. Como eu havia passado meses na Espanha e ele, apenas algumas semanas, não gostei de suas histórias nem acreditei nelas.

---

268   Robert "Bobby" Jones (1887-1954) – figurinista, iluminador e cenógrafo americano. (N. do T.)
269   John Reed (1887-1920) – poeta e jornalista americano. (N. do T.)

Robert Jones ficou muito impressionado com a aparência de Gertrude Stein. Disse que gostaria de vesti-la com um tecido dourado e queria desenhar a roupa ali mesmo, naquele instante. Ela não ficou interessada.

Entre as pessoas que conhecemos na casa de John Lane em Londres estavam Gordon Caine[270] e seu marido. Gordon Caine era uma garota de Wellesley[271] que tocava harpa — com a qual sempre viajava — e que sempre mudava toda a mobília do quarto do hotel de lugar, mesmo que fosse ficar uma só noite. Ela era alta, muito bonita e tinha os cabelos rosados. Seu marido era um conhecido escritor humorístico inglês, um dos autores de John Lane. Eles nos receberam com muito prazer em Londres, e nós os convidamos para jantar conosco em sua primeira noite em Paris. Não sei bem o que aconteceu, mas Hélène preparou um jantar muito ruim. Apenas duas vezes, em todo o longo tempo de serviço conosco, Hélène nos deixou na mão. Dessa vez e quando Carl van Vechten apareceu, cerca de duas semanas depois. Daquela vez também fez coisas muito estranhas, o jantar consistia em uma série de canapés. Mas isso vai ficar para mais tarde.

Durante o jantar, a sra. Caine disse que tomara a liberdade de pedir à sua querida amiga e colega de faculdade, a sra. Van Vechten, para vir depois do jantar, porque ela estava muito ansiosa para conhecer Gertrude Stein, andava muito deprimida e infeliz, e Gertrude Stein, sem dúvida, poderia ter alguma influência positiva em sua vida. Gertrude Stein disse que tinha uma vaga lembrança do nome Van Vechten, mas não conseguia se recordar de onde. Ela tem uma péssima memória para nomes. A sra. Van Vechten apareceu. Era também uma mulher muito alta, parece que uma porção de mulheres altas estudam em Wellesley, e também bonita. A sra. Van Vechten contou a história da tragédia de sua vida de casada, mas Gertrude Stein não ficou particularmente interessada.

Cerca de uma semana depois, Florence Bradley nos convidou

---

270 Edith Gordon Walker Caine (1883-1927) — harpista americana. (N. do T.)
271 Wellesley College é uma faculdade feminina privada americana, fundada em 1870 e localizada no estado de Massachusetts. (N. do T.)

para acompanhá-la à segunda apresentação do *Sacré du Printemps*[272]. O balé russo acabara de fazer sua primeira apresentação e causara um alvoroço terrível. Toda Paris estava empolgada com ele. Florence Bradley comprou três ingressos em um camarote de quatro lugares e nos pediu que fôssemos com ela. Nesse meio-tempo, chegou uma carta de Mabel Dodge apresentando Carl van Vechten, um jovem jornalista de Nova York. Gertrude Stein convidou-o para jantar na noite do sábado seguinte.

Chegamos cedo no balé russo, essa era a época áurea do balé russo, com Nijinsky[273] como o bailarino principal. E ele era um grande bailarino. A dança me entusiasma tremendamente, e é um assunto que conheço bastante. Vi três grandes bailarinos. Meus gênios parecem sempre vir em trios, mas não é minha culpa, é apenas um fato. Os três bailarinos realmente primorosos que vi são La Argentina, Isadora Duncan e Nijinsky. Como os três gênios que conheci, cada um deles é de uma nacionalidade diferente.

Nijinsky não dançou no *Sacré du Printemps*, mas criou a coreografia do espetáculo.

Chegamos ao camarote e nos sentamos nas três cadeiras da frente, deixando uma cadeira vazia atrás. Bem na nossa frente, na plateia lá embaixo, estava Guillaume Apollinaire. Vestia roupas de gala e beijava incansavelmente a mão de várias mulheres de aparência importante. Ele foi o primeiro de sua turma a sair para a vida mundana vestindo roupas de gala e beijando mãos. Achamos tudo muito divertido e ficamos satisfeitas em vê-lo fazendo isso. Foi a primeira vez que o vimos agindo assim. Depois da guerra, todos começaram a fazer o mesmo, mas ele foi o único que começou antes da guerra.

Pouco antes de a apresentação começar, a quarta cadeira de nosso camarote foi ocupada. Olhamos para trás e havia um rapaz alto e corpulento, poderia ser holandês, escandinavo ou americano, e usava

---

272 "A Sagração da Primavera", em francês. Espetáculo de balé composto pelo maestro e compositor russo Ígor Stravinsky (1882-1971) e coreografado por Vaslav Nijinsky, citado logo depois pela autora. Teve sua estreia em Paris em 29 de maio de 1913. (N. do T.)

273 Vaslav Nijinsky (1889-1950) – bailarino e coreógrafo russo, considerado o maior bailarino do início do século XX. (N. do T.)

uma camisa de gala sedosa, com pregas minúsculas na frente. Era impressionante, nunca tínhamos ouvido falar que se usavam camisas de gala daquele jeito. Naquela noite, quando voltamos para casa, Gertrude Stein fez um perfil do desconhecido, chamando-o de "Portrait of One"[274].

A apresentação começou. Mal havia iniciado, também começou a agitação. O cenário, hoje tão conhecido, com seu fundo tão vivamente colorido — agora nada de extraordinário —, indignou o público parisiense. Assim que a música e a dança tiveram início, eles começaram a vaiar. Os defensores do espetáculo começaram a aplaudir. Não podíamos ouvir nada, aliás, nunca ouvi nada da música do *Sacré du Printemps*, porque foi a única vez a que o assisti e, literalmente, não se podia ouvir o som durante toda a atuação. A dança era muito boa, e isso podíamos ver, apesar de nossa atenção ser constantemente distraída por um homem no camarote ao lado que agitava sua bengala, e, finalmente, após uma violenta discussão com um entusiasta no camarote ao lado do dele, ele golpeou-o com sua bengala, esmagando-lhe a cartola, que o tal entusiasta havia colocado na cabeça, desafiando-o. Tudo era incrivelmente impetuoso.

Na noite do sábado seguinte, Carl van Vechten deveria vir para o jantar. Ele apareceu, e era o jovem com a camisa de gala com pregas, e estava com a mesma camisa. Além disso tudo, é claro, era o herói, ou vilão, da trágica história da sra. Van Vechten.

Como já disse, Hélène fez, pela segunda vez na vida, um jantar extraordinariamente ruim. Por alguma razão, conhecida apenas por ela mesma, ela nos ofereceu prato após prato de canapés, terminando o jantar com uma omelete doce. Gertrude Stein começou a provocar Carl van Vechten, falando uma coisa ou outra que sabia de intimidades de sua vida passada. Naturalmente, ele ficou perplexo. Foi uma noite curiosa.

Gertrude Stein e ele tornaram-se ótimos amigos.

Ele fez com que Allan e Louise Norton se interessassem pelo trabalho de Gertrude Stein e induziu-os a publicar na pequena revista que haviam fundado, *The Rogue*, a primeira coisa de Gertrude Stein

---

274 "Perfil de Alguém", em inglês, em tradução livre. (N. do T.)

já publicada em uma revista do tipo, *The Galerie Lafayette*. Em outro número da revista, agora raro, ele publicou um pequeno ensaio sobre a obra de Gertrude Stein. Foi ele quem, em um de seus primeiros livros, imprimiu como mote o emblema do papel de cartas de Gertrude Stein, *uma rosa é uma rosa é uma rosa é uma rosa*. Recentemente, ela mandou fazer, em nosso ceramista local, ao pé da colina em Belley[275], alguns pratos de argila amarela da região, e, ao redor da borda, está escrito *uma rosa é uma rosa é uma rosa é uma rosa* e, no centro, para Carl.

No decorrer das estações, ele manteve o nome dela e seu trabalho aos olhos do público. Quando estava começando a se tornar conhecido e perguntaram-lhe qual livro ele considerava o mais importante do ano, ele respondeu, *Three Lives*, de Gertrude Stein. Sua lealdade e seu esforço nunca esmoreceram. Ele tentou fazer com que a editora Knopf publicasse *The Making of Americans* e quase conseguiu, mas eles, é claro, desistiram.

Falando do emblema de *uma rosa é uma rosa é uma rosa é uma rosa*, fui em quem o encontrou em um dos manuscritos de Gertrude Stein, e insisti em colocá-lo como timbre do papel de carta, na toalha de mesa e em qualquer lugar em que ela deixasse. Fiquei muito feliz comigo mesma por ter conseguido isso.

Carl van Vechten manteve, durante todos esses anos, o encantador hábito de enviar cartas de apresentação para as pessoas que ele achava que divertiriam Gertrude Stein. Fez isso com tanto critério que ela gostou de todos.

A primeira pessoa, e talvez aquela de quem ela mais gostou, foi Avery Hopwood[276]. A amizade durou até a morte de Avery, alguns anos atrás. Quando Avery vinha a Paris, sempre convidava Gertrude Stein e eu para jantar com ele. Esse costume começou logo nos primeiros dias de relacionamento. Gertrude Stein não é uma entusiasta de sair para jantar, mas nunca recusou um convite de Avery. Ele sempre providenciava uma mesa lindamente decorada com flores e um cardápio muito bem escolhido. Enviava-nos intermináveis *petits bleus*, os pequenos telegramas,

---

275 Cidade do leste da França, no já citado departamento de Ain, próximo à fronteira suíça. (N. do T.)
276 James Avery Hopwood (1882-1928) – dramaturgo americano. (N. do T.)

marcando esses encontros, e sempre nos divertíamos. Nesses primeiros tempos, com a cabeça um pouco inclinada para o lado e seus cabelos cor de linho, ele parecia um cordeiro. Às vezes, nos últimos anos, como a própria Gertrude Stein lhe disse, o cordeiro transformava-se em lobo. Sei bem que Gertrude Stein, nesses momentos, chamava-lhe querido Avery. Eles gostavam muito um do outro. Pouco antes de sua morte, certo dia, ele entrou na sala e disse, gostaria de poder dar-lhe outra coisa além do jantar, talvez eu pudesse dar-lhe um quadro. Gertrude Stein riu e disse para ele, está tudo bem, Avery, basta que você venha sempre aqui, mesmo que seja só para tomar um chá. E então, dali pra frente, além do *petit bleu* em que nos convidava para jantar com ele, começou a mandar outro petit bleu, dizendo que viria uma tarde só para tomar chá. Ele veio uma vez e trouxe Gertrude Atherton[277] consigo. Disse, muito gentilmente, eu quero que as duas Gertrudes que tanto amo se conheçam. Foi uma tarde perfeitamente deliciosa. Todos ficaram satisfeitos e encantados, e eu, uma californiana, tivera Gertrude Atherton como ídolo da juventude e, por isso, fiquei muito feliz.

A última vez que vimos Avery foi em sua última visita a Paris. Ele mandou sua mensagem habitual nos convidando para jantar e, quando veio nos buscar, disse a Gertrude Stein que também havia convidado alguns de seus amigos porque ia pedir-lhe que fizesse algo por ele. Sabe, ele disse, você nunca foi a Montmartre comigo e gostaria que fosse nesta noite. Sei que Montmartre já era seu muito antes de ser meu, mas você iria comigo? Ela riu e disse, claro, Avery.

Depois do jantar, fomos para Montmartre com ele. Fomos a muitos lugares estranhos, e ele ficou muito orgulhoso e contente. Íamos de táxi de um lugar para outro, e Avery Hopwood e Gertrude Stein iam sempre lado a lado e tinham longas conversas. Avery deve ter tido alguma espécie de premonição de que aquela seria a última vez, porque nunca lhe falara tão abertamente, tão intimamente. Finalmente nos despedimos, e ele nos colocou em um táxi e disse para Gertrude Stein que aquela fora uma das melhores noites de sua vida. Foi para o sul no dia seguinte e nós, para o interior. Pouco depois de Gertrude Stein ter recebido um

---

277 Gertrude Atherton (1857-1948) – autora americana. (N. do T.)

postal dele contando como ficara feliz por vê-la novamente, na mesma manhã, saiu no *Herald* a notícia de sua morte.

Foi por volta de 1912 que Alvin Langdon Coburn[278] apareceu em Paris. Ele era um americano estranho, que trazia consigo uma mulher inglesa estranha, sua mãe adotiva. Alvin Langdon Coburn acabara de terminar uma série de fotos que havia feito para Henry James. Ele havia publicado um livro de fotos de homens proeminentes e agora desejava fazer um segundo volume sobre mulheres ilustres. Imagino que tenha sido Roger Fry quem lhe falara a respeito de Gertrude Stein. De qualquer forma, foi o primeiro fotógrafo que a fotografou como uma celebridade, e ela ficou muito agradecida. Ele fez algumas fotos muito boas, ofereceu-as de presente a ela e depois desapareceu, e, embora Gertrude Stein sempre perguntasse por ele, ninguém parece ter ouvido falar de Coburn desde então.

Isso nos leva a muito perto da primavera de 1914. Durante esse inverno, entre as pessoas que costumavam vir à nossa casa estava a enteada mais nova de Bernard Berenson. Ela trouxe consigo uma jovem amiga, Hope Mirlees[279], e Hope disse que quando fôssemos para a Inglaterra, no verão, deveríamos ir até Cambridge e ficar com sua família. Prometemos que iríamos.

Durante o inverno, o irmão de Gertrude Stein decidiu que iria morar em Florença. Eles dividiram entre si os quadros que compraram juntos. Gertrude Stein ficou com os Cézannes e os Picassos e seu irmão, com os Matisses e os Renoirs, com exceção do *Femme au Chapeau* original.

Planejamos fazer um pequeno corredor entre o ateliê e a casa principal e, como isso implicava em abrir uma porta e rebocar a parede, decidimos pintar o ateliê, trocar o papel de parede de toda a casa e instalar a eletricidade. Começamos as obras. Foi só no fim de junho que tudo ficou pronto, mas as coisas da casa ainda não estavam em ordem quando Gertrude Stein recebeu uma carta de John Lane dizendo que ele estaria em Paris no dia seguinte e que viria vê-la.

---

278 Alvin Langdon Coburn (1882-1966) — fotógrafo americano. (N. do T.)
279 (Helen) Hope Mirrlees (1887-1978) — poeta, romancista e tradutora britânica. A incorreção no nome (Mirlees, em vez de Mirrlees) foi mantida (N. do T.)

Trabalhamos muito duro — quer dizer, eu, a zeladora e Hélène trabalhamos —, e a sala ficou em condições para recebê-lo.

Ele trouxe consigo o primeiro exemplar de *Blast*[280], de Wyndham Lewis, e deu-o de presente para Gertrude Stein, querendo saber o que ela achava e se escreveria sobre o livro para ele. Ela disse que não sabia.

John Lane então perguntou-lhe se ela viria a Londres em julho, pois ele estava praticamente resolvido a republicar *Three Lives*, e se ela não traria outro manuscrito. Ela disse que sim e sugeriu uma coleção de todos os perfis que havia feito até aquele momento. *The Making of Americans* não foi sequer considerado, por ser muito longo. E, assim, com tudo combinado, John Lane partiu.

Naquela época, Picasso, depois de viver bastante triste na Rue Schoelcher, estava a ponto de se mudar para um pouco mais longe, no subúrbio parisiense de Montrouge. Não era exatamente uma época infeliz, mas, depois dos dias de Montmartre, não se ouvia mais sua risada tipicamente espanhola, alta e relinchante. Seus amigos, muitos deles, seguiram-no até Montparnasse, mas não era a mesma coisa. A intimidade com Braque estava diminuindo e, de seus velhos amigos, os únicos que via com frequência eram Guillaume Apollinaire e Gertrude Stein. Foi nesse ano que ele começou a usar as tintas da marca Ripolin, em vez das tintas habituais dos pintores. Há alguns dias mesmo, ele falou bastante das tintas Ripolin. São, disse ele, *la santé des couleurs*, ou seja, são a base para uma boa saúde das cores. Naquela época, ele pintava quadros e tudo o mais com as tintas Ripolin, como faz até hoje, assim como muitos de seus discípulos, jovens e velhos.

Também estava fazendo colagens de papel, zinco e todo tipo de material, o tipo de coisa que lhe possibilitou depois fazer o famoso cenário para o *Parade*[281].

Foi nesses dias que Mildred Aldrich começou os preparativos para

---

280 *Blast* ("explosão", em inglês) foi uma revista literária inglesa publicada pelo editor Wyndham Lewis e que teve apenas dois números, em 1914 e 1915, em decorrência do início da Primeira Guerra Mundial. (N. do T.)

281 *Parade* ("Procissão", em francês) foi um balé composto por Erik Satie e escrito por Jean Cocteau (1889-1963), encenado em Paris em 1917. (N. do T.)

retirar-se para o topo da colina junto ao Rio Marne. Ela também não estava infeliz, apenas um pouco triste. Muitas vezes ela quis, naquelas noites de primavera, que pegássemos um táxi e fizéssemos o que ela chamava de nossa última viagem juntas. Mais do que nunca, ela deixava cair a chave de sua casa no meio das escadas enquanto nos dava boa-noite do último andar do prédio de apartamentos da Rue Boissonade.

Íamos frequentemente ao interior com ela para ver a casa. Por fim, ela se mudou. Saímos e passamos o dia com ela. Mildred não estava infeliz, mas muito triste. Minhas cortinas estão todas penduradas, meus livros estão em ordem, tudo está limpo, e o que devo fazer agora, perguntou Mildred. Eu disse-lhe que, quando era uma garotinha, minha mãe dizia que eu costumava perguntar, e o que devo fazer agora, ou variava com, e agora, o que devo fazer? Mildred disse que o pior de tudo era que nós estávamos de partida para Londres e ela não nos veria durante todo o verão. Garantimos-lhe que só ficaríamos um mês fora, na verdade tínhamos passagens de volta marcadas, então tínhamos de ir e, assim que chegássemos em casa, viríamos vê-la. De qualquer forma, ela ficou feliz, pois, finalmente, Gertrude Stein teria uma editora que publicaria seus livros. Mas cuidado com John Lane, ele é uma raposa, disse ela, enquanto nos despedíamos com beijos.

Hélène ia deixar o serviço no número 27 da Rue de Fleurus, pois, recentemente, seu marido havia sido promovido a encarregado em seu trabalho e insistiu para que ela parasse de trabalhar e ficasse o tempo todo em casa.

Em suma, nessa primavera e início de verão de 1914, a vida de antigamente acabou.

6

A guerra

Os americanos que viviam na Europa antes da guerra nunca acreditaram realmente que haveria uma guerra. Gertrude Stein vive contando a história do filhinho do zelador que, brincando no pátio, costumava dizer com toda a certeza — regularmente, a cada dois anos — que seu papai estava indo para a guerra. Certa vez, alguns primos dela, que moravam em Paris, contrataram uma criada do interior. Era a época da guerra entre a Rússia e o Japão, e todos comentavam as últimas notícias. Aterrorizada, a criada deixou cair a bandeja e gritou, e os alemães, já estão às portas da cidade?

O pai de William Cook era um americano de Iowa que, aos 70 anos, estava fazendo sua primeira viagem à Europa, no verão de 1914. Quando a guerra estava em seu encalço, ele recusou-se a acreditar e explicou que poderia entender os membros de uma família brigando entre si — ou seja, uma guerra civil —, mas não uma guerra séria com seus vizinhos.

Em 1913 e 1914, Gertrude Stein lia os jornais com muito interesse. Raramente lia jornais franceses, nunca lia nada em francês, sempre lia o *Herald*. Naquele inverno, ela acrescentou o *Daily Mail*. Ela gostava de ler sobre as sufragistas e sobre a campanha de lorde Roberts[282] pelo serviço militar obrigatório na Inglaterra. Lorde Roberts fora um de seus heróis favoritos no início de sua vida. Seu *Forty-One Years in India*[283] era um livro que ela lia com frequência, e chegou a ver Lorde Roberts quando ela e o irmão — então de férias da faculdade — viram o cortejo da coroação do rei Eduardo VII. Como disse, ela lia o *Daily Mail*, apesar de não estar interessada na Irlanda.

Nós fomos para a Inglaterra em 5 de julho e, de acordo com o programado, visitamos John Lane em sua casa no domingo à tarde.

Havia inúmeras pessoas por lá, e conversavam sobre várias coisas, mas algumas delas falavam de guerra. Uma delas — alguém me contou que era redator de um dos grandes jornais diários de Londres — lamentava o fato de não poder ir comer figos em agosto na Provença, como fazia sempre. Por que não, alguém perguntou. Por causa da guerra, ele respondeu. Outra pessoa, Walpole ou o irmão dele, acho que foi, disse que não havia esperanças de derrotar a Alemanha, pois ela tinha um sistema tão excelente, todas as composições ferroviárias eram numeradas em relação às locomotivas e aos desvios. Mas, disse o comedor de figos, tudo bem quanto a isso, desde que as composições permaneçam na Alemanha, em suas próprias linhas e desvios, porém, em uma guerra agressiva, eles terão de atravessar as fronteiras da Alemanha e, então, bom, garanto-lhe que haverá uma grande confusão de números.

Definitivamente, essa é a única coisa de que eu me lembro daquela tarde de domingo de julho.

Quando estávamos de saída, John Lane disse a Gertrude Stein que iria passar uma semana fora da cidade e que se encontraria com ela em seu escritório no fim de julho, para assinar o contrato de *Three Lives*.

---

282 Frederick Roberts (1832-1914) — general britânico e um dos maiores comandantes de guerra de sua época. (N. do T.)

283 *Forty-One Years in Índia: from Subaltern to Commander-in-Chief* ("Quarenta e Um Anos na Índia: de Subalterno a Comandante-Chefe", em inglês) relata as memórias de lorde Roberts enquanto ele vivia na Índia, então colônia britânica. (N. do T.)

Acho que, disse ele, na situação atual, preferiria começar só por ele, e não com algo inteiramente novo. Tenho confiança nesse livro. A sra. Lane está muito entusiasmada, e os leitores também.

Agora, com dez dias livres em nossas mãos, decidimos aceitar o convite da sra. Mirlees, a mãe de Hope, e passar alguns dias em Cambridge. Fomos para lá e nos divertimos.

Era uma casa muito confortável em que se hospedar. Gertrude Stein gostou dela, ela podia ficar no quarto ou no jardim o tempo que quisesse sem ouvir muitas conversas. A comida era excelente, comida típica escocesa, deliciosa e original, e foi muito divertido conhecer todas as pessoas importantes da Universidade de Cambridge. Elas nos levaram a todos os jardins e nos convidaram a muitas de suas casas. O tempo estava lindo, cheio de rosas, vimos danças folclóricas inglesas executadas pelos estudantes e pelas garotas, no geral, tudo delicioso. Fomos convidadas para almoçar em Newnham[284], e a srta. Jane Harrison[285], um dos ídolos de Hope Mirlees, estava muito interessada em conhecer Gertrude Stein. Sentamo-nos à mesa de honra, com o corpo docente, e foi muito inspirador. A conversa, no entanto, não foi particularmente divertida. A srta. Harrison e Gertrude Stein não se interessaram particularmente uma pela outra.

Já tínhamos ouvido falar bastante a respeito do doutor e da sra. Whitehead. Eles não moravam mais em Cambridge. No ano anterior, o dr. Whitehead havia deixado Cambridge para ir para a Universidade de Londres. Eles estariam em Cambridge em breve e jantariam na casa da família Mirlees. Foi o que fizeram, e então conheci meu terceiro gênio.

Foi um jantar agradável. Sentei-me ao lado de Housman[286], o poeta de Cambridge, e conversamos sobre peixes e sobre David Starr Jordan[287], mas, durante todo o tempo, eu estava mais interessada em observar o

---

284 Referência à Newnham College, faculdade feminina pertencente à Universidade de Cambridge. (N. do T.)

285 Jane Ellen Harrison (1850-1928) — linguista e acadêmica britânica. (N. do T.)

286 Alfred Edward Housman (1859-1936) — acadêmico e poeta britânico. (N. do T.)

287 David Starr Jordan (1851-1931) — um dos fundadores da Universidade Stanford e um importante ictiologista (zoologista especializado em peixes) americano. (N. do T.)

dr. Whitehead. Mais tarde, fomos para o jardim e ele veio sentar-se ao meu lado, e conversamos sobre o céu de Cambridge.

Gertrude Stein, o dr. Whitehead e a sra. Whitehead interessaram-se mutuamente. A sra. Whitehead nos pediu que jantássemos em sua casa em Londres e, depois, passássemos um fim de semana, o último fim de semana de julho, com eles em sua casa de campo em Lockridge, perto de Salisbury Plain. Aceitamos com prazer.

Voltamos para Londres e nos divertimos muito. Encomendamos algumas cadeiras e um sofá confortáveis, forrados com um tecido estampado, para substituir alguns dos móveis italianos que o irmão de Gertrude Stein havia levado consigo. Tudo isso levou muito tempo. Tivemos de tirar nossas próprias medidas para as cadeiras e o sofá e escolher o tecido que combinaria com os quadros, e deu tudo muito certo. Essas cadeiras e esse sofá — eles são muito confortáveis — chegaram à nossa porta da Rue de Fleurus num belo dia de janeiro de 1915, mesmo com a guerra, e foram recebidos por nós com o maior entusiasmo. Precisávamos tanto daquele conforto, daquele consolo naqueles dias. Jantamos com os Whitehead e gostamos ainda mais deles, e eles gostaram ainda mais de nós, e foram gentis o bastante para admiti-lo.

Gertrude Stein manteve seu encontro com John Lane, em Bodley Head. Eles tiveram uma conversa longuíssima, tão longa que, dessa vez, esgotei todas as vitrines da região, mas, por fim, Gertrude Stein saiu com um contrato assinado. Foi um clímax muito agradável.

Em seguida, pegamos o trem para Lockridge, para passar o fim de semana com os Whitehead. Levamos um baú como bagagem de fim de semana, tínhamos tanto orgulho do nosso baú, já o havíamos usado em nossa primeira visita e, agora, estávamos usando-o novamente. Como uma de minhas amigas me disse mais tarde, eles convidaram vocês para passar um fim de semana, e vocês ficaram seis semanas. Ficamos mesmo.

Havia um grande grupo na casa quando chegamos, algumas pessoas de Cambridge, alguns rapazes, o filho mais novo dos Whitehead, Eric — então com 15 anos, mas muito alto e parecido com uma flor —, e a filha, Jessie, que acabara de voltar de Newnham. Ninguém parecia estar levando a guerra muito a sério, já que todos falavam da viagem de Jessie Whitehead para a Finlândia. Jessie sempre fazia amizade com estrangeiros de lugares estranhos, ela era apaixonada por geografia e pela glória do Império Britânico. Tinha um amigo, um finlandês, que a convidara para passar o verão com sua família na Finlândia e prometera a Jessie um possível levante contra a Rússia. A sra. Whitehead estava hesitante, mas já tinha praticamente consentido. Tinha um filho mais velho, North, que estava ausente naquela ocasião.

Então, subitamente, pelo que me lembro, houve uma série de conferências para prevenir a guerra, entre lorde Gray[288] e o ministro das Relações Exteriores russo. E então, antes que qualquer outra coisa pudesse acontecer, veio o ultimato à França. Gertrude Stein e eu ficamos completamente desoladas, assim como Evelyn Whitehead, que tinha sangue francês, fora criada na França e nutria muita simpatia pelos franceses. Depois, vieram os dias da invasão da Bélgica, e ainda posso ouvir a voz suave do dr. Whitehead lendo os jornais em voz alta, todos falando sobre a destruição de Louvain[289] e como deveriam ajudar os bravos e modestos belgas. Gertrude Stein, desesperadamente infeliz, perguntou-me, onde é Louvain? Respondi-lhe, você não sabe? Não, ela disse, nem me importo, mas onde é?

Nosso fim de semana acabou, e dissemos à sra. Whitehead que deveríamos ir embora. Vocês não podem voltar para Paris agora, disse ela. Não, respondemos, mas podemos ficar em Londres. Ah, não, ela disse, devem ficar conosco até que possam voltar para Paris. Ela era muito doce, nós estávamos muito infelizes e gostávamos deles, e eles gostavam de nós, e concordamos em ficar. E, então, para nosso alívio absoluto, a Inglaterra entrou na guerra.

Tivemos de ir a Londres pegar nossa bagagem, telegrafar para algumas pessoas nos Estados Unidos e pegar dinheiro no banco, e a

---

288 *Sir* Edward Gray (1862-1933) – político e diplomata inglês e ex-secretário das Relações Exteriores da Grã-Bretanha, entre 1905 e 1916. (N. do T.)

289 Cidade belga a leste de Bruxelas. (N. do T.)

sra. Whitehead quis ir conosco para ver se ela e a filha poderiam fazer qualquer coisa para ajudar os belgas. Lembro-me muito bem dessa viagem. Parecia haver muita gente pra todo lado — mesmo sem que o trem estivesse lotado —, todas as estações, mesmo as estações pequenas do interior, estavam cheias de gente, ninguém muito angustiado, apenas um grande número de pessoas. No entroncamento em que deveríamos trocar de trem encontramos *lady* Astley[290], uma amiga de Myra Edgerly que havíamos conhecido em Paris. Ah, como vão vocês, disse ela, animada e falando alto, vou para Londres despedir-me de meu filho. Ele está indo embora, perguntamos educadamente. Ah, sim, ela disse, ele está na Guarda Real, sabem, e embarca hoje à noite para a França.

Em Londres, tudo foi complicado. A carta de crédito de Gertrude Stein era de um banco francês, mas a minha — felizmente pequena — era de um banco da Califórnia. Digo felizmente pequena porque os bancos não estavam liberando grandes somas, mas minha carta de crédito era tão pequena, quase sem fundos, que eles não hesitaram em me dar tudo o que restava nela.

Gertrude Stein mandou um telegrama para seu primo, em Baltimore, pedindo-lhe que nos mandasse dinheiro, recolhemos nossa bagagem, encontramos Evelyn Whitehead no trem e voltamos com ela para Lockridge. Foi um alívio voltar para lá. Agradecemos sua gentileza, porque ficar em um hotel em Londres naquele momento teria sido completamente horrível.

Então, um dia seguiu-se ao outro, e é difícil lembrar o que aconteceu. North Whitehead estava fora, e a sra. Whitehead estava morrendo de medo de que ele se alistasse impetuosamente. Ela tinha de vê-lo. Telegrafaram para ele, pedindo que viesse para casa logo. Foi o que fez. Ela estava certa. Ele fora imediatamente alistar-se no posto de recrutamento mais próximo, mas, felizmente, havia tanta gente na sua frente que o escritório fechou antes que ele fosse admitido. Sem perder tempo, ela foi para Londres para ver Kitchener[291]. O irmão do

---

290   Constance Edith Astley (1866-1940) — *socialite* inglesa. (N. do T.)
291   O marechal de campo Horatio Kitchener (1850-1916) foi um militar britânico e secretário de Estado para Assuntos de Guerra durante a Primeira Guerra Mundial. (N. do T.)

dr. Whitehead era bispo na Índia e, quando jovem, conhecera Kitchener intimamente. A sra. Whitehead usou-se dessa indicação, e North recebeu um cargo de oficial. Ela voltou para casa muito aliviada. North deveria apresentar-se dali a três dias e, nesse meio-tempo, deveria aprender a dirigir um automóvel. Os três dias passaram muito depressa, e North partiu. Embarcou imediatamente para a França, sem muitos equipamentos. E chegou a hora de esperar.

Evelyn Whitehead mantinha-se muito ocupada, planejando esforços de guerra e ajudando todo mundo, e eu, tanto quanto possível, tentei ajudá-la. Gertrude Stein e o dr. Whitehead caminhavam sem parar pelo campo. Conversavam sobre filosofia e história, e foi durante esses dias que Gertrude Stein percebeu que fora somente o dr. Whitehead, e não Russell, quem lhe havia dado ideias para o grande livro dos dois. O dr. Whitehead, o mais gentil e, simplesmente, o mais generoso dos seres humanos, nunca reivindicou nada para si e admirava imensamente qualquer pessoa que fosse brilhante, algo que Russell, sem dúvida, era.

Gertrude Stein costumava voltar e me contar sobre essas caminhadas e sobre o campo, o mesmo campo da época de Chaucer[292], com as trilhas verdes dos primeiros britânicos, que ainda podem ser avistados em longos trechos, e os arco-íris triplos daquele estranho verão. Eles costumavam, o dr. Whitehead e Gertrude Stein, ter longas conversas com os guarda-caças e com os caçadores de toupeiras. Um deles lhes disse, mas, meu senhor, a Inglaterra nunca esteve em nenhuma guerra da qual não saísse vitoriosa. O dr. Whitehead voltou-se para Gertrude Stein com um doce sorriso. Acho que podemos afirmar isso, disse ele. O guarda-caças reforçou — quando o dr. Whitehead pareceu-lhe desanimado — mas Dr. Whitehead, a Inglaterra é a nação mais forte, não é? Espero que sim, espero que sim, respondeu gentilmente o dr. Whitehead.

Os alemães estavam chegando cada vez mais perto de Paris. Certo dia, o dr. Whitehead disse a Gertrude Stein — eles passavam por um pequeno bosque irregular, e ele estava ajudando-a —, você tem alguma cópia de seus escritos ou está tudo em Paris? Está tudo em Paris, contou ela. Não queria perguntar, disse o dr. Whitehead, mas estava preocupado.

---

292 Geoffrey Chaucer (c. 1340-1400) — poeta e autor inglês. (N. do T.)

Os alemães chegavam cada vez mais perto de Paris, e, no último dia, Gertrude Stein não conseguiu sair do quarto, ficou sentada, lamentando-se. Ela amava Paris, não pensava nos manuscritos nem nos quadros, pensava apenas em Paris, e estava desolada. Subi ao quarto dela e exclamei, está tudo bem, Paris está salva, os alemães bateram em retirada. Ela virou-se e disse, não me diga isso. Mas é verdade, eu disse, é verdade. E então choramos juntas.

A primeira descrição que qualquer um de nossos conhecidos na Inglaterra recebeu sobre a batalha do Marne veio em uma carta de Mildred Aldrich para Gertrude Stein. Era praticamente a primeira carta de seu livro *Hilltop on the Marne*[293]. Ficamos muito felizes de recebê-la, de saber que Mildred estava segura, e de saber tudo o que acontecera. A carta passou de mão em mão, e todo mundo na vizinhança a leu.

Mais tarde, quando voltamos para Paris, ouvimos duas outras descrições da batalha do Marne. Eu tinha uma ex-colega de escola da Califórnia, Nellie Jacot, que morava em Boulogne-sur-Seine, e estava muito preocupada com ela. Telegrafei-lhe, ela me telegrafou de volta, com seu jeito característico, *nullement en danger, ne t'inquiète pas*, não há perigo, não se preocupe. Era Nellie que costumava chamar Picasso, no início, de engraxate bonito e costumava dizer a respeito de Fernande, ela é boazinha, mas não entendo por que vocês ligam para ela. Foi também Nellie quem fez Matisse enrubescer ao questioná-lo sobre as diferentes formas de ver *madame* Matisse, como ele a via enquanto esposa e como ele a via enquanto modelo para um quadro, e como ele conseguia mudar de uma para a outra forma. Também foi Nellie quem contou a história, que Gertrude Stein adorava repetir, de um jovem que, certa vez, disse-lhe, eu te amo Nellie, Nellie é o seu nome, não é? Também foi Nellie que — quando voltamos da Inglaterra e dissemos que todo mundo tinha sido muito gentil — disse, ah, sim, conheço bem esse tal de Gentil.

Nellie descreveu a batalha do Marne para nós. Vocês sabem, disse

---

[293] *A Hilltop on the Marne* ("O Cume da Colina no Marne", em inglês), publicado em 1915, é uma coleção de cartas da americana Mildred Aldrich durante sua estada na região a leste de Paris em meio à Primeira Guerra Mundial. (N. do T.)

ela, que eu sempre venho à cidade uma vez por semana para fazer compras, e sempre trago minha criada. Nós viemos de bonde, porque é difícil conseguir um táxi em Boulogne, e retornamos de táxi. Bom, entramos como de costume e não notamos nada, e, quando terminamos nossas compras e tomamos nosso chá, paramos em uma esquina para pegar um táxi. Paramos vários deles, e, quando ouviam aonde queríamos ir, seguiam em frente. Eu sei que, às vezes, os motoristas de táxi não gostam de ir para Boulogne, então disse a Marie para dizer-lhe que daríamos uma bela gorjeta caso nos levassem. Então ela parou outro táxi, com um motorista velho, e eu disse para ele, vou dar-lhe uma gorjeta muito grande para nos levar até Boulogne. Ah, disse ele, enfiando o dedo no próprio nariz, sinto muitíssimo, madame, mas é impossível, nenhum táxi pode sair dos limites da cidade hoje. Por que, perguntei eu. Ele piscou o olho em resposta e foi embora. Tivemos de voltar para Boulogne em um bonde. Claro que, mais tarde, entendemos, depois que ouvimos falar de Gallieni[294] e dos táxis, disse Nellie, e acrescentou, e essa foi a batalha do Marne.

Outra descrição da batalha do Marne quando voltamos para Paris foi feita por Alfy Maurer. Eu estava sentado em um café, disse Alfy, e Paris estava pálida, se é que vocês me entendem, disse Alfy, parecida com um absinto claro. Bom, eu estava sentado lá e, então, notei muitos cavalos puxando umas carretas enormes, passando lentamente com soldados dentro, e nas caixas lia-se "Banque de France". Era o ouro indo embora, como se não fosse nada, disse Alfy, antes da batalha do Marne.

Naqueles dias sombrios de espera na Inglaterra, é claro que muitas coisas aconteceram. Muitas pessoas entravam e saíam da casa dos Whitehead e, obviamente, havia muitas discussões. Primeiro, foi Lytton Strachey[295]. Ele morava em uma casinha não muito longe de Lockridge.

Apareceu certa noite para ver a sra. Whitehead. Era um homem magro e pálido, com uma barba sedosa e voz fraca e aguda. Nós o havíamos conhecido no ano anterior, quando fomos convidadas para

---

294 Joseph Gallieni (1849-1916) foi um militar francês e "governador militar" (*gouverneur militaire*, em francês) da cidade de Paris durante a Primeira Guerra Mundial. (N. do T.)
295 Giles Lytton Strachey (1880-1932) — escritor e crítico inglês. (N. do T.)

nos encontrar com George Moore[296] na casa da srta. Ethel Sands[297]. Gertrude Stein e George Moore, que se pareciam muito com um bebê rechonchudo das propagandas da Mellin's Food[298], não sentiram interesse um pelo outro. Lytton Strachey e eu conversamos sobre Picasso e o balé russo.

Ele apareceu nessa noite e, com a sra. Whitehead, discutiu a possibilidade de resgatar sua irmã, que estava perdida na Alemanha. Ela sugeriu que entrasse em contato com uma certa pessoa que poderia ajudá-lo. Mas, disse Lytton Strachey, timidamente, eu nunca o conheci. Sim, disse a sra. Whitehead, mas pode escrever para ele e pedir para encontrá-lo. Não, respondeu baixinho Lytton Strachey, se nunca o conheci.

Outra pessoa que apareceu naquela semana foi Bertrand Russell. Ele chegou em Lockridge no dia em que North Whitehead partiu para o front. Era pacifista, adorava argumentar, e, embora fossem velhos amigos, o doutor e a sra. Whitehead não achavam que suportariam ouvir suas opiniões naquele momento. Ele chegou e Gertrude Stein, para desviar a atenção de todos da tempestuosa questão da guerra ou da paz, abordou o assunto da educação. Isso fisgou Russell, e ele explicou todas as fraquezas do sistema americano de educação, particularmente sua negligência com o estudo do grego. Gertrude Stein respondeu que é claro que a Inglaterra, sendo uma ilha, precisava da Grécia, que era ou poderia ter sido uma ilha. De qualquer forma, o grego era essencialmente parte de uma cultura insular, enquanto os Estados Unidos precisavam essencialmente da cultura de um continente, que era, obrigatoriamente, o latim. Tal argumento deixou o sr. Russell agitado, e ele não parou mais de falar. Gertrude Stein, então, ficou muito séria e fez um longo discurso sobre o valor do grego para os ingleses, além do fato de estarem em uma ilha, e da falta de valor da cultura grega para os americanos, baseando-se no argumento de que a psicologia americana era diferente da dos ingleses. Ela tornou-se muito eloquente a respeito da qualidade abstrata imaterial do caráter

---

296 George Augustus Moore (1852-1933) – escritor, poeta e crítico de arte irlandês. (N. do T.)
297 Ethel Sands (1873-1962) – artista americana. (N. do T.)
298 Empresa de comida para bebês localizada em Boston, nos Estados Unidos. (N. do T.)

americano e citou exemplos, misturando automóveis com Emerson[299], tudo para provar que eles não precisavam do grego, de uma maneira que incomodou cada vez mais Russell, e manteve todo mundo ocupado até que fossem para a cama.

Houve muitas discussões naqueles dias. O bispo, irmão do dr. Whitehead, e sua família vieram almoçar. Todos falavam constantemente de como a Inglaterra entrara na guerra para salvar a Bélgica. Por fim, meus nervos não aguentaram mais e explodi, por que vocês dizem isso, por que não podem dizer que estão lutando pela Inglaterra, não considero nenhuma vergonha lutar pelo próprio país.

A esposa do bispo mostrou-se muito engraçada nessa ocasião. Disse solenemente a Gertrude Stein, sra. Stein, a senhorita é, pelo que entendi, uma pessoa importante em Paris. Acho que seria muito bom se alguém neutro como a senhorita sugerisse ao governo francês que nos entregasse Pondichéry[300]. Seria-nos muito útil. Gertrude Stein respondeu, educadamente, que, para seu grande pesar, sua importância pairava, por assim dizer, sobre os pintores e escritores, não sobre os políticos. Mas isso, disse a esposa do bispo, não faz diferença. A senhorita deveria, penso eu, sugerir ao governo francês que nos entregue Pondichéry. Depois do almoço, Gertrude Stein disse-me, baixinho, onde diabos fica Pondichéry?

Gertrude Stein costumava ficar furiosa quando os ingleses falavam sobre a organização alemã. Ela costumava insistir que os alemães não tinham organização, eles tinham método, mas não tinham organização. Vocês não entendem a diferença, ela costumava dizer, com raiva, qualquer americano — podem ser dois, podem ser vinte, podem ser milhões de americanos — é capaz de se organizar para fazer qualquer coisa, mas os alemães não conseguem se organizar para nada, eles conseguem formular um método, e esse método é incutido neles, mas isso não é organização. Os alemães, ela insistia, não são modernos, são um povo atrasado que elaborou um método sobre aquilo que consideramos

---

299 Referência a Ralph Waldo Emerson (1803-1882), ensaísta, poeta e filósofo americano, líder do movimento transcendentalista. (N. do T.)
300 Pondichéry é uma cidade no sudeste da Índia, colônia francesa até 1954. (N. do T.)

organização, vocês não percebem? Eles não podem, portanto, ganhar esta guerra, porque não são modernos.

Além disso, outra coisa que costumava nos incomodar muitíssimo era a declaração dos ingleses de que os alemães nos Estados Unidos colocariam o país contra os aliados. Não sejam tolos, Gertrude Stein costumava dizer-lhes, se vocês não percebem que a solidariedade fundamental dos Estados Unidos é com a França e com a Inglaterra, e que nunca poderia ser com um país medieval como a Alemanha, vocês não são capazes de entender os Estados Unidos. Nós somos republicanos, ela costumava dizer com toda a energia, somos profunda, intensa e completamente uma república, e uma república pode ter tudo em comum com a França, e muito em comum com a Inglaterra, mas — independentemente de sua forma de governo — nada em comum com a Alemanha. Quantas vezes eu a ouvi explicar, desde aquela época, que os americanos são republicanos, que vivem em uma república tão essencialmente republicana que nunca poderiam ser algo diferente.

O longo verão foi passando. O tempo estava ótimo e o campo, lindo, e o dr. Whitehead e Gertrude Stein nunca se cansavam de caminhar e conversar sobre qualquer assunto.

De tempos em tempos, íamos para Londres. Frequentemente íamos até a agência Cook[301] para saber quando poderíamos voltar para Paris, e eles sempre respondiam, ainda não. Gertrude Stein foi visitar John Lane. Ele estava terrivelmente chateado. Era apaixonadamente patriótico. Disse que, é claro, por enquanto não podia fazer nada a não ser publicar livros de guerra, mas logo as coisas seriam diferentes, ou, talvez, a guerra acabasse.

O primo de Gertrude Stein e meu pai nos enviaram dinheiro pelo cruzador americano *Tennessee*. Fomos buscá-lo. Cada uma de nós foi colocada em uma balança, nossa altura foi medida, e, então, eles nos deram o dinheiro. Como, perguntamos uma à outra, um primo que não

---

301 Referência à agência de turismo Thomas Cook & Son, empresa fundada por Thomas Cook (1808-1892) em 1841 e uma das primeiras agências de viagens do mundo, existente até hoje sob o nome Thomas Cook AG. (N. do T.)

a vê há dez anos e um pai que não me vê há seis podem saber nossa altura e nosso peso. Sempre foi um enigma. Quatro anos atrás, o primo de Gertrude Stein veio a Paris, e a primeira coisa que ela lhe disse foi, Julian, como você sabia meu peso e altura quando me enviou dinheiro pelo Tennessee? E por acaso eu sabia, perguntou ele. Bom, ela disse, de qualquer forma, eles tinham por escrito que você sabia. Não me lembro, é claro, disse ele, mas, se alguém me perguntasse agora, naturalmente eu mandaria vir de Washington uma cópia do seu passaporte, e provavelmente foi o que fiz naquela época. E, assim, o mistério foi resolvido.

Também tivemos de ir até a embaixada americana para conseguir passaportes temporários para voltar a Paris. Não tínhamos documentos, ninguém tinha documentos naquela época. Gertrude Stein, na verdade, tinha o que chamavam em Paris de *papier de matriculation*[302], que declarava que ela era uma americana residente na França.

A embaixada estava cheia de cidadãos, que não pareciam muito americanos, aguardando sua vez. Finalmente, fomos levadas até um jovem americano com uma aparência muito cansada. Gertrude Stein fez um comentário sobre a quantidade de cidadãos com o aspecto não muito americano que estava esperando. O jovem americano suspirou. São muito mais fáceis, disse ele, porque têm documentos, só os americanos é que não têm documentos. Bom, e o que você faz com eles, perguntou Gertrude Stein. Nós adivinhamos, disse ele, e torcemos para ter acertado. E agora, disse ele, vocês têm de prestar o juramento. Ah, meu Deus, disse ele, já disse isso tantas vezes que até me esqueci.

No dia 15 de outubro, a agência Cook disse que poderíamos voltar para Paris. A sra. Whitehead devia ir conosco. North, seu filho, partira sem um sobretudo, ela conseguira um e temia que ele só fosse recebê-lo tarde demais, se o enviasse pelas vias normais. Tratou de ir a Paris e entregá-lo ela mesma, ou encontrar alguém que pudesse levá-lo diretamente até ele. Ela levava documentos do Ministério da Guerra e de Kitchener, e partimos.

Lembro-me muito pouco da partida de Londres, nem sequer me

---

302 "Documento de matrícula", em francês. (N. do T.)

lembro se era dia ou não, mas deve ter sido porque, quando estávamos no barco no Canal da Mancha, ainda estava claro. O barco estava lotado. Muitos soldados e oficiais belgas haviam fugido de Antuérpia, e todos tinham os olhos cansados. Foi nossa primeira experiência com os olhos cansados, mas atentos, dos soldados. Finalmente, conseguimos arranjar um assento para a sra. Whitehead, que estava doente, e logo chegamos à França. Os documentos da sra. Whitehead eram tão poderosos que não houve atrasos, rapidamente estávamos no trem e, por volta das dez da noite, desembarcamos em Paris. Pegamos um táxi e percorremos Paris, linda e intacta, até a Rue de Fleurus. Estávamos mais uma vez em casa.

Todos os que antes pareciam tão distantes vieram nos ver. Alfy Maurer nos contou que estava no Rio Marne, em seu vilarejo favorito — ele sempre foi pescar no Marne —, e viu a locomotiva das tropas chegando, os alemães estavam chegando, e ele ficou tão assustado que tentou conseguir um meio de transporte, até que, finalmente, após terríveis esforços, conseguiu voltar para Paris. Quando ele saiu, Gertrude Stein foi com ele até a porta e voltou sorrindo. A sra. Whitehead disse, um pouco constrangida, Gertrude, você sempre falou tão carinhosamente de Alfy Maurer, mas como pode gostar de um homem que se mostra não apenas egoísta, mas também covarde, em um momento como esse? Ele só pensou em se salvar e, no fim das contas, ele é um neutro. Gertrude Stein começou a rir. Sua tola, ela disse, você não entendeu, é claro que Alfy estava com a namorada e ficou morrendo de medo que ela caísse nas mãos dos alemães.

Não havia muitas pessoas em Paris naquela época — o que nós gostamos —, e perambulamos por Paris, e era tão bom estar ali, maravilhosamente bom. Logo a sra. Whitehead encontrou uma forma de mandar o casaco do filho para ele e voltou para a Inglaterra, e nos acomodamos para o inverno.

Gertrude Stein enviou cópias de seus manuscritos a amigos em Nova York, para que as guardassem para ela. Esperávamos que todo o perigo tivesse passado, mas, mesmo assim, parecia o melhor a fazer, pois ainda havia Zeppelins por vir. Londres estava completamente no escuro à noite antes de partirmos. Paris continuou a ter sua habitual iluminação de rua até janeiro.

Não me lembro de maneira nenhuma como tudo aconteceu, mas foi por intermédio de Carl van Vechten, e teve algo a ver com os Norton; de qualquer forma, chegou uma carta de Donald Evans[303] propondo a publicação de três manuscritos em um pequeno livro, e Gertrude Stein deveria sugerir um título para eles. Desses três manuscritos, dois foram escritos durante nossa primeira viagem à Espanha e *Food, Rooms* etc., imediatamente após nosso retorno. Foram o começo, como diria Gertrude Stein, da mistura entre o interior e o exterior. Até então, ela só se preocupara com a seriedade e com o interior das coisas; nesses estudos, começou a descrever o interior como visto de fora. Ela ficou muitíssimo satisfeita com a ideia desses três textos serem publicados e consentiu imediatamente, sugerindo o título *Tender Buttons*. Donald Evans chamava sua firma de Claire Marie e enviou-lhe um contrato, igual a qualquer outro. Nós presumimos que havia uma pessoa chamada Claire Marie, mas, evidentemente, não havia. Nessa edição, não me lembro se foram impressos 750 ou mil exemplares, mas, de qualquer forma, era um livrinho adorável, e Gertrude Stein ficou muito contente. Como todos sabem, exerceu enorme influência sobre todos os jovens escritores e incitou colunistas em jornais de todo o país a iniciar sua longa campanha de ridicularização. Devo dizer que, quando os colunistas são realmente engraçados — e com frequência o são —, Gertrude Stein ri e lê suas colunas em voz alta para mim.

Nesse meio-tempo, o inverno sombrio de 1914 para 1915 continuava. Certa noite, imagino que deva ter sido por volta do fim de janeiro, eu tinha — como era, e ainda é, meu hábito — ido para a cama muito cedo, e Gertrude Stein estava no ateliê trabalhando, como era seu hábito. Subitamente, eu a ouvi chamar-me baixinho. O que é, eu disse, ah, nada, disse ela, mas talvez, se você não se importar de vestir algo quente e descer, acho que talvez seja bom. O que foi, perguntei, uma revolução? Os franceses estão tão acostumados com revoluções, já tiveram tantas que, quando alguma coisa acontece, eles imediatamente pensam e dizem, revolução. Na verdade, Gertrude Stein disse certa vez, um tanto impaciente, a alguns soldados franceses, quando eles falaram algo sobre

---

303 Donald Evans (1884-1921) — jornalista, poeta, crítico musical e editor americano. (N. do T.)

uma revolução, vocês são uns tolos, vocês fizeram uma revolução excelente, e várias outras não tão boas; para um povo inteligente, parece-me uma tolice ficar pensando sempre em repeti-las. Eles pareceram ficar muito envergonhados e disseram, *bien sûr, mademoiselle* ou, em outras palavras, claro que a senhorita tem razão.

Bem, eu também disse a mesma coisa quando ela me acordou, é uma revolução, há soldados? Não, ela disse, não exatamente. Bem, o que é, disse eu, impaciente. Não sei bem, ela respondeu, mas um alarme soou. De qualquer forma, é melhor você vir. Comecei a acender a luz. Não, ela disse, é melhor não. Dê-me sua mão e vou ajudá-la a descer, e então você pode dormir lá embaixo. Desci. Estava muito escuro. Sentei-me no sofá e disse, tenho certeza de que não sei o que está acontecendo comigo, mas meus joelhos estão tremendo. Gertrude Stein começou a gargalhar, espere um minuto, vou pegar um cobertor para você, disse ela. Não, não me deixe sozinha, eu disse. Ela conseguiu encontrar algo para me cobrir, e, então, houve um grande estrondo, e depois vários outros. Era um barulho difuso, e depois ouviu-se o som de buzinas nas ruas, e soubemos que tudo havia terminado. Acendemos as luzes e fomos para a cama.

Devo confessar que nunca teria acreditado que fosse verdade que os joelhos tremessem como é descrito na poesia e na prosa, se não tivesse acontecido comigo.

Na próxima vez que houve um alarme por causa dos Zeppelins — e não foi muito depois desse primeiro —, Picasso e Eve estavam jantando conosco. A essa altura, sabíamos que o prédio de dois andares do ateliê não era mais seguro que o telhado da pequena casa, sob o qual dormíamos, e a zeladora sugeriu que fôssemos para o quarto dela, onde haveria pelo menos seis andares sobre nossas cabeças. Eve não andava muito bem naqueles dias — e era medrosa —, então fomos todos para a sala da zeladora. Até Jeanne Poule, a criada da Bretanha que substituíra Hélène, foi junto. Jeanne logo se cansou de toda essa precaução e, apesar de nossos protestos, voltou para a cozinha, acendeu a luz — apesar dos regulamentos — e começou a lavar a louça. Nós também acabamos ficando entediados no alojamento da zeladora e voltamos para o ateliê. Colocamos uma vela embaixo da mesa para que não houvesse muita luz, Eve e eu tentamos dormir e Picasso e Gertrude Stein ficaram conversando até as 2 da manhã, quando o alerta de que estava tudo terminado soou e eles foram para casa.

Nessa época, Picasso e Eve estavam morando na Rue Schoelcher, em um apartamento bastante luxuoso, que dava para o cemitério. Não era muito alegre. O único entusiasmo era proporcionado pelas cartas de Guillaume Apollinaire, que vivia caindo de cavalos, na tentativa de tornar-se um artilheiro. Os únicos outros amigos íntimos dele naquela época eram um russo, a quem chamavam de G. Apóstrofo, e sua irmã, a baronesa. Eles compraram todos os quadros de Rousseau que estavam no ateliê dele quando morreu. Tinham um apartamento no Boulevard Raspail, logo acima da árvore de Victor Hugo, e eram divertidos. Picasso aprendeu o alfabeto russo com eles e começou a colocá-lo em alguns de seus quadros.

Não foi um inverno muito animado. As pessoas entravam e saíam, novas e antigas. Ellen La Motte[304] apareceu, ela era muito heroica, mas um pouco apreensiva. Queria ir para a Sérvia, e Emily Chadbourne queria ir junto, mas nenhuma delas foi.

Gertrude Stein escreveu uma pequena novela sobre esse episódio.

Ellen La Motte colecionava uma série de lembranças da guerra para uma prima sua, chamada Dupont, da cidade de Nemours. As histórias de como ela as conseguia eram divertidas. Todo mundo trazia lembranças naquela época, flechas de aço que furaram cabeças de cavalo, pedaços de granadas, tinteiros feitos de pedaços de granada, capacetes, e alguém chegou até a nos oferecer uma peça de Zeppelin, ou de avião, não me lembro mais, mas nós a recusamos. Foi um inverno estranho, em que nada e tudo aconteceu. Se bem me lembro, foi nessa época que alguém, imagino que tenha sido Apollinaire, que estava de licença, organizou um concerto, com a leitura de poemas de Blaise Cendrars[305]. Foi então que ouvi falarem pela primeira vez de Erik Satie, e ouvi pela primeira vez sua música. Lembro que isso aconteceu no ateliê de alguém, e que

---

304 Ellen Newbold La Motte (1873-1961) – autora, jornalista e enfermeira americana. (N. do T.)
305 Frédéric-Louis Sauser, mais conhecido como Blaise Cendrars (1887-1961) – poeta e novelista suíço, naturalizado francês. (N. do T.)

o lugar estava lotado. Foi também nessa época que começou a amizade entre Gertrude Stein e Juan Gris. Ele morava na Rue Ravignan, no apartamento em que Salmon ficara trancado quando comeu o enfeite amarelo do meu chapéu.

Costumávamos ir lá com frequência. Juan estava passando por maus bocados, ninguém comprava quadros, e os artistas franceses só não estavam com dificuldades porque estavam na frente de batalha e suas esposas ou suas amantes — desde que provassem que viviam juntos há alguns anos — recebiam uma mesada. Houve apenas um caso grave, Herbin[306], um homenzinho simpático, tão baixinho que o exército o dispensou. Ele disse, muito triste, que a mochila que precisava carregar pesava tanto quanto ele, e não adiantava, ele não conseguiria carregá-la. Voltou para casa inapto para o serviço militar e quase morreu de fome. Não sei quem nos falou dele, ele foi um dos primeiros cubistas autênticos. Felizmente, Gertrude Stein conseguiu fazer com que Roger Fry se interessasse por seu caso. Roger Fry levou-o, com seus quadros, para a Inglaterra, onde ele conseguiu — e imagino que ainda a mantenha — uma reputação considerável.

O caso de Juan Gris foi mais difícil. Juan era, naquela época, um homem atormentado, não exatamente simpático. Alternava-se entre melancólico e efusivo e, como sempre, perspicaz e intelectual. Naquela época, ele pintava quase só em preto e branco, e seus quadros eram muito sombrios. Kahnweiler, que ficara amigo dele, estava exilado na Suíça, e a irmã de Juan, na Espanha, só conseguia ajudá-lo com pouco. Sua situação era desesperadora.

Foi justamente nessa época que o *marchand* — que depois seria o leiloeiro da liquidação da coleção de Kahnweiler que se declararia disposto a matar o cubismo — comprometeu-se a salvar o cubismo e fez contratos com todos os cubistas que ainda estivessem disponíveis para pintar. Entre eles estava Juan Gris e, por enquanto, ele estava salvo.

Assim que voltamos a Paris, fomos ver Mildred Aldrich. Ela estava dentro da zona militar, então imaginamos que precisaríamos de alguma autorização especial para vê-la. Fomos à delegacia de polícia

---

306 Auguste Herbin (1882-1960) – pintor francês de arte moderna. (N. do T.)

do nosso bairro e perguntamos o que deveríamos fazer. Que documentos vocês têm, perguntou-nos ele. Temos passaportes americanos, documentos de matrícula franceses, disse Gertrude Stein, esvaziando os bolsos. Ele olhou para todos os papéis e perguntou, o que é isto, referindo-se a um papel amarelo. Isso, disse Gertrude Stein, é um recibo do meu banco, pelo dinheiro que acabei de depositar. Acho, disse ele solenemente, que vocês também deveriam levar isso junto com vocês. Acredito, acrescentou ele, que com tudo isso vocês não terão problemas.

Na verdade, não precisamos mostrar documento nenhum para ninguém. Ficamos vários dias com Mildred.

Ela foi a pessoa mais alegre que encontramos naquele inverno. Tinha passado pela batalha do Marne, os ulanos[307] estavam ocupando a floresta atrás da casa dela, ela viu a batalha acontecer logo abaixo da colina e integrara-se à vida no interior. Nós a provocamos e dissemos que ela estava começando a parecer uma camponesa francesa, o que era verdade, e não deixava de ser engraçado, já que ela era nascida e criada na região americana da Nova Inglaterra. Era sempre incrível perceber que o interior de sua casinha de camponesa francesa, com móveis franceses, pintura francesa, uma criada francesa e até mesmo um poodle francês, parecesse completamente americano. Nós a visitamos várias vezes naquele inverno.

Finalmente, chegou a primavera, e estávamos prontas para viajar um pouco. Nosso amigo William Cook, depois de passar uma temporada convalescente em um hospital americano para feridos franceses, voltou para Palma de Maiorca. Cook, que sempre ganhara a vida pintando, estava com dificuldades para se locomover e retirou-se para Palma, onde — naqueles dias em que o câmbio espanhol estava bastante baixo — vivia-se extremamente bem com apenas alguns francos por dia.

Decidimos ir para Palma também e esquecer um pouco da guerra. Tínhamos apenas os passaportes temporários que nos deram em Londres, por isso fomos à embaixada para obter os permanentes, com

---

307 Designação dada aos soldados da cavalaria polonesa (e, por extensão, prussiana, austríaca e alemã) (N. do T.)

os quais poderíamos ir para a Espanha. Primeiro, fomos entrevistadas por um senhor idoso e muito gentil, evidentemente não pertencente ao serviço diplomático. Impossível, disse ele, ora, disse ele, olhem para mim, eu moro em Paris há 40 anos, venho de uma longa linhagem de americanos, e não tenho passaporte. Não, disse ele, vocês podem ter um passaporte para ir para os Estados Unidos ou podem ficar na França, sem passaporte. Gertrude Stein insistiu em falar com um dos secretários da embaixada. Falamos com um, meio ruivo, bastante corado. Ele nos disse exatamente a mesma coisa. Gertrude Stein ouviu em silêncio. Ela então disse, mas fulano de tal, que está exatamente na mesma situação que eu, um americano nativo, viveu o mesmo tempo que eu na Europa, é um escritor, e não tem intenção de voltar para os Estados Unidos, acaba de receber um passaporte regular do seu departamento. Acho, disse o rapaz, ainda mais corado, que deve ter havido um engano. É muito simples, respondeu Gertrude Stein, basta verificar a questão em seus registros. Ele desapareceu e logo retornou, dizendo, sim, a senhora está certa, mas deve entender, foi um caso muito especial. Não pode haver, disse Gertrude Stein muito séria, nenhum privilégio concedido a um cidadão americano que não seja, sob circunstâncias semelhantes, concedido a qualquer outro cidadão americano. Mais uma vez, ele desapareceu e voltou, dizendo, sim, sim, agora podemos começar. Ele então explicou que eles tinham ordens para emitir o mínimo de passaportes possível, mas se alguém realmente quisesse um, é claro que não havia problema. Conseguimos os nossos em tempo recorde.

E fomos para Palma pensando em ficar apenas algumas semanas, mas ficamos o inverno todo. Primeiro passamos por Barcelona. Foi extraordinário ver tantos homens nas ruas. Eu não imaginava que ainda pudesse haver tantos homens no mundo. Nossos olhos haviam se acostumado tanto às ruas sem homens — os poucos homens que víamos estavam de farda e, portanto, não eram homens, eram soldados — que era espantoso ver aquela quantidade deles subindo e descendo as *ramblas*. Sentamos à janela do hotel e ficamos olhando. Fui para a cama cedo e levantei-me cedo, e Gertrude Stein foi para a cama tarde e levantou-se tarde, e, assim, de certa forma, nos revezamos, mas não houve um momento em que não houvesse uma enorme quantidade de homens subindo e descendo as *ramblas*.

Chegamos em Palma mais uma vez, e Cook foi nos encontrar e providenciou tudo para nós. William Cook era sempre confiável. Naquela época, ele era pobre, mas, mais tarde, quando recebeu uma herança em dinheiro e ficou bem de vida, e Mildred Aldrich andava em uma situação péssima e Gertrude Stein não podia mais ajudá-la, William Cook deu-lhe um cheque em branco e disse, coloque a quantia que Mildred precisar, você sabe que minha mãe adorava ler os livros dela.

Muitas vezes, William Cook sumia e ninguém sabia nada dele, e, então, quando por alguma razão ou outra precisava-se dele, ele surgia. Foi para o exército americano mais tarde, e, naquela época, Gertrude Stein e eu estávamos fazendo alguns esforços de guerra para o American Fund for French Wounded, muitas vezes, eu tinha que acordá-la muito cedo. Ela e Cook costumavam escrever cartas muito sombrias um para o outro, sobre os desprazeres de enfrentar o nascer do sol. A aurora, eles diziam, era boa quando abordada ligeiramente, desde a noite anterior, mas quando era enfrentada abruptamente, pela manhã, era horrorosa. Foi William Cook quem, mais tarde, ensinou Gertrude Stein a dirigir um carro, em um dos velhos táxis da batalha do Marne. Cook, quando estava em situação difícil, tornara-se taxista em Paris, isso foi em 1916, e Gertrude Stein precisava dirigir um carro para o American Fund for French Wounded. Então, nas noites escuras, eles saíam para além das fortificações e, sentados solenemente no banco da frente de um daqueles velhos táxis Renault de dois cilindros de antes da guerra, William Cook ensinava Gertrude Stein a dirigir. Foi William Cook quem inspirou o único roteiro de filme que Gertrude Stein escreveu em inglês, acabei de publicá-lo em *Operas and Plays*[308], na *Plain Edition*[309]. O único outro roteiro que ela escreveu, também presente em *Operas and Plays*, muitos anos depois e em francês, foi inspirado em seu poodle branco chamado Basket. Mas voltemos a Palma de Maiorca. Nós havíamos estado lá dois verões antes e gostado, e gostamos de novo.

---

[308] "Óperas e Peças", em inglês. Como o próprio título indica, trata-se de uma coletânea de óperas e peças de teatro de Gertrude Stein, publicada em 1932. (N. do T.)

[309] "Edição Simples", em inglês. Nome da editora fundada por Gertrude Stein e Alice Toklas. (N. do T.)

Muitos americanos parecem gostar agora, mas, naquela época, Cook e nós éramos os únicos americanos na ilha. Havia alguns ingleses, cerca de três famílias, por lá. Havia uma descendente de um dos capitães de Nelson[310], uma tal sra. Penfold, uma senhora idosa de língua afiada, e seu marido. Foi ela quem disse ao jovem Mark Gilbert, um garoto inglês de 16 anos com tendências pacifistas que se negou a comer bolo durante o chá em sua casa, Mark, você tem idade suficiente para lutar por seu país ou idade suficiente para comer bolo. Mark comeu o bolo.

Havia também várias famílias francesas, o cônsul francês, *monsieur* Marchand, com uma encantadora esposa italiana que logo conhecemos muito bem. Foi ele quem se divertiu muito com uma história que tivemos de lhe contar sobre o Marrocos. Ele tinha sido adido da representação francesa em Tânger no momento em que os franceses induziram Moulai Hafid, o sultão do Marrocos à época, a abdicar. Estivemos dez dias em Tânger na mesma ocasião, foi naquela primeira viagem para a Espanha em que aconteceram tantas coisas importantes para Gertrude Stein.

Tínhamos contratado um guia, Mohammed, e ele gostou de nós. Tornou-se uma companhia agradável, em vez de um simples guia, e costumávamos fazer longas caminhadas juntos. Ele nos levava para ver as casas de seus primos da classe média árabe, maravilhosamente limpas, onde tomávamos chá. Nós gostamos de tudo. Ele também nos falava tudo sobre política. Havia sido educado no palácio de Moulai Hafid e sabia tudo o que estava acontecendo. Nos disse quanto dinheiro Moulai Hafid ganharia para abdicar e o exato momento em que estaria disposto a fazê-lo. Gostamos dessas histórias tanto quanto gostamos de todas as histórias de Mohammed, que sempre terminavam da mesma forma, e quando vocês voltarem para cá, haverá bondes e então não teremos de andar a pé, e será ótimo. Mais tarde, na Espanha, lemos nos jornais que tudo acontecera exatamente como Mohammed havia dito que aconteceria, e não prestamos mais atenção. Certo dia, ao falar de nossa única visita ao Marrocos, contamos a *monsieur* Marchand essa

---

310 Horatio Nelson, conhecido como Almirante Nelson (1758-1805), foi um dos mais importantes oficiais da Marinha britânica durante as Guerras Napoleônicas. (N. do T.)

história. Ele disse, sim, isso é diplomacia, provavelmente as únicas pessoas no mundo que não eram árabes que sabiam o que o governo francês queria tão desesperadamente saber eram vocês duas, e vocês souberam de tudo por acaso, sendo que para vocês não tinha a mínima importância.

A vida em Palma estava agradável, e, por isso, em vez de viajarmos mais naquele verão, decidimos ficar por lá. Mandamos buscar a nossa criada francesa Jeanne Poule e, com a ajuda do carteiro, encontramos uma casinha na Calle de Dos de Mayo, em Terreno, nos arredores de Palma, e nos instalamos ali. Ficamos muito contentes. Em vez de passarmos apenas o verão, ficamos até a primavera seguinte.

Éramos membros da Biblioteca Mudie's, de Londres, há algum tempo e, aonde quer que fôssemos, os livros da Mudie's vinham até nós. Foi nessa época que Gertrude Stein leu em voz alta para mim todas as cartas da rainha Vitória, e ela mesma se interessou por autobiografias e diários de missionários. Havia muitos na Mudie's; ela leu todos eles.

Foi durante essa temporada em Palma de Maiorca que a maior parte das peças publicadas posteriormente em *Geography and Plays* foi escrita. Ela vive dizendo que um determinado tipo de paisagem inspira peças, e os campos ao redor de Terreno eram desse tipo.

Nós tínhamos um cachorro, um pastor-maiorquino, uma raça meio maluca, que dança à luz do luar, um cão listrado, não de uma cor só como a raça do continente. Chamamos esse cachorro de Polybe, porque gostávamos muito dos artigos do jornal Figaro assinados por Polybe[311]. Polybe era, como dizia *monsieur* Marchand, como um árabe, *bon accueil à tout le monde et fidèle à personne*[312]. Ele tinha uma paixão incurável por comer sujeira, e nada o impediria. Nós colocamos uma focinheira nele para ver se adiantava, mas isso enfureceu de tal forma o criado russo do cônsul inglês que tivemos de desistir. Em seguida, ele começou a aborrecer as ovelhas. Chegamos até a brigar com Cook por causa de Polybe. Cook tinha um fox terrier chamado Marie-Rose e tínhamos certeza de que Marie-Rose induzia Polybe a fazer travessuras e

---

311 Pseudônimo de Joseph Reinach (1856-1921) – autor e político francês. (N. do T.)
312 "Simpático com todo mundo e fiel a ninguém", em francês. (N. do T.)

depois retirava-se, virtuosa, deixando que ele assumisse a culpa. E Cook tinha certeza de que não sabíamos como criar Polybe. Polybe tinha um único traço simpático. Ele sentava-se em uma cadeira e cheirava gentilmente grandes buquês de tuberosas, com as quais eu enchia um vaso que ficava no chão, no centro da sala. Nunca tentou comê-los, apenas os cheirava delicadamente. Quando partimos, deixamos Polybe para trás, aos cuidados de um dos guardiões da antiga fortaleza de Belver. Quando o revimos, uma semana depois, ele não nos reconheceu, nem atendia pelo nome. Polybe é personagem de muitas peças que Gertrude Stein escreveu nessa época.

Os sentimentos da ilha naquela época, em relação à guerra, eram muito confusos. O mais impressionante era a quantidade de dinheiro gasto com ela. As pessoas discutiam, durante horas, quanto ela custara por ano, por mês, por semana, por dia, por hora e, até mesmo, por minuto. Durante as noites de verão, ficávamos ouvindo-as, 5 milhões de pesetas, 1 milhão de pesetas, 2 milhões de pesetas, boa noite, boa noite, e sabíamos que estavam ocupados com seus cálculos intermináveis do custo da guerra. Como a maioria dos homens, mesmo aqueles da classe média mais alta, lia, escrevia e fazia cálculos com dificuldade — e as mulheres, nem mesmo isso —, pode-se imaginar quão fascinante e inesgotável era o assunto do custo da guerra.

Um de nossos vizinhos tinha uma governanta alemã que, sempre que havia uma vitória alemã, hasteava a bandeira de seu país. Respondíamos da melhor forma possível, mas, infelizmente, não houve muitas vitórias aliadas. As classes mais baixas torciam para os aliados. O garçom do hotel vivia ansioso pela entrada da Espanha na guerra ao lado dos aliados. Ele tinha certeza de que o Exército espanhol seria de grande ajuda, pois poderia marchar por mais tempo com menos comida do que qualquer exército do mundo. A camareira do hotel interessou-se muito por meu tricô para os soldados. Ela dizia, claro que a madame tricota bem devagar, todas as damas fazem assim. Mas, respondi, esperançosa, se eu tricotar por anos, não poderei começar a tricotar rapidamente — não tão rápido quanto vocês, mas mais rápido? Não, disse ela com firmeza, as damas tricotam devagar. Na verdade, comecei a tricotar bastante rápido, e até comecei a ser capaz de ler e tricotar rapidamente ao mesmo tempo.

Levávamos uma vida agradável, caminhávamos muito, comíamos muito bem e nos divertíamos muito com nossa criada da Bretanha.

Ela era patriota e sempre usava a fita tricolor ao redor do chapéu. Certa vez, voltou para casa muito animada. Tinha acabado de encontrar-se com outra criada francesa e disse, imaginem, Marie acabou de receber notícias de que seu irmão morreu afogado e teve um funeral civil. Como isso aconteceu, perguntei, também muito animada. Ora, disse Jeanne, ele ainda não tinha sido chamado para o exército. Era uma grande honra ter um irmão enterrado em um funeral civil durante a guerra. De qualquer forma, era algo raro. Jeanne estava muito feliz com os jornais espanhóis, não tinha dificuldade em lê-los, pois, como ela mesma dizia, todas as palavras importantes estavam em francês.

Jeanne contava histórias intermináveis da vida nos vilarejos franceses. Gertrude Stein era capaz de ouvi-la por muito tempo e, então, de repente, não lhe prestava mais atenção.

A vida em Maiorca continuou agradável até o início dos ataques a Verdun[313]. Então, todos começamos a ficar muito tristes. Tentamos nos consolar uns aos outros, mas era difícil. Um dos franceses — um entalhador que tivera paralisia e que, apesar de sua doença, tentava de tempos em tempos fazer com que o cônsul francês o aceitasse no Exército — costumava dizer que não deveríamos nos preocupar caso Verdun fosse conquistada, pois não era uma das entradas da França, seria apenas uma vitória moral para os alemães. Mas todos nós estávamos desesperadamente infelizes. Eu estava tão confiante e, agora, tinha a terrível sensação de que a guerra escapara de meu controle.

No porto de Palma, havia um navio alemão chamado *Fangturm* que, antes da guerra, vendia de tudo em todos os portos do Mediterrâneo e, presumivelmente, até mais longe, já que era um navio muito grande. Estava em Palma quando a guerra estourou e nunca mais pôde sair de lá. A maioria dos oficiais e marinheiros fugiu para Barcelona, mas o enorme navio continuava ancorado no porto. Parecia bastante

---

313 Cidade do nordeste da França, palco da mais longa batalha da Primeira Guerra Mundial, de fevereiro a dezembro de 1916. (N. do T.)

enferrujado e negligenciado, e ficava logo à frente de nossas janelas. De repente, quando iniciaram os ataques a Verdun, o *Fangturm* começou a ser pintado. Imaginem nossa sensação. Já estávamos muito tristes, e isso foi um desespero só. Contamos ao cônsul francês como estávamos, ele nos contou como estava, e foi horrível.

A cada dia as notícias pioravam, e um lado inteiro do *Fangturm* foi pintado, e então pararam de pintá-lo. Souberam de tudo antes de nós. Verdun não seria conquistada. Verdun estava salva. Os alemães desistiram de tentar capturá-la.

Quando tudo acabou, nenhum de nós queria mais ficar em Maiorca, todos queríamos voltar para casa. Foi nessa época que Cook e Gertrude Stein ficavam o tempo todo falando sobre automóveis. Nenhum dos dois sabia dirigir, mas estavam começando a ficar muito interessados. Cook também começava a se perguntar como ganharia a vida quando chegasse a Paris. Sua pequena renda era suficiente para Maiorca, mas não poderia mantê-lo por muito tempo em Paris. Ele pensava em conduzir as carroças de entrega da Félix Potin, dizendo que, no fim das contas, gostava mais de cavalos que de automóveis. De qualquer forma, ele voltou para Paris, e quando lá chegamos — fizemos um caminho mais longo, por Madri — ele já estava dirigindo um táxi parisiense. Mais tarde, ele tornou-se piloto de testes da Renault, e ainda me lembro de como foi emocionante quando ele descreveu o vento batendo em seu rosto quando corria a 80 quilômetros por hora. Depois, alistou-se no Exército americano.

Voltamos para casa via Madri. Passamos por uma experiência curiosa por lá. Procuramos o cônsul americano para vistar nossos passaportes. Era um homem grande e flácido, e tinha um filipino como assistente. Ele olhou para nossos passaportes, mediu-os, pesou-os, olhou-os de cabeça para baixo e, por fim, disse que achava que tudo estava correto, mas como é que poderia saber com certeza? Então, perguntou ao filipino o que ele achava. O filipino parecia disposto a concordar que o cônsul não tinha como saber. Vou dizer-lhes o que podem fazer, disse ele, todo simpático, procurem o cônsul da França, já que vocês estão indo para a França e moram em Paris, e se o cônsul francês disser que está tudo bem, ora, o cônsul visará os passaportes. O cônsul, prudentemente, acenou com a cabeça.

Nós ficamos furiosas. Era muito constrangedor que um cônsul francês, e não um americano, decidisse se os passaportes americanos estavam em ordem. No entanto, como não havia outra saída, fomos atrás do cônsul francês.

Quando chegou nossa vez, o encarregado pegou nossos passaportes, olhou-os e perguntou a Gertrude Stein, quando a senhorita esteve na Espanha pela última vez? Ela parou para pensar, nunca consegue se lembrar de nada quando alguém lhe pergunta algo de repente, e disse que não se lembrava, mas que imaginava que tinha sido em tal e tal data. Ele disse que não e mencionou outro ano. Gertrude Stein afirmou que muito provavelmente ele estava certo. Em seguida, ele passou a citar todas as datas de suas várias visitas à Espanha e, por fim, acrescentou uma visita de quando ela ainda estava na faculdade, quando esteve na Espanha com o irmão, logo após a guerra espanhola. Para mim, esperando em pé ali do lado, tudo parecia meio assustador, mas Gertrude Stein e o assistente consular pareciam muitíssimo interessados em enumerar datas. Finalmente, ele disse, estive durante muitos anos no departamento de cartas de crédito do banco Crédit Lyonnais em Madri e tenho uma memória muito boa — e, claro, lembro-me muito bem da senhorita. Ficamos muito contentes. Ele vistou os passaportes e nos disse para voltar a procurar nosso cônsul para que ele fizesse o mesmo.

Na época, ficamos furiosas com nosso cônsul, mas agora me pergunto se não se tratava de um acordo entre os dois consulados, para que o americano não vistasse nenhum passaporte com destino à França até que o francês decidisse se seu dono era ou não recomendável.

Voltamos para uma Paris completamente diferente. Não estava mais sombria. Não estava mais vazia. Dessa vez, não nos acomodamos, decidimos participar da guerra. Certo dia, estávamos descendo a Rue des Pyramides e vimos um Ford em marcha à ré dirigido por uma moça americana, e, no carro, lia-se "American Fund for French Wounded". Pronto, eu disse, é isso que vamos fazer. Pelo menos, disse para Gertrude Stein, você dirigirá o carro e eu farei o resto. Fomos conversar com a moça americana e, depois, fizemos uma entrevista com a sra. Lathrop, a chefe da organização. Ela ficou entusiasmada, sempre estava entusiasmada, e disse, arranjem um carro. Mas onde, nós perguntamos.

Nos Estados Unidos, ela disse. Mas como, nós perguntamos. Peça para alguém, ela disse, e foi o que Gertrude Stein fez. Pediu ao primo, e, em poucos meses, o Ford chegou. Nesse meio-tempo, Cook já a ensinara a dirigir seu táxi.

Como eu disse, era uma Paris diferente. Tudo mudou, e todo mundo estava animado.

Durante nossa ausência, Eve morrera, e Picasso agora morava em uma pequena casa em Montrouge. Fomos vê-lo. Ele tinha uma maravilhosa colcha de seda rosa sobre a cama. De onde veio isso, Pablo, perguntou Gertrude Stein. *Ah, ça*[314], disse Picasso, muito contente, foi presente de uma senhora. Fora uma famosa dama da sociedade chilena que lhe dera a colcha. Era uma maravilha. Ele estava muito animado. Passou a nos visitar constantemente em casa, trazendo Paquerette, uma garota muito simpática, ou Irene, uma mulher muito adorável, que vinha das montanhas e queria continuar livre. Ele trouxe Erik Satie, a *princesse de Polignac*[315] e Blaise Cendrars.

Foi um enorme prazer conhecer Erik Satie. Ele era da Normandia e gostava muito de lá. Marie Laurencin também veio da Normandia, assim como Braque. Certa vez, depois da guerra, Satie e Marie Laurencin estavam em nossa casa para o almoço e ficaram absolutamente entusiasmados por serem ambos normandos. Erik Satie gostava de comida e de vinho, e sabia bastante sobre os dois. Naquela época, tínhamos uma aguardente ótima, que o marido da criada de Mildred Aldrich nos havia dado de presente, e Erik Satie — bebendo seu copo lentamente, apreciando cada gole — contou-nos histórias da época em que era jovem em sua terra.

Apenas em uma das poucas vezes que Erik Satie esteve em casa, falou de música. Disse que essa sempre fora sua opinião, e que estava feliz por estarem começando a reconhecer que a música moderna francesa não devia nada à música moderna alemã. E que, desde que

---

314 "Ah, isso", em francês. (N. do T.)
315 Winnaretta Singer, conhecida como princesse de Polignac, ou Princesa de Polignac (1865-1943), foi uma patronesse de música, herdeira da família detentora da fábrica de máquinas de costura Singer. (N. do T.)

Debussy abrira o caminho, os músicos franceses ou começaram a segui-lo ou encontraram seu próprio estilo francês.

Ele contava histórias encantadoras, geralmente da Normandia, e tinha um espírito brincalhão que, às vezes, mostrava-se bastante mordaz. Era um convidado adorável para o jantar. Foi só muitos anos depois que Virgil Thomson, quando o conhecemos no quartinho minúsculo em que morava, perto da estação de trem Saint-Lazare, tocou para nós o *Socrate*[316] completo. Foi então que Gertrude Stein tornou-se realmente fã de Satie.

Ellen La Motte e Emily Chadbourne, que acabaram não indo para a Sérvia, ainda estavam em Paris. Ellen La Motte, que era uma ex-enfermeira da Johns Hopkins, queria cuidar dos feridos perto do *front*. Ainda continuava muito apreensiva, mas queria ser enfermeira na frente de batalha, e elas conheceram Mary Borden-Turner[317], que dirigia um hospital no *front*, e Ellen La Mote, durante alguns meses, acabou por realizar seu desejo. Depois disso, ela e Emily Chadbourne foram para a China e tornaram-se líderes da campanha contra o ópio.

Mary Borden-Turner tinha sido e continuaria a ser escritora. Ela estava bastante entusiasmada com a obra de Gertrude Stein, e viajava com os volumes que tinha dela e de Flaubert nas idas e vindas do *front*. Tinha alugado uma casa perto do Bois[318] com aquecimento a gás, e, naquele inverno, quando o resto de nós não tinha carvão, era muito agradável ir jantar lá e aquecer-se um pouco. Nós gostávamos de Turner, seu marido. Ele era um capitão do Exército britânico e fazia um bem-sucedido trabalho de contraespionagem. Embora casado com Mary Borden, não confiava em milionários. Insistia em dar sua própria festa de Natal para as mulheres e crianças do vilarejo em que estava alocado e vivia dizendo que, depois da guerra, seria agente alfandegário dos ingleses em Dusseldorf, ou então iria para o Canadá, para levar

---

316 *Socrate* ("Sócrates", em francês) é uma composição para voz e piano (ou pequena orquestra) composta por Erik Satie em 1919. (N. do T.)

317 Mary Borden-Turner (1886-1968), conhecida também pelo pseudônimo Bridget MacLagan, foi uma escritora americana, cujas obras baseiam-se majoritariamente em suas experiências como enfermeira de guerra. (N. do T)

318 Referência ao Bois de Boulogne, parque urbano nos limites de Paris. (N. do T.)

uma vida simples. Afinal, ele costumava dizer à esposa, você não é milionária, não de verdade. Seus padrões de riqueza eram britânicos. Mary Borden era a milionária típica de Chicago. Gertrude Stein sempre diz que quem é de Chicago gasta tanta energia tentando deixar de sê-lo que, muitas vezes, fica difícil saber de onde são. Eles querem perder o sotaque de Chicago e, para isso, fazem muitas coisas. Alguns baixam o tom de voz, outros aumentam, alguns adotam o sotaque inglês, outros até mesmo o sotaque alemão, alguns falam arrastado, outros de forma estridente, e há ainda os que parecem tornar-se chineses ou espanhóis, sem nem mexer os lábios. Mary Borden era a Chicago em pessoa, e Gertrude Stein ficou absolutamente interessada nela e em Chicago.

Durante todo esse tempo, ficamos esperando nossa caminhonete da Ford, que estava a caminho, e depois tivemos de esperar que a montassem. Esperamos muito tempo. Foi então que Gertrude Stein escreveu uma porção de pequenos poemas de guerra, alguns deles já publicados no livro *Useful Knowledge*[319], que contém apenas coisas sobre os Estados Unidos.

Agitados com a publicação de *Tender Buttons*, muitos jornais divertiam-se imitando e zombando do trabalho de Gertrude Stein. A revista *Life* iniciou uma série chamada "Gertrude Stein".

Certo dia, Gertrude Stein subitamente escreveu uma carta a Masson[320], que, à época, era editor da *Life*, e disse-lhe que a verdadeira Gertrude Stein era, como Henry McBride apontara, muito mais engraçada que suas imitações em todos os sentidos, para não dizer muito mais interessante, e por que eles então não publicavam o original? Para sua surpresa, ela recebeu uma resposta muito simpática do sr. Masson dizendo que ficaria muito feliz em fazê-lo. E foi o que fizeram. Imprimiram duas coisas que ela lhes enviou, uma sobre o presidente Wilson e outra sobre os esforços de guerra na França. O sr. Masson teve mais coragem que a maioria.

Esse inverno em Paris foi extremamente frio, e não havia carvão.

---

319 *Useful Knowledge* ("Conhecimento Útil", em inglês) é uma coletânea de contos e poemas de Gertrude Stein, publicada em 1928. (N. do T.)
320 Thomas Lansing Masson (1866-1934) — antropólogo, editor e autor americano. (N. do T.)

Finalmente, ficamos sem absolutamente nenhum. Fechamos o salão e ficamos o tempo todo em um quartinho, mas, por fim, o carvão acabou. O governo estava distribuindo carvão para os mais necessitados, mas não achamos justo mandar nossa criada esperar na fila para conseguir algum. Certa tarde, eu estava tremendamente frio, nós saímos e, em uma esquina, encontramos um policial e, a seu lado, um sargento da polícia. Gertrude Stein foi até eles. Olhem só, ela lhes perguntou, o que devemos fazer? Eu moro em um sobrado na Rue de Fleurus e já moro lá há muitos anos. Ah, sim, eles disseram, balançando a cabeça, certamente, madame, nós a conhecemos bem. Bom, ela disse, não tenho carvão nem mesmo para aquecer um quartinho. Não quero mandar minha criada ir pegá-lo de graça, não me parece certo. Agora, disse ela, cabe aos senhores me dizer o que fazer. O policial olhou para o sargento, e o sargento assentiu com a cabeça. Tudo bem, eles disseram.

Fomos para casa. Naquela noite, o policial à paisana apareceu com dois sacos de carvão. Aceitamos com gratidão e não fizemos perguntas. O policial, um bretão forte, tornou-se o nosso faz-tudo. Ele executava todo tipo de serviço para nós, limpava nossa casa, limpava nossas chaminés, abria a porta para que entrássemos e saíssemos, e, nas noites escuras em que os zepelins apareciam, era muito confortável saber que ele estava lá fora, em algum canto.

De vez em quando, o alarme dos zepelins soava, mas, como a tudo o mais, nos acostumamos a eles. Quando apareciam na hora do jantar, continuávamos comendo, e, quando vinham à noite, Gertrude Stein não me acordava, ela dizia que eu poderia muito bem ficar onde estava caso estivesse dormindo, porque era preciso muito mais que a sirene que soava o alarme para me acordar.

Nosso pequeno Ford já estava quase pronto. Mais tarde, ele ganharia o apelido de Titia, em homenagem à tia de Gertrude Stein, Pauline, que sempre se comportava exemplarmente em emergências, e razoavelmente bem na maioria das vezes, se fosse devidamente elogiada.

Certo dia, Picasso chegou com um rapaz esguio e elegante apoiado em seu ombro. Este é Jean, anunciou Pablo, Jean Cocteau[321], e estamos de partida para a Itália.

---

321   Jean Cocteau (1889-1963) – escritor, cineasta, designer, dramaturgo e ator francês. (N. do T.)

Picasso tinha ficado empolgado com a possibilidade de fazer o cenário de um balé russo, com a música de Satie e o libreto de Jean Cocteau. Todo mundo estava na guerra, a vida em Montparnasse não estava muito alegre, Montrouge — mesmo com a ajuda de uma criada fiel — não era lá muito animado, ele também estava precisando de uma mudança. Ficou muito entusiasmado com a chance de ir para Roma. Todos nos despedimos, e cada um seguiu seu próprio caminho.

O carrinho da Ford estava pronto. Gertrude Stein aprendera a dirigir um carro francês, e todos diziam que era a mesma coisa. Nunca dirigi nenhum carro, mas não parecia ser a mesma coisa. Quando ficou pronto, saímos de Paris para ir buscá-lo, e Gertrude Stein foi quem o trouxe dirigindo. É claro que a primeira coisa que ela fez foi deixá-lo morrer bem no meio dos trilhos, entre dois bondes. Todo mundo saiu dos bondes e nos empurrou para fora dos trilhos. No dia seguinte, quando saímos para ver o que aconteceria, conseguimos chegar até a Champs-Élysées e, mais uma vez, paramos. Uma multidão nos empurrou para a calçada e tentou descobrir o que estava ocorrendo. Gertrude Stein girou a manivela, todo mundo girou a manivela, e nada aconteceu. Finalmente, um velho motorista falou, não tem gasolina. Muito orgulhosas, dissemos, ah, sim, tem pelo menos um galão, mas ele insistiu em verificar e, claro, não tinha nada. Então, a multidão parou um cortejo de caminhões militares que subia a Champs-Élysées. Todos pararam, alguns deles trouxeram um imenso tanque de gasolina e tentaram despejá-la no carrinho. Naturalmente, o processo não teve muito sucesso. Finalmente, entrei em um táxi e fui até uma loja do nosso bairro, onde me conheciam, e que vendia vassouras e gasolina. Voltei com uma lata de gasolina e, finalmente, chegamos até o Alcazar d'Été[322], que, naquela época, era a sede da American Fund for French Wounded.

A sra. Lathrop estava esperando um dos carros para levá-la a Montmartre. Imediatamente, ofereci nosso carro e fui contar para

---

322 *O Alcazar d'Été* ("Palácio de Verão", em francês) foi um café-concerto que funcionou em Paris entre os anos de 1869 e 1914. (N. do T.)

Gertrude Stein. Ela falou de Edwin Dodge para mim. Certa vez, o filho de Mabel Dodge disse que gostaria de voar do terraço para o jardim. É tão fácil, disse Edwin Dodge, ser uma mãe espartana.

No entanto, a sra. Lathrop chegou, e o carro saiu em disparada. Devo confessar que fiquei terrivelmente ansiosa até que elas voltassem, mas acabaram voltando.

Tivemos uma reunião com a sra. Lathrop, e ela nos mandou para Perpignan, uma região com muitos hospitais que nenhuma organização americana havia visitado. Pusemo-nos a caminho. Fontainebleau era o mais longe de Paris que havíamos ido com o carro, e foi tremendamente emocionante.

Passamos por algumas aventuras, ficamos atoladas na neve, e eu tinha certeza de que estávamos na estrada errada e queria voltar. Errada ou não, disse Gertrude Stein, vamos continuar. Ela não sabia dar marcha à ré com o carro, e, na verdade, posso dizer que continua sem saber, mesmo quando é capaz de dirigir qualquer carro em qualquer lugar, ainda não consegue dar ré muito bem. Para a frente, vai que é uma maravilha, mas para trás não tem muito jeito. As únicas discussões violentas que tivemos em relação à sua maneira de dirigir foram por causa da marcha à ré.

Nessa viagem rumo ao sul, pegamos nosso primeiro afilhado militar. Começamos então o hábito — que mantivemos durante a guerra — de oferecer carona a qualquer soldado que encontrássemos na estrada. Nós dirigíamos de dia e de noite, em regiões muito solitárias da França, e sempre parávamos e dávamos carona a qualquer soldado. Sempre tivemos experiências extremamente agradáveis com eles. E alguns deles, como às vezes descobríamos, eram tipos bastante grosseirões. Certa vez, Gertrude Stein disse para um soldado que lhe fazia um favor — eles sempre lhe faziam favores, sempre que havia um soldado ou um motorista ou qualquer espécie de homem, em qualquer lugar, ela nunca tinha de fazer nada sozinha, nem mesmo trocar um pneu, girar a manivela do carro ou consertá-lo. Gertrude Stein disse a esse soldado, mas você é *tellement gentil*, tão bom e gentil. Madame, ele disse com muita simplicidade, todos os soldados são bons e gentis.

Essa capacidade de Gertrude Stein de fazer com que todos fizessem qualquer coisa por ela intrigava os outros motoristas da organização. A sra. Lathrop, que dirigia seu próprio carro, disse que ninguém fazia tais coisas por ela. Não eram só os soldados, um motorista era capaz de largar o volante de um carro particular no meio da Place Vendôme para girar a manivela do velho Ford para ela. Gertrude Stein dizia que os outros pareciam tão eficientes que ninguém pensaria em ter de fazer nada por eles. Agora, quanto a ela, não havia nada de eficiente, ela era bem-humorada, era democrática, uma pessoa valia tanto quanto qualquer outra para ela, e ela sabia o que queria que fosse feito. Se somos assim, dizia ela, qualquer um fará qualquer coisa por você. O importante, ela insiste, é que tenhamos, lá no fundo, o senso de igualdade. Então, qualquer um fará qualquer coisa por você.

Pegamos nosso primeiro afilhado militar não muito longe da cidade de Saulieu. Era um açougueiro em um vilarejo minúsculo perto de Saulieu. Nossa carona foi um bom exemplo da democracia do Exército francês. Havia três soldados caminhando ao longo da estrada. Paramos e dissemos que poderíamos levar um deles no estribo. Os três estavam indo para casa, de licença, e caminhavam pelo campo, a partir da cidade grande mais próxima de suas respectivas casas. Um deles era tenente, outro era sargento e o terceiro, soldado. Eles nos agradeceram e, então, o tenente disse aos outros dois, até onde vocês precisam ir? Cada um falou a distância, e depois perguntaram, e você, meu tenente, aonde vai? Ele respondeu-lhes. Então todos concordaram que era o soldado que tinha o caminho mais longo a percorrer, e, portanto, era seu direito pegar a carona. Ele prestou continência ao tenente e ao sargento e subiu.

Como disse, ele foi nosso primeiro afilhado militar. Tivemos muitos outros depois, e foi uma tarefa árdua manter contato com todos eles. Os deveres de uma madrinha militar eram escrever uma carta com a mesma frequência com que a recebia e enviar um pacote com confortos e guloseimas a cada dez dias. Eles gostavam dos pacotes, mas gostavam muito mais das cartas. E respondiam muito prontamente. Eu tinha a impressão de que, assim que minha carta era escrita, já havia uma resposta. E, então, era preciso lembrar de todas as histórias de suas famílias, e, certa vez, fiz uma coisa terrível, misturei minhas cartas e pedi a um soldado, de cuja esposa eu já sabia tudo e cuja mãe havia morrido, que mandasse lembranças à sua mãe e, para aquele cuja mãe estava viva, que mandasse lembranças à sua esposa. As cartas que recebi em resposta foram bastante tristes. Cada uma delas explicava-me que eu cometera um erro, e pude perceber que eles ficaram profundamente magoados com meu engano.

O afilhado mais encantador que já tivemos foi um que adotamos na cidade de Nîmes. Um dia, quando estávamos por lá, deixei cair minha bolsa. Não dei por sua falta até que voltamos para o hotel, e então fiquei bastante chateada, já que havia bastante dinheiro nela. Enquanto estávamos jantando, o garçom disse que alguém queria nos ver. Saímos e encontramos um homem com a bolsa na mão. Ele disse que a tinha achado na rua e, assim que terminou seu trabalho, veio ao hotel para nos entregá-la. Havia um cartão meu na bolsa, e ele tinha certeza de que uma estrangeira só poderia estar no hotel, além do que, àquela altura, já éramos bastante conhecidas em Nîmes. Naturalmente, ofereci-lhe uma recompensa considerável com o dinheiro que estava na bolsa, mas ele recusou. Disse, entretanto, que tinha um favor a pedir. Sua família era de refugiados da região do Marne, e seu filho Abel, agora com 17 anos, acabara de apresentar-se como voluntário e, no momento, estava na guarnição de Nîmes — será que eu poderia ser sua madrinha? Disse-lhe que sim, e pedi-lhe que dissesse ao filho que viesse me ver em sua primeira noite livre. Na noite seguinte, o soldado mais jovem, mais doce e mais baixinho que se poderia imaginar apareceu. Tratava-se de Abel.

Ficamos muito apegadas a Abel. Sempre me lembro de sua primeira carta do *front*. Ele começava dizendo que realmente não havia se surpreendido com nada no *front*, era tudo exatamente como lhe descreveram e como ele imaginara, a não ser que não havia mesas e todos eram obrigados a escrever sobre os joelhos.

Da próxima vez que o vimos, ele estava usando a *fourragère*[323]

---

323 Espécie de cordão trançado usado sobre o ombro esquerdo como forma de condecoração militar. (N. do T.)

vermelha, seu regimento como um todo havia sido condecorado com a Legião de Honra, e estávamos muito orgulhosas de nosso *filleul*[324]. Depois, quando fomos para a Alsácia com o Exército francês, após o Armistício, trouxemos Abel para ficar alguns dias conosco, e era possível ver o orgulho que ele sentiu ao subir ao topo da Catedral de Estrasburgo.

Quando finalmente voltamos para Paris, Abel veio ficar conosco uma semana. Nós o levamos para conhecer toda a cidade, e, no fim do primeiro dia, ele disse solenemente que valera a pena lutar por tudo aquilo. Mas Paris à noite o assustava, e sempre tínhamos de arranjar alguém para sair com ele. O *front* não o assustara, mas Paris à noite, sim.

Algum tempo depois, ele nos escreveu dizendo que a família iria se mudar para outra região e deu-me seu novo endereço. Por algum erro, nossa carta não chegou até ele, e perdemos contato.

Por fim, chegamos a Perpignan e começamos a visitar hospitais, a distribuir nossos mantimentos e a perguntar à sede se eles precisavam de mais do que havíamos levado. No início foi um pouco difícil, mas logo já estávamos fazendo todos os nossos deveres muito bem. Também recebemos uma grande quantidade de bolsas de água quente, e distribuí-las era um eterno prazer, era como um Natal que nunca acabava. Sempre conseguíamos permissão do chefe do hospital para distribuí-las aos próprios soldados, o que por si só já era um imenso prazer. Ele também nos autorizava a pedir aos soldados que escrevessem imediatamente cartões de agradecimento, que costumávamos enviar aos montes para a sra. Lathrop, que os mandava para os Estados Unidos, para as pessoas que haviam enviado as bolsas. E, assim, todo mundo ficava satisfeito.

E, então, surgiu a questão da gasolina. O American Fund for French Wounded tinha uma ordem do governo francês que lhes dava certos privilégios na compra da gasolina. Mas não havia gasolina para comprar. O Exército francês dispunha de bastante e estava disposto a oferecer um pouco para nós, mas eles não podiam vendê-la, e nós

---

[324] "Afilhado", em francês. (N. do T.)

tínhamos privilégios para comprá-la, mas não para recebê-la de graça. Foi necessário marcar uma entrevista com o oficial comandante do departamento responsável pelo fornecimento.

Gertrude Stein estava sempre disposta a dirigir o carro para qualquer lugar, a girar a manivela sempre que não houvesse mais ninguém para fazê-lo, a consertar o carro, e devo dizer que ela era muito boa nisso, mesmo que não quisesse desmontar o carro todo e montá-lo de volta, só para praticar — como eu queria que ela fizesse no início —, e ela resignava-se até mesmo a levantar-se de manhã, mas recusava-se terminantemente a entrar em qualquer escritório e passar por uma entrevista com qualquer funcionário. Oficialmente, eu era a representante e ela, a motorista, mas eu é que tive de ir à entrevista com o major.

Era um major encantador. O caso já se arrastava havia um tempo, ele me mandou para um lado e para outro, mas finalmente o assunto foi esclarecido. Durante todo esse tempo, é claro, ele me chamou de *mademoiselle* Stein, porque o nome de Gertrude Stein estava em todos os documentos que eu lhe apresentei, já que ela era a motorista. E agora, disse ele, Mademoiselle Stein, minha esposa está muito ansiosa para conhecê-la e pediu-me para convidá-la para jantar conosco. Fiquei muito confusa. Hesitei. Mas não sou a *mademoiselle* Stein, disse-lhe. Ele quase caiu da cadeira. O quê, gritou ele, não é a *mademoiselle* Stein? Então quem é a senhorita? Devo lembrar a todos que estávamos em tempo de guerra, e Perpignan era quase na fronteira com a Espanha. Bem, disse eu, o senhor entende, a *mademoiselle* Stein... Onde está a *mademoiselle* Stein, ele perguntou. Ela está lá embaixo, disse eu, baixinho, no automóvel. Bem, o que significa tudo isso, perguntou ele. Bem, eu disse, veja bem, a *mademoiselle* Stein é a motorista, e eu sou a representante, e *mademoiselle* Stein não tem paciência para entrar em escritórios e esperar e ter reuniões com as pessoas e explicar, então eu faço isso em seu lugar enquanto ela espera sentada no automóvel. Mas o que você teria feito se eu tivesse lhe pedido que assinasse algo? Eu teria lhe dito tudo, disse eu, como estou dizendo agora. Então, disse ele, vamos descer e ver essa tal *mademoiselle* Stein.

Descemos, e Gertrude Stein estava sentada no banco do motorista do pequeno Ford, e ele foi até ela. Imediatamente tornaram-se amigos, ele refez o convite, e fomos jantar com eles. Divertimo-nos muito. *Madame* Dubois era de Bordeaux, a terra da comida e do vinho. E que comida, especialmente a sopa! Para mim, continua sendo o padrão de comparação com todas as outras sopas do mundo. Às vezes, algumas delas chegam perto, pouquíssimas se comparam, mas nenhuma a superou.

Perpignan não fica muito longe de Rivesaltes, e Rivesaltes é a terra natal de Joffre[325]. Ela tinha um pequeno hospital, e recebemos suprimentos extras em homenagem a Papa Joffre. Tiramos uma foto nossa dentro do pequeno Ford — mostrando o emblema da Cruz Vermelha e também do AFFW — em frente à casa em que Joffre nasceu, mandamos revelar a foto e a enviamos para a sra. Lathrop. Os cartões-postais com a foto foram enviados para os Estados Unidos e vendidos em benefício do Fundo. Nesse meio-tempo, os Estados Unidos entraram na guerra, e pedimos que alguém nos enviasse muitas fitas com as estrelas e listras da bandeira americana. Cortamos uma por uma e entregamos a todos os soldados, e tanto eles quanto nós duas ficamos muito felizes.

O que me faz lembrar de um camponês francês. Mais tarde, em Nîmes, levávamos um motorista de ambulância americano no carro conosco e estávamos no meio do interior. O rapaz foi visitar uma cachoeira, eu entrei em um hospital, e Gertrude Stein ficara no carro. Quando voltei, ela me disse que um velho camponês se aproximara dela e perguntara que uniforme era aquele que o rapaz estava usando. Esse, ela disse com orgulho, é o uniforme do Exército americano, seu novo aliado. E então, pensativo, disse, só me pergunto o que vamos fazer juntos, *je me demande, je me demande, qu'est-ce que nous ferons ensemble?*[326]

Terminado nosso trabalho em Perpignan, começamos nossa viagem de volta a Paris. No caminho, aconteceu de tudo com o carro. Talvez estivesse quente demais até mesmo para um Ford em Perpignan. Perpignan fica abaixo do nível do mar, perto do Mediterrâneo, e é bem quente.

---

325 Joseph Joffre (1852-1931) foi um general francês, comandante do exército de seu país durante a Primeira Guerra Mundial, nos anos de 1914 a 1916. Graças à sua popularidade, ganhou o apelido de Papa Joffre ("Papai Joffre", em francês). (N. do T.)

326 "Eu me pergunto, eu me pergunto, o que é que faremos juntos?", em francês. (N. do T.)

Gertrude Stein — para quem quanto mais quente, melhor — nunca mais ficou tão entusiasmada com o calor depois dessa experiência. Ela me disse que se sentia como uma panqueca, quente por cima e por baixo, e, além disso, tendo de girar a manivela do carro. Nem sei quantas vezes ela chegou a xingar e dizer, vou deixar essa porcaria no ferro-velho, é isso que vou fazer, vou abandonar essa porcaria. Eu a encorajava e protestava, até o carro dar partida novamente.

Foi por isso que a sra. Lathrop pregou uma peça em Gertrude Stein. Depois que a guerra acabou, fomos ambas condecoradas pelo governo francês, recebemos a Reconnaissance Française[327]. Sempre que se recebe uma condecoração, uma citação a acompanha, dizendo o motivo de ela ter sido conferida. Nossa citação foi exatamente a mesma, a não ser que, no meu caso, disseram que minha devoção havia sido *sans relâche*, sem esmorecimento e, no caso dela, não incluíram as palavras *sans relâche*.

No caminho de volta para Paris, como já disse, aconteceu de tudo com o carro, mas Gertrude Stein, com a ajuda de um velho andarilho que encontramos na estrada, que empurrava e sacudia o carro nos momentos mais críticos, fez com que conseguíssemos chegar a Nevers, onde encontramos o primeiro destacamento do Exército americano. Ele era composto do regimento de intendentes e da infantaria, o primeiro contingente que havia chegado à França. Ali, ouvimos pela primeira vez o que Gertrude Stein chama de triste canção da infantaria, cuja letra diz que todos no Exército americano já se amotinaram em algum momento, menos os oficiais da infantaria.

Ao entrarmos em Nevers, imediatamente avistamos Tarn McGrew[328], um californiano e parisiense que conhecíamos de vista, mas ele estava fardado, e pedimos-lhe ajuda. Ele veio até nós. Relatamos nossos problemas. Ele disse, muito bem, coloquem o carro na garagem do hotel e amanhã alguns dos soldados vão consertá-lo. Foi o que fizemos.

---

327 A Médaile de la Reconnaissance Française ("Medalha do Reconhecimento Francês") é uma medalha de honra criada em 1917 em homenagem aos colaboradores civis na Primeira Guerra Mundial. (N. do T.)

328 John Tarn McGrew (1876-1955) — adido militar da Embaixada Americana em Paris de 1918 até sua morte. Diferentemente do que a autora afirma, era natural do estado americano do Havaí. (N. do T.)

A pedido do sr. McGrew, passamos aquela noite na YMCA[329] local e vimos, pela primeira vez em muitos anos, americanos típicos, do tipo que nunca viria voluntariamente para a Europa. Foi uma experiência emocionante. Gertrude Stein, claro, conversou com todos eles, queria saber de que estado e cidade cada um tinha vindo, o que faziam, quantos anos tinham e se estavam gostando dali. Conversou também com as garotas francesas que estavam com os rapazes americanos, e elas lhe disseram o que achavam dos rapazes americanos, e os rapazes disseram-lhe tudo o que achavam das garotas francesas.

Ela passou o dia seguinte na garagem com o Califórnia e o Iowa, como começou a chamar os dois soldados encarregados de consertar seu carro. Ela gostou muito deles, pois, toda vez que ouviam um barulho terrível vindo sabe-se lá de onde, diziam solenemente um para o outro, algum motorista francês está trocando de marcha. Gertrude Stein, Iowa e Califórnia divertiram-se tanto que, lamento dizer, o carro não funcionou muito bem depois que saímos de Nevers, mas, de qualquer forma, chegamos a Paris.

Foi nessa época que Gertrude Stein teve a ideia de escrever uma história dos Estados Unidos que consistia em capítulos em que Iowa não concorda com Kansas, Kansas não concorda com Nebraska etc. Ela chegou a escrever algo nesse sentido, o que também foi impresso no livro *Useful Knowledge*.

Não ficamos em Paris por muito tempo. Assim que o carro ficou pronto, partimos para Nîmes, tínhamos de passar por três departamentos diferentes, Gard, Bouches-du Rhône e Vaucluse[330].

Chegamos a Nîmes e ali começamos a levar uma vida bastante confortável. Fomos visitar o chefe do serviço médico militar da cidade, o dr. Fabre, e, graças à extrema gentileza dele e de sua esposa, logo nos sentimos em casa em Nîmes. Mas, antes que começássemos nosso trabalho na cidade, o dr. Fabre pediu-nos um favor. Não havia mais

---

329 A Young Men's Christian Association ("Associação Cristã de Moços", em inglês) foi fundada em Londres em 1844. No Brasil, é chamada de ACM. (N. do T.)

330 Os três departamentos (divisão administrativa francesa equivalente aos estados brasileiros, como já mencionado na nota 142) localizam-se no sul da França, próximo ao Mediterrâneo. (N. do T.)

nenhuma ambulância em Nîmes. No hospital militar havia um farmacêutico, capitão do Exército, que estava muito doente, à beira da morte, e queria morrer na própria casa. Sua esposa estava com ele e ficaria sentada ao seu lado, e não teríamos nenhuma responsabilidade para com ele a não ser levá-lo para casa. Claro que dissemos que o levaríamos, e foi o que fizemos.

Foi uma longa e difícil viagem pelas montanhas, e já estava escuro muito antes que voltássemos. Ainda estávamos a certa distância de Nîmes quando, de repente, vimos duas figuras na estrada. As luzes do velho Ford não iluminavam grande coisa na estrada, e absolutamente nada nas laterais, e não pudemos ver muito bem quem era. No entanto, paramos — como sempre fizemos quando alguém nos pedia carona. Um dos homens, evidentemente um oficial, disse, meu carro quebrou e preciso voltar para Nîmes. Tudo bem, dissemos, vocês dois podem subir na parte de trás, vão encontrar um colchão e outras coisas, fiquem à vontade. Seguimos para Nîmes. Quando entramos na cidade, perguntei, através da janelinha traseira, onde vocês querem descer, para onde estão indo, uma voz respondeu. Para o Hotel Luxembourg, respondi. Lá está ótimo, a voz respondeu. Chegamos em frente ao Hotel Luxembourg e paramos. Ali havia luz suficiente. Ouvimos uma confusão lá atrás e, então, um homenzinho, muito violento, com o quepe, os ramos de carvalho na lapela e a medalha de honra pendurada no pescoço, típicos de um general, apareceu diante de nós. Ele disse, gostaria de lhes agradecer, mas, antes, devo perguntar quem são vocês. Nós, respondi alegremente, somos representantes do American Fund for French Wounded e, por enquanto, estamos locadas em Nîmes. E eu, retrucou ele, sou o general que comanda as tropas locais, e, pelo que posso ver em seu carro, vocês têm um número militar francês, vocês deveriam ter se apresentado a mim imediatamente. Deveríamos, eu perguntei, não sabia, sinto muitíssimo. Está tudo bem, disse ele, agressivo, se quiserem ou precisarem de alguma coisa, avisem-me.

Nós o avisamos logo depois, porque, é claro, havia a eterna questão da gasolina, e ele mostrou-se a gentileza em pessoa e providenciou tudo para nós.

O general baixinho e sua esposa eram do norte da França e tinham perdido sua casa, e falavam de si mesmos como se fossem refugiados. Quando, mais tarde, a Grande Bertha[331] começou a atirar contra Paris e uma granada atingiu os Jardins de Luxemburgo, muito perto da Rue de Fleurus, devo confessar que comecei a chorar e disse que não queria ser uma pobre refugiada. Tínhamos ajudado muitos refugiados. Gertrude Stein disse, a família do general Frotier é refugiada e não tem nada de pobre. Mais pobre do que gostaria de ser, disse, com amargor.

Logo o Exército americano chegou a Nîmes. Certo dia, *madame* Fabre nos encontrou e disse que sua cozinheira havia visto alguns soldados americanos. Ela deve ter confundido os soldados ingleses com eles, dissemos. De jeito nenhum, ela respondeu, ela é muito patriótica. De qualquer forma, os americanos chegaram, um regimento de soldados do serviço de suprimentos, e me lembro muito bem de como gostavam de falar enfatizando o *de*.

Logo passamos a conhecê-los bem, alguns deles até mesmo muito bem. Havia Duncan, um garoto do sul com um sotaque sulista tão acentuado que, quando se empolgava ao contar alguma história, eu não conseguia entender nada. Gertrude Stein, cuja família era de Baltimore, não tinha grande dificuldade, e eles chegavam a gritar de tanto rir, e tudo o que eu podia compreender era que tinham-no matado como se ele fosse uma galinha. As pessoas em Nîmes tinham tanta dificuldade quanto eu. Muitas das mulheres de Nîmes falavam inglês muito bem. Sempre houve governantas inglesas em Nîmes, e os habitantes da cidade sempre se orgulharam de seus conhecimentos da língua, mas, como costumavam dizer, não só não conseguiam entender esses americanos como esses americanos também não conseguiam entendê-las quando falavam inglês. Tive de admitir que se passava mais ou menos a mesma coisa comigo.

Os soldados eram todos de Kentucky, Carolina do Sul etc., e eram difíceis de entender.

Duncan era um amor. Era sargento encarregado do almoxarifado no acampamento e, quando começamos a encontrar soldados

---

331 Apelido do morteiro alemão usado para bombardear Paris em 1918. (N. do T.)

americanos nos hospitais franceses, sempre levávamos Duncan conosco para repor-lhes as roupas da farda perdidas, e pão branco. O pobre Duncan vivia infeliz por não estar no *front*. Havia se alistado muito tempo antes, desde a missão no México, e ali estava ele, na retaguarda, sem esperanças de escapar, já que era um dos poucos que entendia o complicado sistema de contabilidade do Exército e seus oficiais não o recomendariam para o *front*. Vou acabar indo, dizia ele ressentido, podem me expulsar se quiserem, mas vou acabar indo. Mas, como costumávamos dizer-lhe, há muitos desertores, o sul da França está cheio deles, sempre encontrávamos alguns, e eles nos perguntavam, há alguma patrulha militar por aí? Duncan não tinha sido feito para esse tipo de vida. Pobre Duncan. Dois dias antes do Armistício, ele veio nos ver, estava bêbado e amargurado. Geralmente, ele era um menino sóbrio, mas ter de voltar e enfrentar a família sem nunca ter estado no *front* era horrível demais. Ficou conosco em uma salinha e, na sala da frente, havia alguns de seus oficiais, e não seria bom se eles o vissem naquele estado, e era hora de voltar para o acampamento. Ele adormecera com a cabeça apoiada na mesa. Duncan, disse Gertrude Stein, bruscamente, sim, ele respondeu. Ela disse-lhe, ouça Duncan. A srta. Toklas vai se levantar, levante-se você também e fixe bem os olhos na nuca dela, entendeu? Sim, ele disse. Bom, então ela vai começar a andar, e você vai segui-la, e não tire nem por um momento seus olhos da nuca dela até entrar no meu carro. Sim, disse ele. E assim ele fez, e Gertrude Stein levou-o para o acampamento.

Querido Duncan. Foi ele quem ficou todo animado com a notícia de que os americanos haviam tomado 40 vilarejos em Saint-Mihiel. Naquela tarde, ele deveria ir conosco a Avignon para entregar algumas caixas. Estava sentado bem ereto no estribo, e, de repente, algumas casas atraíram-lhe a atenção. O que é aquilo, ele perguntou. Ah, apenas um vilarejo, disse Gertrude Stein. Em um minuto, mais algumas casas apareceram. E o que são essas casas, perguntou ele. Ah, apenas mais um vilarejo. Ele ficou em silêncio, contemplando a paisagem como se nunca tivesse visto nada parecido antes. De repente, soltou um suspiro profundo, 40 vilarejos não é grande coisa, disse.

Nós gostávamos muito da vida com esses soldados. Não gostaria de contar nada além das histórias dos soldados. Todos eles davam-se incrivelmente bem com os franceses. Eles trabalhavam juntos nas oficinas de conserto das ferrovias. A única coisa que incomodava os americanos eram as longas horas de trabalho. Eles ficavam muito concentrados para trabalhar durante tanto tempo. Finalmente, foi feito um acordo de que os americanos cumpririam o expediente americano e os franceses, o expediente francês. Havia entre eles uma grande rivalidade, porém amistosa. Os rapazes americanos não viam utilidade em caprichar tanto em algo que logo seria fuzilado novamente, os franceses diziam que eles não consideravam pronto um trabalho mal-acabado. Mas ambos os grupos gostavam muito um do outro.

Gertrude Stein vivia dizendo que a guerra era muito melhor que voltar para os Estados Unidos. Aqui, convivia-se com um lado dos Estados Unidos que, se voltássemos para lá, nunca conheceríamos. De vez em quando, um dos soldados americanos acabava no hospital de Nîmes, e, como o dr. Fabre sabia que Gertrude Stein tinha se formado em medicina, ele sempre queria que ela estivesse junto do soldado nessas ocasiões. Um deles caiu do trem. Ele não acreditou que os pequenos trens franceses pudessem ser tão rápidos, mas eram, e rápidos o suficiente para matá-lo.

Foi um acontecimento extraordinário. Gertrude Stein, em companhia da esposa do *préfet* — o chefe de governo do departamento — e da esposa do general, foram quem mais lamentou a morte. Duncan e outros dois soldados tocaram o clarim, e todos fizeram discursos. O pastor protestante perguntou a Gertrude Stein sobre o homem morto, sobre suas virtudes, e ela perguntou aos outros soldados. Foi difícil encontrar qualquer virtude nele. Aparentemente, ele tinha sido um cidadão bastante duro. Mas vocês não podem me dizer nada de bom a seu respeito, ela perguntou, desesperada. Por fim, Taylor, um de seus amigos, ergueu o olhar solenemente e disse, posso lhe dizer que ele tinha um coração tão grande quanto uma banheira.

Muitas vezes me pergunto, sempre me perguntava, se algum desses soldados que conheceram tão bem Gertrude Stein naquela época chegou a relacioná-la com a Gertrude Stein dos jornais.

Levávamos uma vida muito ocupada. Havia todos os americanos, muitos deles nos pequenos hospitais na vizinhança, assim como no regimento de Nîmes, e tínhamos de localizá-los e ser gentis com eles, e havia também todos os franceses nos hospitais, e tínhamos de visitá-los, pois era realmente essa a nossa obrigação, e, mais tarde, veio a gripe espanhola, e Gertrude Stein e um dos médicos militares de Nîmes costumavam ir a todos os vilarejos da vizinhança, a quilômetros de distância, para trazer para Nîmes os soldados e oficiais que haviam adoecido em sua casa enquanto estavam de licença.

Foi durante essas longas viagens que ela voltou a escrever bastante. A paisagem e aquela vida estranha a estimulavam. Também foi nessa época que ela começou a se apaixonar pelo vale do Rio Ródano, o cenário que, entre todos os outros, mais tem significado para ela. Ainda continuamos morando aqui em Bilignin, no Vale do Ródano.

Na mesma época, ela escreveu o poema "The Deserter", impresso quase imediatamente na revista *Vanity Fair*. Henry McBride havia despertado o interesse de Crowninshield[332] por sua obra.

Certo dia, quando estávamos em Avignon, encontramos Braque. Braque fora gravemente ferido na cabeça e tinha ido para Sorgues, perto de Avignon, para se recuperar. Era lá que estava hospedado quando recebeu sua convocação. Foi muito agradável ver os Braque novamente. Picasso acabara de escrever para Gertrude Stein anunciando seu casamento com uma *jeune fille*, uma autêntica dama, e enviara a Gertrude Stein, como lembrança do casamento, um quadrinho adorável e uma fotografia da pintura de sua esposa.

Foi esse quadrinho adorável que ele copiou para mim muitos anos depois em tela de tapeçaria, e eu o bordei, começando minha vida como tapeceira. Não achei que fosse possível pedir-lhe que me desenhasse algo para bordar, mas, quando falei com Gertrude Stein, ela disse, tudo bem, vou arranjar para você. E então, certo dia, quando ele estava em nossa casa, ela disse, Pablo, a Alice quer fazer uma tapeçaria com aquele quadrinho, e eu disse que iria traçá-lo para ela. Ele olhou para ela com um ar de leve desprezo, se isso for feito por alguém, disse, será

---

332 Francis Crowninshield (1872-1947) — jornalista e crítico de arte americano, conhecido por ter sido editor da revista *Vanity Fair* por 21 anos. (N. do T.)

feito por mim. Bem, disse Gertrude Stein, fazendo surgir um pedaço de tela de tapeçaria, então mãos à obra, e ele traçou o desenho. E, desde então, tenho bordado tapeçarias com seus desenhos, e elas fazem muito sucesso e combinam maravilhosamente com cadeiras velhas. Fiz duas cadeiras estilo Luís XV dessa forma. Agora, ele é gentil o suficiente para fazer os desenhos na minha tela de trabalho e ainda trata de colori-los.

Braque contou-nos que Apollinaire também havia se casado com uma autêntica dama. Ficamos um bom tempo fofocando. Mas, na verdade, não havia muitas notícias para contar.

O tempo foi passando, nós nos mantivemos bastante ocupadas, e, então, veio o Armistício. Fomos as primeiras a levar a notícia a muitos vilarejos. Os soldados franceses nos hospitais mostravam-se mais aliviados do que felizes. Pareciam não sentir que seria uma paz tão duradoura. Lembro-me de um deles dizendo a Gertrude Stein quando ela lhe contou, bem, chegou a paz, pelo menos por 20 anos, exclamou.

Na manhã seguinte, recebemos um telegrama da sra. Lathrop. Venham imediatamente, quero que vocês acompanhem o Exército francês até a Alsácia. Não paramos no caminho. Fizemos todo o percurso em um só dia. Pouco depois, partimos para a Alsácia.

Partimos e, na estrada, tivemos nosso primeiro e único acidente. As estradas estavam terríveis, cheias de lama, sulcos, neve derretendo e lotadas de tropas francesas que se dirigiam para a Alsácia. Enquanto passávamos, dois cavalos que arrastavam uma cozinha militar saíram da formação e atingiram nosso Ford, o para-lama e o baú de ferramentas caíram e, o pior de tudo, o eixo da direção ficou completamente torto. Os soldados pegaram nossas ferramentas e nosso para-lama, mas não havia nada a fazer quanto ao eixo entortado. Seguimos adiante, com o carro ziguezagueando pela estrada lamacenta, subindo e descendo morros e com Gertrude Stein agarrada ao volante. Finalmente, depois de cerca de 40 quilômetros, avistamos na estrada alguns motoristas de ambulância americanos. Onde podemos consertar nosso carro? Logo ali adiante, eles responderam. Avançamos mais um pouco e encontramos uma ambulância americana. Eles não tinham um para-lama extra, mas poderiam nos dar outro eixo. Contei nossos problemas ao sargento, ele soltou um grunhido e falou baixinho com um mecânico.

Então, virando-se para nós, disse, rispidamente, traga o carro para cá. Depois, o mecânico tirou a jaqueta da farda e jogou-a sobre o radiador. Como Gertrude Stein sempre dizia, quando qualquer americano fizer isso, pode confiar-lhe o carro.

Nunca tínhamos percebido antes para que serviam os para-lamas, mas quando chegamos a Nancy, já havíamos descoberto. A oficina militar francesa forneceu-nos um novo para-lama e um novo baú de ferramentas, e seguimos caminho.

Logo chegamos aos campos de batalha e às linhas das trincheiras de ambos os lados. Para quem nunca viu como são, é impossível imaginar. Não eram assustadoras, eram estranhas. Estávamos acostumadas a casas em ruínas, até mesmo a cidades em ruínas, mas aquilo era diferente. Era uma paisagem. E não pertencia a país nenhum.

Lembro-me de ouvir uma enfermeira francesa dizer, certa vez, e a única coisa que ela disse sobre o *front foi c'est un paysage passionnant*, é uma paisagem impressionante. E foi isso que vimos. Era estranho. Camuflagem, cabanas, havia de tudo ali. Era úmido e escuro, havia poucas pessoas, ninguém sabia se eram chineses ou europeus. A correia do nosso motor tinha parado de funcionar. Um carro oficial parou, e consertaram-na com um grampo de cabelo nosso, ainda usávamos grampos de cabelo naquela época.

Outra coisa que chamou muito nossa atenção foi perceber como a camuflagem dos franceses era diferente da camuflagem dos alemães, e, quando nos aproximamos mais, percebemos uma terceira camuflagem realmente muito real, era a camuflagem americana. A ideia era a mesma, mas, como afinal eram de diferentes nacionalidades, as diferenças eram inevitáveis. Os esquemas de cores eram diferentes, os desenhos eram diferentes, a forma de dispô-los era diferente, ficava clara toda a teoria da arte e sua inevitabilidade.

Finalmente chegamos a Estrasburgo e, depois, seguimos para Mulhouse. Ficamos lá até meados de maio.

Nossa missão na Alsácia não tinha a ver com hospitais, mas com refugiados. Os habitantes estavam voltando para suas casas em ruínas por todo o interior devastado, e o objetivo da AFFW era dar-lhes um par de cobertores, roupas de baixo e meias de lã para os bebês e as crianças de cada família. Havia boatos de que os sapatinhos de bebê que nos mandaram faziam parte dos presentes enviados à mulher do presidente Wilson, que, na época, estava prestes a dar à luz um pequeno Wilson. Havia inúmeros sapatinhos de bebê, mas não o suficiente para toda a Alsácia.

Nossa sede funcionava no salão de reuniões de um dos grandes prédios escolares de Mulhouse. Os professores alemães haviam desaparecido, e os professores franceses que por acaso estivessem no Exército foram postos temporariamente para dar aulas. O diretor de nossa escola estava desesperado, não com a docilidade de seus alunos, nem com sua vontade de aprender francês, mas por causa de suas roupas. As crianças francesas andam sempre bem vestidas. Não existem crianças maltrapilhas, mesmo os órfãos que moram em vilarejos rurais estão sempre bem vestidos, assim como todas as francesas estão permanentemente bem-arrumadas, mesmo as pobres e as idosas. As crianças nem sempre estão limpas, mas sempre estão bem-vestidas. Desse ponto de vista, os trapos multicoloridos, mesmo os das crianças alsacianas relativamente prósperas, eram deploráveis, e os professores franceses sofriam com isso. Fizemos o possível para ajudar o diretor com os aventais pretos das crianças, mas não havia para todo mundo, além de termos de guardá-los para os refugiados.

Acabamos conhecendo a Alsácia e os alsacianos muito bem, todos os tipos que havia. Eles ficaram surpresos com a simplicidade com que o Exército e os soldados franceses cuidavam de si mesmos. Não estavam acostumados com isso no Exército alemão. Por outro lado, os soldados franceses desconfiavam dos alsacianos, que estavam ansiosos demais para se portar como franceses, mesmo não sendo. Eles não estão sendo sinceros, diziam os soldados franceses. E é verdade. Os franceses, todos eles, são sinceros. Eles são muito educados, muito desenvoltos, mas, mais cedo ou mais tarde, acabam dizendo a verdade. Os alsacianos não são desenvoltos, não são educados e não dizem a verdade a qualquer custo. Talvez, com o contato permanente com os franceses, acabem aprendendo a ser como eles.

Nós continuamos com a distribuição. Entramos em todos os

vilarejos devastados. Normalmente, pedíamos ao padre local que nos ajudasse com a distribuição. Um deles, que nos deu uma porção de bons conselhos e de quem nos tornamos muito amigas, tinha apenas um grande cômodo intacto em sua casa. Sem nenhum biombo nem divisória, ele conseguiu dividi-lo em três partes, a primeira com os móveis da sala, a segunda com os móveis da sala de jantar e a terceira com os móveis do quarto. Quando almoçamos com ele — e almoçamos muito bem, e seus vinhos alsacianos eram muito bons —, ele nos recebeu em sua sala, pediu-nos licença, retirou-se para seu quarto para lavar as mãos e, então, convidou-nos muito formalmente para entrar em sua sala de jantar, tudo parecia um cenário teatral antigo.

Continuamos a distribuição, dirigimos pela neve, conversávamos com todos e todos conversavam conosco, e, no fim de maio, todo nosso estoque acabara, e decidimos ir embora.

Voltamos para casa passando por Metz, por Verdun e pela casa de Mildred Aldrich.

Mais uma vez, voltamos para uma Paris mudada. Estávamos inquietas. Gertrude Stein começou a trabalhar muito, foi nessa época que ela escreveu *Accents in Alsace*[333] e outras peças políticas, as últimas peças de *Geography and Plays*. Ainda andávamos à sombra dos esforços de guerra e continuamos a fazer alguns trabalhos, visitando hospitais e soldados que ainda estavam em tratamento, agora bastante negligenciados por todos. Gastamos muito dinheiro durante a guerra e estávamos economizando, era difícil conseguir uma criada, quase impossível, os preços estavam muito altos. Por enquanto, nos contentamos com uma *femme de ménage*[334] por apenas algumas horas por dia. Eu costumava dizer que Gertrude Stein era a motorista e eu, a cozinheira. Íamos todos os dias bem cedo aos mercados públicos comprar nossos mantimentos. Era um mundo confuso.

Jessie Whitehead chegara com a comissão de paz como secretária de uma das delegações e, é claro, estávamos muito interessadas em

---

333 *Accents in Alsace, a Reasonable Tragedy* ("Sotaques na Alsácia, uma Tragédia Sensata"), como indicado logo depois, foi publicada em 1922 na coletânea Geography and Plays. (N. do T.)
334 "Faxineira", em francês. (N. do T.)

saber tudo sobre a paz. Foi então que Gertrude Stein descreveu um dos rapazes da comissão de paz, que falava sem parar, como alguém que sabia tudo sobre a guerra, tendo chegado depois da paz. Os primos de Gertrude Stein vieram, todo mundo veio, todo mundo estava insatisfeito e todo mundo estava inquieto. Era um mundo inquieto e conturbado.

Gertrude Stein e Picasso brigaram. Nenhum dos dois sabia bem o porquê. De qualquer forma, não se viram por um ano e, então, encontraram-se por acaso em uma festa na casa de Adrienne Monnier[335]. Picasso disse para ela, como vai você, e falou algo sobre ela vir visitá-lo. Não, não vou, respondeu ela, sombria. Picasso veio até mim e disse, Gertrude diz que não vai me visitar, é sério? Receio que, se ela disse isso, deva ser sério. Não se viram por mais um ano e, nesse meio-tempo, o filho de Picasso nasceu e Max Jacob vivia reclamando que ele não fora convidado para ser padrinho. Pouco tempo depois, estávamos em algum lugar, em uma galeria de arte qualquer, Picasso aproximou-se e colocou a mão no ombro de Gertrude Stein e disse, ah, inferno, vamos fazer as pazes. Claro, disse Gertrude Stein, e eles se abraçaram. Quando posso ir vê-la, disse Picasso, vamos ver, disse Gertrude Stein, receio que estejamos ocupadas, mas venha jantar no fim de semana. Que bobagem, disse Picasso, nós vamos aparecer para o jantar amanhã, e eles vieram.

Era uma Paris mudada. Guillaume Apollinaire estava morto. Vimos uma quantidade enorme de pessoas, mas nenhuma delas, até onde me lembro, eram nossas conhecidas antes. Paris estava lotada de gente. Como Clive Bell observou, eles dizem que muitas pessoas foram mortas na guerra, mas me parece que um número extraordinariamente grande de homens e mulheres adultos nasceu de repente.

Como eu disse, estávamos inquietas e vivendo de maneira frugal e, durante todo o dia e toda a noite víamos pessoas, e, por fim, havia o desfile, o cortejo sob o Arco do Triunfo, dos aliados.

Os membros do American Fund for French Wounded deveriam ter lugares reservados em bancos que seriam colocados ao longo da Champs-Élysées, mas, com razão, o povo de Paris se opôs, já que esses

---

335 Adrienne Monnier (1892-1955) – livreira, escritora e editora francesa. (N. do T.)

lugares tornariam impossível para todo mundo ver o desfile e, portanto, Clemenceau[336] prontamente mandou retirá-los. Felizmente para nós, o quarto de hotel de Jessie Whitehead dava para o Arco do Triunfo, e ela nos convidou para ver o desfile. Aceitamos de bom grado. Foi um dia maravilhoso.

Levantamos ao nascer do sol, pois mais tarde seria impossível cruzar Paris de carro. Essa foi uma das últimas viagens que Titia fez. A essa altura, ela não tinha mais a cruz vermelha pintada, mas continuava sendo uma caminhonete. Pouco depois, chegava a seu honrado fim e foi sucedida por Godiva, um carrinho de dois lugares, também um Ford. Demos-lhe o nome de Godiva[337] porque veio nua ao mundo, e cada um de nossos amigos nos deu algo para enfeitá-la.

Titia, então, estava praticamente fazendo sua última viagem. Nós a deixamos perto do rio e fomos a pé até o hotel. Todo mundo estava nas ruas, homens, mulheres, crianças, soldados, padres, freiras, vimos duas freiras sendo ajudadas a subir em uma árvore, de onde poderiam ver tudo. E, quanto a nós, ficamos admiravelmente bem posicionadas e vimos tudo perfeitamente.

Vimos tudo, para começar, os poucos feridos dos Invalides[338] andando em suas cadeiras de rodas. É um antigo costume francês que um desfile militar seja sempre precedido pelos veteranos dos Invalides. Eles passaram marchando sob o Arco do Triunfo. Gertrude Stein lembrou que, quando criança, costumava balançar-se nas correntes que circundavam o Arco do Triunfo, sua governanta lhe dissera que ninguém deveria passar por baixo dele, já que os exércitos alemães marcharam sob ele depois de 1870. E agora todos, exceto os alemães, passavam.

Cada nação marchava de uma forma diferente, algumas lentamente,

---

336 Georges Clemenceau (1841-1929) — político francês e primeiro-ministro da França entre 1906 e 1909 e entre 1917 e 1920. (N. do T.)

337 Referência a *lady* Godiva (c. 990-1067), uma aristocrata anglo-saxã, célebre por ter supostamente cavalgado nua pelas ruas de Coventry, na Inglaterra. (N. do T.)

338 O Palais des Invalides ("Palácio dos Inválidos", em francês) é uma construção destinada a abrigar os inválidos de guerra franceses, instaurada por Luís XIV em 1670. Apesar de ainda abrigar feridos, hoje é mais conhecido por ser a necrópole de Napoleão e sede de vários museus militares. (N. do T.)

outras rapidamente, os franceses carregam sua bandeira de uma maneira incomparável, Pershing[339] e um outro oficial, carregando a bandeira logo atrás dele, talvez fossem os que estavam mais perfeitamente sincronizados. Foi essa cena que Gertrude Stein descreveu no roteiro de cinema que ela escreveu mais ou menos nessa época, que eu publiquei em *Operas and Plays*, na *Plain Edition*.

No entanto, tudo chegou ao fim. Perambulamos pela Champs-Élysées, a guerra acabou, e as pilhas de peças de artilharia capturadas que formavam duas pirâmides estavam sendo levadas embora. A paz pairava entre nós.

---

[339] O general John Joseph Pershing (1860-1948) foi o comandante das Forças Expedicionárias Americanas durante a Primeira Guerra Mundial. (N. do T.)

7

Depois da guerra 1919-1932

Quando me lembro, parecia que víamos gente sem parar naqueles dias.

Tenho lembranças bastante confusas dos primeiros anos após a guerra, e é muito difícil pensar no passado e lembrar o que aconteceu antes ou depois de qualquer outra coisa. Picasso disse certa vez, já lhes contei, quando Gertrude Stein e ele ficavam discutindo datas, você esquece que, quando éramos jovens, acontecia muita coisa em um ano. Durante os longos anos após a guerra, quando tento refrescar a memória sobre a bibliografia da obra de Gertrude Stein, fico surpresa ao perceber quantas coisas aconteceram em um ano. Talvez não fôssemos tão jovens assim, mas havia muitos jovens no mundo, e talvez acabe dando no mesmo.

O velho grupo tinha desaparecido. Matisse agora vivia permanentemente em Nice, e, de qualquer forma, embora Gertrude Stein e ele parecessem ser bons amigos quando se encontravam, praticamente não se viam mais. Foi nessa época que Gertrude Stein e Picasso ficaram brigados. Sempre falavam com muito afeto um do outro com qualquer pessoa que os conhecesse, mas não se procuravam. Guillaume Apollinaire estava morto. Víamos Braque e sua esposa de vez em quando, ele e Picasso, a essa altura, já estavam bastante amargurados um com o outro. Lembro-me de certa noite em que Man Ray[340] trouxe uma fotografia que ele tirara de Picasso para nossa casa e, por acaso, Braque estava conosco. A fotografia foi passando de mão em mão e, quando chegou a Braque, ele olhou e disse, acho que conheço esse senhor, *je dois connaître ce monsieur*. Foi esse período, daí até muito tempo depois, que Gertrude Stein celebrou com o título *Of Having for a Long Time Not Continued to Be Friends*[341].

Juan Gris andava doente e desanimado. Esteve muito doente e nunca mais voltou a ficar bem. As privações e o desânimo surtiram efeito. Kahnweiler voltou a Paris assim que a guerra acabou, mas toda a sua antiga turma — com exceção de Juan — já estava tão bem-sucedida que não precisava mais dele. Mildred Aldrich fez muito sucesso com *A Hilltop on the Marne* e, bem ao estilo de Mildred, esbanjou tudo o que havia ganhado de forma extravagante e continuava a gastar e aproveitar ao máximo, embora já estivesse um pouco inquieta. Costumávamos ir visitá-la cerca de uma vez por mês, na verdade durante todo o resto de sua vida sempre arranjamos uma forma de ir visitá-la regularmente. Mesmo em seus dias de maior glória, ela gostava mais da visita de Gertrude Stein que a de qualquer outra pessoa. De fato, foi em grande parte para alegrar Mildred que Gertrude Stein tentou fazer com que o *Atlantic Monthly*[342] publicasse algo dela. Mildred sempre achou e disse que seria uma honra se o *Atlantic Monthly* chegasse a publicar algo, o que, é claro, nunca aconteceu. Havia outra coisa que costumava irritar terrivelmente Mildred. O nome de Gertrude Stein nunca figurou no

---

340 Man Ray (1890-1976) — pintor, fotógrafo e cineasta americano. (N. do T.)
341 "Em que, por um Bom Tempo, Não Continuamos a Ser Amigos", em inglês. (N. do T.)
342 Revista americana fundada em 1857 na cidade de Boston. (N. do T.)

Who's Who in America[343]. Na verdade, ela figurou na bibliografia de autores ingleses muito antes de entrar em uma publicação americana. Isso irritava muito Mildred. Odeio ver a *Who's Who in America*, ela me dizia, quando vejo todas essas pessoas insignificantes e o nome de Gertrude não está presente. E então ela dizia, está tudo bem, mas gostaria que Gertrude não fosse tão excluída. Pobre Mildred. E agora, bem neste ano, por razões conhecidas só por eles mesmos, o *Who's Who* adicionou o nome de Gertrude Stein à sua lista. É desnecessário dizer que o *Atlantic Monthly* não seguiu seu exemplo.

A história do *Atlantic Monthly* até que é engraçada.

Como eu disse, Gertrude Stein enviou alguns manuscritos ao *Atlantic Monthly*, não na esperança de que eles os aceitassem, mas se, por algum milagre, isso acontecesse, ela ficaria contente e Mildred, encantada. Chegou uma reposta, uma resposta longa e bastante argumentativa da redação. Gertrude Stein, pensando que alguma mulher de Boston havia respondido, contra-argumentou longamente, enviando a resposta à srta. Ellen Sedgwick. Recebeu uma resposta quase imediata, refutando todos os seus argumentos e, ao mesmo tempo, admitindo que o assunto não era destituído de interesse, mas é claro que os leitores do *Atlantic Monthly* poderiam sentir-se ofendidos ao ver tais manuscritos em sua seção de críticas, mas talvez fosse possível publicá-los em uma seção chamada, se me lembro bem, Clube de Colaboradores. A carta terminava dizendo que quem lhe escrevera não se chamava Ellen, mas Ellery Sedgwick[344].

Gertrude Stein, é claro, ficou encantada com o fato de ser Ellery, e não Ellen, quem lhe escrevera e aceitou ser publicada na seção Clube de Colaboradores — mas, é claro, os manuscritos também não apareceram na tal seção.

Começamos a conhecer pessoas novas o tempo todo.

Alguém nos disse, não lembro quem, que uma americana havia

---

343 *Who's Who in America* ("Quem é Quem nos Estados Unidos", em inglês) é uma publicação bienal americana que lista homens e mulheres americanos notáveis, editada desde 1899 em Chicago. (N. do T)

344 Ellery Sedgwick (1872-1960) — editor americano. (N. do T.)

aberto uma biblioteca que emprestava livros em inglês em nosso bairro. Naqueles dias de frugalidade, havíamos desistido da Mudie's, mas havia a Biblioteca Americana, que nos emprestava algumas coisas, embora Gertrude Stein sempre queria mais. Começamos a fazer pesquisas e encontramos Sylvia Beach[345]. Sylvia Beach ficou muito entusiasmada com Gertrude Stein, e elas se tornaram amigas. Gertrude Stein foi a primeira assinante anual das publicações de Sylvia Beach, que ficou devidamente orgulhosa e agradecida. Sua biblioteca ficava em uma ruazinha perto da Faculdade de Medicina. Na época, não era muito frequentada por americanos. Via-se por lá o autor de *Beebie, the Beebeist*[346], a sobrinha de Marcel Schwob[347] e também alguns poetas irlandeses perdidos. Naquela época, visitávamos muito Sylvia, ela também vinha em casa e saía pelo interior com a gente no velho carro. Conhecemos Adrienne Monnier, e ela trouxe Valery Larbaud[348] para nossa casa, e todos estavam muito interessados em *Three Lives*, e Valery Larbaud estava pensando em traduzi-lo, pelo que entendemos. Foi nessa época que Tristan Tzara[349] chegou em Paris. Adrienne Monnier ficou muito animada com sua chegada. Picabia o havia encontrado na Suíça durante a guerra e, juntos, criaram o dadaísmo, e do dadaísmo, depois de muitas brigas e discussões, nasceu o surrealismo.

Tzara chegou à nossa casa, imagino que tenha sido Picabia quem o levara, mas não tenho certeza. Sempre achei muito difícil entender as histórias acerca de sua violência e de sua maldade, pelo menos naquela época, pois, quando Tzara aparecia em nossa casa, sentava-se a meu lado à mesa de chá e falava comigo como um primo amável e não muito interessante.

Adrienne Monnier queria que Sylvia se mudasse para a Rue de l'Odéon, e Sylvia hesitou, mas acabou se mudando e, na verdade, depois

---

345 Sylvia Beach, nascida Nancy Beach (1887-1962) — livreira e editora americana. (N. do T.)
346 Aqui, a autora faz uma brincadeira com o nome de um de seus mais ferrenhos críticos, Lucius Beebe (1902-1966), autor, fotógrafo e jornalista americano. O livro mencionado, *Beebie, the Beebiest* (algo como "Beebezinho, o mais Beebezinho de todos", em tradução livre), não existe. (N. do T.)
347 Marcel Schwob (1867-1905) — escritor simbolista francês. (N. do T.)
348 Valery Larbaud (1881-1957) — poeta e escritor francês. (N. do T.)
349 Tristan Tzara (1896-1963) — poeta, ensaísta e artista performático romeno. (N. do T.)

disso não a vimos mais com tanta frequência. Elas deram uma festa logo depois que Sylvia se mudou, e fomos convidadas, e foi lá que Gertrude Stein acabou descobrindo que tinha jovens seguidores em Oxford. Havia vários estudantes de Oxford na festa, eles ficaram extremamente felizes em conhecê-la e pediram-lhe alguns manuscritos de presente, tendo-os publicado naquele mesmo ano de 1920, na *Oxford Magazine*.

De tempos em tempos, Sylvia Beach trazia grupos de pessoas para nossa casa, grupos de jovens escritores e algumas mulheres mais velhas com eles. Foi nessa época que Ezra Pound[350] apareceu, não, ele veio de outra maneira. Mais tarde, ele parou de frequentar nossa casa, mas avisou que Sherwood Anderson havia chegado a Paris e queria ver Gertrude Stein, e perguntou se ele não poderia vir em casa. Gertrude Stein respondeu que ficaria muito satisfeita, e ele apareceu com a esposa e Rosenfeld[351], o crítico musical.

Por alguma razão, eu não estava presente nessa ocasião, alguma complicação doméstica, muito provavelmente; de qualquer forma, quando cheguei em casa, Gertrude Stein estava emocionada e muito contente, o que era raro. Naquela época, Gertrude Stein andava um pouco amargurada com todos os seus manuscritos sem ser publicados, sem nenhuma esperança de que isso fosse acontecer e sem ser reconhecida seriamente. Sherwood Anderson apareceu e, de maneira simples e direta — como é o jeito dele —, disse a Gertrude o que pensava de seu trabalho e o que sua obra significava para ele, para seu desenvolvimento. Disse-lhe tudo isso e, algo ainda mais raro, logo depois publicou na imprensa. Gertrude Stein e Sherwood Anderson sempre foram grandes amigos, mas acho que nem ele mesmo percebeu quanto sua visita significou para ela. Foi ele quem escreveu depois o prefácio de *Geography and Plays*.

Naquela época conhecia-se qualquer pessoa em qualquer lugar. Os Jewett eram um casal americano, dono de um castelo do século X, perto de Perpignan[352]. Foi lá que os conhecemos durante a guerra

---

[350] Ezra Pound (1885-1972) — poeta e crítico americano. (N. do T.)
[351] Paul Leopold Rosenfeld (1890-1946) — jornalista e crítico musical americano. (N. do T.)
[352] O Château de Castelnou, citado pela autora, nunca pertenceu a um casal americano de sobrenome Jewett, de quem também não foram encontradas referências. (N. do T.)

e, quando vieram a Paris, fomos visitá-los. Foi na casa deles que conhecemos Man Ray e, depois, Robert Coates, mas como os dois foram parar lá não sei.

Havia muitas pessoas na sala quando chegamos, e logo Gertrude Stein começou a conversar com um homem baixinho sentado a um canto. Na saída, ela marcou um compromisso com ele. Disse que ele era fotógrafo e parecia interessante, e me lembrou que Jeanne Cook, a esposa de William Cook, queria uma foto sua para enviar à família de Cook nos Estados Unidos. Nós três fomos para o hotel de Man Ray. Era um daqueles hotéis minúsculos da Rue Delambre, e Man Ray estava em um dos quartos menores, mas nunca vi nenhum lugar, nem mesmo uma cabine de navio, com tantas coisas em seu interior, e tudo tão bem arrumado. Ele tinha uma cama, três câmeras fotográficas, vários dispositivos de iluminação, um anteparo na janela e, em um armário pequeno, fazia as revelações. Ele nos mostrou fotos de Marcel Duchamp e de várias outras pessoas, e nos perguntou se poderia vir tirar fotos do ateliê e de Gertrude Stein. Ele veio, tirou também algumas fotos de mim, e ficamos muito contentes com o resultado. De vez em quando, ele tira fotos de Gertrude Stein, e ela sempre fica fascinada com sua maneira de usar a iluminação. Ela sempre chega em casa muito satisfeita. Certo dia, ela disse-lhe que gostava mais de suas fotos do que de qualquer outra que já haviam tirado dela, à exceção de uma foto que eu tinha tirado dela recentemente. Ouvir isso pareceu ter incomodado Man Ray. Pouco tempo depois, ele pediu que ela viesse posar para ele, e ela foi. Ele disse, mexa-se quanto quiser, seus olhos, sua cabeça, é para ser uma pose, mas com todas as características de um instantâneo. As poses demoravam muito, ela — como ele mesmo pedira — mexia-se muito, e o resultado, as últimas fotografias que ele tirou dela, são extraordinariamente interessantes.

Também conhecemos Robert Coates em uma recepção dos Jewett, naqueles primeiros tempos logo após a guerra. Lembro-me muito bem desse dia. Era um dia frio e escuro, estávamos no último andar de um hotel. Havia muitos rapazes lá e, de repente, Gertrude Stein disse que tinha esquecido de deixar o farol do carro aceso, e ela não queria outra multa, tínhamos acabado de receber uma por minha causa, porque eu havia buzinado para um guarda, para que ele saísse do nosso caminho, e ela recebera outra por ter entrado na contramão ao contornar um poste. Pode deixar, disse um jovem ruivo, descendo e voltando imediatamente. O farol está aceso, ele anunciou. Como você sabia qual era o meu carro, perguntou Gertrude Stein. Ah, eu sabia, disse Coates. Sempre gostamos de Coates. É extraordinário como conseguimos encontrar as poucas pessoas que conhecemos vagando por Paris, mas encontrávamos Coates a toda hora, com a cabeça ruiva descoberta, nos lugares mais inesperados. Era mais ou menos na época da *Broom*, da qual falarei daqui a pouco, e Gertrude Stein interessou-se profundamente pelo trabalho de Coates, assim que ele o mostrou a ela. Ela dizia que ele era o único jovem que tinha um ritmo pessoal, suas palavras ressoavam nos olhos, enquanto a maioria das pessoas não conseguia fazê-lo. Também gostamos do endereço de Coates, no City Hotel, na ilha, e sempre gostamos de tudo o que ele fazia.

Gertrude Stein ficou encantada com o esquema de escrita que ele preparou para concorrer ao Prêmio Guggenheim. Infelizmente, seu esquema de escrita, que originou um romance pequeno e encantador, não ganhou nenhum prêmio.

E, como eu disse, havia a *Broom*[353].

Antes da guerra havíamos conhecido um rapaz, não muito bem; tratava-se de Elmer Harden[354], que estava em Paris estudando música. Durante a guerra, ficamos sabendo que Elmer Harden havia se alistado no Exército francês e ficado gravemente ferido. Era uma história incrível. Elmer Harden estava cuidando dos feridos franceses no hospital americano, e um de seus pacientes, um capitão com um braço bastante lesado, estava prestes a voltar para o *front*. Elmer Harden não estava mais feliz em ser apenas um enfermeiro. Disse ao capitão Peter, vou com você. Mas isso é impossível, falou o capitão Peter, vou mesmo assim, disse Elmer, muito teimoso. Então eles pegaram um táxi e foram para a secretaria de guerra, para o dentista, e não sei mais para onde, e, no fim de semana, o capitão Peter estava de volta e Elmer

---

353 *Broom* foi uma revista de arte fundada pelos escritores americanos Harold Loeb (1891-1974) e Alfred Kreymborg (1883-1966), citados mais adiante, e publicada entre novembro de 1921 e janeiro de 1924. (N. do T.)

354 Elmer Stetson Harden (s.d.) – escritor americano. (N. do T.)

Harden estava em seu regimento, como soldado. Ele lutou bravamente e acabou ferido. Depois da guerra, nós o encontramos novamente e, desde então, nos vemos com frequência. Ele e as lindas flores que costumava nos enviar eram um grande consolo naqueles longos dias após a paz. Sempre dizemos que nós dois seremos as últimas pessoas de nossa geração que se lembrarão da guerra. Receio que ambos já tenhamos esquecido algumas coisas. Outro dia, Elmer anunciou que havia obtido uma grande vitória, ele fez com que o capitão Peter — e o capitão Peter é bretão — admitisse que foi uma bela guerra. Até então, quando ele dizia ao capitão Peter, foi uma bela guerra, o capitão Peter não respondia, mas, dessa vez, quando Elmer disse, foi uma bela guerra, o capitão Peter retrucou, sim, foi uma bela guerra.

Kate Buss[355] veio da mesma cidade que Elmer, Medford, no estado americano de Massachusetts. Ela estava em Paris e veio nos visitar. Não acho que Elmer nos a tenha apresentado, mas, de qualquer forma, ela veio nos visitar. Estava muito interessada nos escritos de Gertrude Stein e possuía tudo o que havia sido publicado até então. Trouxe Kreymborg para nos ver. Kreymborg viera a Paris com Harold Loeb para fundar a *Broom*. Kreymborg e sua esposa vinham com frequência à nossa casa. Ele queria muito publicar *The Long Gay Book*, o livro que Gertrude Stein escrevera logo depois de *The Making of Americans*, como uma espécie de continuação. É claro que Harold Loeb não concordaria com a ideia. Kreymborg costumava ler trechos desse livro com muito prazer. Ele e Gertrude Stein tinham um laço de união que ia além da afeição mútua, já que a Grafton Press, que havia publicado *Three Lives*, também publicou o primeiro livro dele mais ou menos na mesma época.

Kate Buss trouxe muita gente para a nossa casa. Ela trouxe Djuna Barnes[356] e Mina Loy, e elas queriam trazer James Joyce[357], mas não o fizeram. Ficamos felizes em ver Mina, que havíamos conhecido em Florença como Mina Haweis. Mina trouxe Glenway Wescott[358], que estava em sua primeira viagem à Europa. Glenway nos impressionou

---

355 Kate Buss (s.d.) — escultora e jornalista americana. (N. do T.)
356 Djuna Barnes (1892-1982) — ilustradora, jornalista e artista americana. (N. do T.)
357 James Joyce (1882-1941) — escritor e crítico literário irlandês. (N. do T.)
358 Glenway Wescott (1901-1987) — poeta, romancista e ensaísta americano. (N. do T.)

muitíssimo com seu sotaque inglês. Hemingway explicou. Ele disse, quando nos matriculamos na Universidade de Chicago, descrevemos o sotaque que queremos ter, e você o terá assim que se formar. Pode ter um sotaque do século XVI ou moderno, o sotaque que quiser. Glenway esqueceu uma cigarreira de seda com suas iniciais em casa, até que voltou, e a devolvemos.

Mina também trouxe Robert McAlmon[359]. McAlmon era muito simpático naquela época, muito maduro e bonito. Foi muito mais tarde que ele publicou *The Making of Americans* na editora Contact Press, quando todos acabaram brigando. Mas Paris é assim mesmo, só que — falando a verdade — Gertrude Stein e ele nunca mais retomaram a amizade.

Kate Buss trouxe Ernest Walsh[360], ele era muito jovem e muito fervoroso, e ela ficou muito preocupada com ele. Nós o encontramos mais tarde juntamente com Hemingway, e depois em Belley, mas nunca o conhecemos muito bem.

Conhecemos Ezra Pound na casa de Grace Lounsbery[361], ele veio jantar conosco e ficou, e falou sobre estampas japonesas, entre outras coisas. Gertrude Stein gostou dele, mas não o achou divertido. Ela disse que ele era bom para explicar coisas para o povo dos vilarejos, excelente se fôssemos de um vilarejo, mas como não somos, não. Ezra também mencionou T.S. Eliot[362]. Era a primeira vez que alguém falava sobre T.S. em casa. Logo depois, todo mundo falava de T.S. Kitty Buss também começou a falar dele e, muito mais tarde, Hemingway referia-se a ele como *o* Major. Muito mais tarde, *lady* Rothermere[363] também começou a falar dele e convidou Gertrude Stein para ir conhecê-lo. Eles estavam fundando a *Criterion*[364]. Conhecemos *lady* Rothermere por intermédio de Muriel Draper, que vimos novamente depois de muitos anos.

---

359 Robert McAlmon (1895-1956) — poeta, autor e editor americano. (N. do T.)
360 Ernest Walsh (1895-1926) — poeta americano e editor da revista *Life*. (N. do T.)
361 Grace Lounsbery (1876-1964) — escritora americana. (N. do T.)
362 Thomas Stearns Eliot, mais conhecido como T.S. Eliot (1888-1965) — poeta, ensaísta, editor, dramaturgo e crítico literário americano. (N. do T.)
363 Esposa de Harold Harmsworth, visconde de Rothermere (1868-1940), proprietário da Associated Newspapers Ltd., um conglomerado de jornais e revistas inglesas. (N. do T.)
364 Revista literária inglesa, publicada entre outubro de 1922 e janeiro de 1939. (N. do T.)

Gertrude Stein não estava particularmente ansiosa para ir à casa de *lady* Rothermere e encontrar T.S. Eliot, mas todos nós insistimos que ela deveria ir, e ela concordou, bastante hesitante. Eu não tinha um vestido de noite para usar em tal ocasião e comecei a fazer um. A campainha tocou, e *lady* Rothermere entrou, acompanhada por T.S. Eliot, e começaram a ter uma conversa solene com Gertrude Stein, principalmente sobre infinitivos fragmentados e outros solecismos gramaticais e sobre o porquê de Gertrude Stein usá-los. Por fim, *lady* Rothermere e Eliot levantaram-se para ir embora, e Eliot disse que, se ele fosse publicar qualquer coisa de Gertrude Stein na *Criterion*, teria de ser seu trabalho mais recente. Eles saíram, e Gertrude Stein disse, não se preocupe em terminar seu vestido, agora não precisamos mais ir, e começou a escrever um perfil de T.S. Eliot, intitulado "The Fifteenth of November", 15 de novembro, a data do encontro, para que não restasse a menor dúvida de que era sua obra mais recente. Tratava-se de algo a respeito de lã ser lã e seda ser seda, ou de que a lã era felpuda e a seda era sedosa. Ela enviou o texto para T.S. Eliot, ele o aceitou mas, naturalmente, não o publicou.

Então começou uma longa correspondência, não entre Gertrude Stein e T.S. Eliot, mas entre o secretário de T.S. Eliot e eu. Cada um de nós se dirigia ao outro como *sir*, eu assinando A.B. Toklas e ele assinando suas iniciais. Só descobri muito depois que o secretário, na verdade, não era um homem. Não sei se ela descobriu que eu também não era.

Apesar de toda essa correspondência, nada aconteceu, e Gertrude Stein contava, cheia de malícia, essa história a todos os ingleses que visitavam nossa casa, e, naquela época, havia muitos ingleses entrando e saindo. De qualquer forma, finalmente chegou um bilhete — já estávamos no início da primavera — da *Criterion* perguntando se a srta. Stein se importaria caso sua contribuição saísse no número de outubro. Ela respondeu que nada seria mais adequado do que "The Fifteenth of November" sair em 15 de outubro.

Mais uma vez, um longo silêncio, e, então, chegaram as provas do artigo. Ficamos surpresas, mas a devolvemos prontamente. Aparentemente, um jovem rapaz as havia enviado sem autorização, pois, logo depois, chegou uma carta de desculpas dizendo que havia ocorrido um engano, o artigo ainda não deveria ser publicado. Isso também era relatado a nossos visitantes ingleses porque, por fim, o artigo acabou sendo publicado. Mais tarde, saiu de novo na *Georgian Stories*[365]. Gertrude Stein ficou encantada quando descobriu que Eliot havia dito em Cambridge que o trabalho de Gertrude Stein, apesar de muito bom, não era para nós.

Mas voltemos a Ezra. Ezra retornou novamente, dessa vez com o editor de *The Dial*[366]. Agora, foi pior do que as estampas japonesas, foi muito mais brutal. Surpreso com a própria brutalidade, Ezra caiu da cadeira favorita de Gertrude Stein, aquela que depois forrei com os desenhos de Picasso, e Gertrude Stein ficou furiosa. Por fim, Ezra e o editor de *The Dial* saíram, ninguém ficou muito satisfeito. Gertrude Stein não queria ver Ezra nunca mais. Ezra não entendeu muito bem por quê. Certo dia, encontrou Gertrude Stein perto do Jardim de Luxemburgo e disse, mas quero ir visitá-la. Lamento muito, respondeu Gertrude Stein, mas a srta. Toklas está com dor de dente e, além disso, estamos ocupadas colhendo flores silvestres. O que era realmente verdade, como toda a literatura de Gertrude Stein, mas Ezra ficou chateado, e nunca mais o vimos.

Durante esses meses após a guerra, estávamos, certo dia, descendo uma ruazinha e vimos um homem olhando para uma janela, indo para a frente e para trás, para a direita e para a esquerda, e comportando-se de maneira muito estranha. Lipschitz, chamou Gertrude Stein. Sim, disse Lipschitz, estou comprando um galo dos ventos. Onde está ele, perguntamos. Ora, bem ali, disse ele, e realmente ali estava. Gertrude Stein conhecera Lipschitz havia algum tempo, muito superficialmente, mas esse incidente tornou-os amigos, e, logo depois, ele pediu-lhe que posasse para ele. Lipschitz tinha acabado de terminar um busto de Jean Cocteau e queria fazer um de Gertrude Stein. Ela nunca se importa de posar, gosta da calma e, embora não goste de escultura — e disse isso para Lipschitz —, começou a posar para ele. Lembro-me de que foi

---

365 Coletânea de contos de diversos autores de língua inglesa, publicada a partir de 1922 pela editora Putnam's, de Nova York. (N. do T.)

366 *The Dial* ("O Mostrador", em inglês) foi uma revista americana sobre literatura e política, publicada entre 1840 e 1929. (N. do T.)

uma primavera muito quente, e o ateliê de Lipschitz era extremamente calorento, e eles passavam horas lá dentro.

Lipschitz adora uma fofoca e, como Gertrude Stein adora uma história com começo, meio e fim, Lipschitz podia preencher as partes que faltavam em várias histórias.

Então, conversavam sobre arte, e Gertrude Stein gostou bastante de seu busto, tornaram-se grandes amigos, e as sessões foram encerradas.

Certo dia, estávamos do outro lado da cidade, em uma exposição de quadros, quando alguém se aproximou de Gertrude Stein e disse-lhe algo. Ela falou, enxugando a testa, está muito quente. Ele disse que era amigo de Lipschitz, e ela respondeu, sim, fazia muito calor lá. Lipschitz ficou de trazer-lhe algumas fotos do busto que ele havia feito, mas não trouxe, e nós estávamos muito ocupadas, e Gertrude Stein, de vez em quando, perguntava-se por que Lipschitz não havia aparecido. Alguém queria ver as fotos, então ela escreveu para ele, pedindo que as trouxesse. Ele veio. Ela lhe perguntou, por que não veio antes? Ele disse que não viera antes porque alguém tinha lhe dito que ela dissera que estava entediada de posar para ele. Ah, que inferno, ela disse, ouça bem, sou bastante conhecida por dizer coisas sobre qualquer pessoa e por dizer qualquer coisa, falo com elas sobre os outros, e falo delas para os outros, falo o que quero e da forma que quero, mas, como geralmente falo o que penso, o mínimo que você ou qualquer outra pessoa pode fazer é ficar contente com o que lhe digo. Ele pareceu ter ficado contente, eles conversaram de forma alegre e agradável, disseram *à bientôt*, nos vemos em breve. Lipschitz foi embora, e não o vimos mais por vários anos.

Então Jane Heap apareceu e quis levar algumas das coisas de Lipschitz para os Estados Unidos. Queria que Gertrude Stein fosse escolhê-las. Mas, como eu poderia fazê-lo, perguntou Gertrude Stein, pois Lipschitz está evidentemente zangado comigo, tenho certeza de que não faço ideia por que, mas sei que está. Jane Heap disse que Lipschitz afirmara que gostava mais de Gertrude Stein do que de praticamente qualquer pessoa no mundo, e que estava de coração partido por não mais a vê-la. Ah, disse Gertrude Stein, gosto muito dele. Claro que irei com você. Ela foi, eles se abraçaram carinhosamente, divertiram-se, e ela só se vingou na hora de se despedir, dizendo a Lipschitz, *à très bientôt*[367]. E Lipschitz respondeu, *comme vous êtes méchante*[368]. Eles têm sido grandes amigos desde então, e Gertrude Stein fez de Lipschitz um de seus perfis mais lindos, e eles nunca falaram nada sobre a briga, e, se ele sabe o que aconteceu da segunda vez, ela não sabe.

Foi por meio de Lipschitz que Gertrude Stein conheceu Jean Cocteau. Lipschitz dissera a Gertrude Stein algo que ela não sabia, que Cocteau, no seu livro *O Potomak*, havia mencionado e citado *The Portrait of Mabel Dodge*. Ela, naturalmente, ficou muito satisfeita, pois Cocteau foi o primeiro escritor francês a falar de sua obra. Eles se encontraram uma ou duas vezes e iniciaram uma amizade que consiste em corresponderem-se com bastante frequência, gostarem um do outro imensamente, terem muitos amigos — jovens e velhos — em comum, mas sem se encontrarem pessoalmente.

Jo Davidson também esculpiu Gertrude Stein nessa época. Dessa vez, tudo foi muito tranquilo, Jo era espirituoso e divertido, e agradava a Gertrude Stein. Não sou capaz de me lembrar de todo mundo que entrava e saía de nossa casa, se eram pessoas reais ou esculturas, mas era bastante gente. Havia, entre outros, Lincoln Steffens[369], e, de alguma estranha maneira, ele está ligado ao início de nosso contato constante com Janet Scudder[370], mas não me lembro bem do que aconteceu.

No entanto, lembro-me muito bem da primeira vez que ouvi a voz de Janet Scudder. Foi há muito tempo, quando cheguei a Paris e minha amiga e eu tínhamos um pequeno apartamento na Rue Notre-Dame-des-Champs. Minha amiga, sempre entusiasmada ao ver outras pessoas entusiasmadas, tinha comprado um Matisse e acabara de pendurá-lo na parede. Mildred Aldrich estava nos visitando, era uma tarde quente de primavera, e Mildred estava debruçada à janela. De repente, ouvi-a dizer, Janet, Janet, suba aqui. O que foi, perguntou uma adorável voz arrastada. Quero que suba aqui e conheça minhas amigas Harriet e Alice, e quero que conheça o novo apartamento delas. Ah,

---

367 "Até muito breve", em francês. (N. do T.)
368 "Como você é maldosa", em francês. (N. do T.)
369 Lincoln Steffens (1866-1936) — jornalista investigativo americano. (N. do T.)
370 Janet Scudder (1869-1940) — pintora e escultora americana. (N. do T.)

disse a voz. E então Mildred disse, e elas têm um Matisse novo enorme. Venha ver. Acho que não, respondeu a voz.

Mais tarde, Janet cansou de ver Matisse, quando ele foi morar em Clamart. E Gertrude Stein e ela sempre foram amigas, pelo menos desde a época em que começaram a se ver bastante.

Assim como acontece com a dra. Claribel Cone, Janet vive insistindo que não entende nada, ela lê e sente o trabalho de Gertrude Stein, e lê em voz alta, demonstrando enorme compreensão.

Estávamos indo para o vale do Rio Ródano pela primeira vez desde a guerra, e Janet e uma amiga, em uma cópia da Godiva, também iriam para lá. Contarei a respeito muito em breve.

Durante todos esses meses agitados, também estávamos tentando conseguir uma Legião de Honra para Mildred Aldrich. Depois que a guerra acabou, muitas pessoas que trabalharam no conflito haviam recebido a Legião de Honra, mas todas estavam ligadas a associações, e Mildred Aldrich não. Gertrude Stein estava muito ansiosa para que Mildred Aldrich recebesse a sua. Primeiro, porque achava que ela merecia — ninguém tinha feito tanta propaganda em prol da França como ela fizera em seus livros, que todo mundo lia nos Estados Unidos — e, além disso, ela sabia que Mildred ficaria muito contente. Então, começamos a campanha. Não era algo fácil de conseguir, já que, naturalmente, as associações exerciam enorme influência. Começamos a pôr várias pessoas em ação. Começamos a fazer listas de americanos ilustres e pedimos que assinassem nossa causa. Ninguém se recusava, mas se uma lista, por si só, ajuda, não chega a alcançar resultados. O sr. Jaccacci[371], que tinha grande admiração pela srta. Aldrich, foi muito prestativo, mas todas as pessoas que ele conhecia queriam, antes de qualquer coisa, algo em troca. Conseguimos que pelo menos dois dos coronéis da Legião Americana se interessassem, mas eles também tinham outros nomes que deveriam ser aprovados antes. Tínhamos visto, conversado e despertado o interesse de todos, todos nos fizeram

---

371 O capitão August Iaccaci (1893-1980) — aviador do Exército americano, a quem são creditadas 17 vitórias em batalhas aéreas na Primeira Guerra Mundial. Optou-se pela manutenção das discrepâncias ortográficas cometidas pela autora. (N. do T.)

promessas, e nada aconteceu. Finalmente, encontramos um senador. Ele seria útil, mas os senadores viviam ocupados, e, então, certa tarde, nos encontramos com a secretária do senador. Gertrude Stein levou a secretária do senador para casa na Godiva.

Na verdade, a secretária do senador já tentara aprender a dirigir e não teve sucesso. A maneira como Gertrude Stein dirigiu em meio ao trânsito de Paris, com a facilidade e a indiferença de um motorista profissional — além de ser uma autora conhecida — impressionou-a profundamente. Ela disse que tiraria os papéis de Mildred Aldrich da gaveta, em que provavelmente já estavam há muito tempo, e foi o que fez. Pouco depois, o prefeito do vilarejo de Mildred visitou-a certa manhã para tratar de assuntos oficiais. Apresentou-lhe os documentos preliminares a ser assinados para a Legião de Honra. E disse-lhe, lembre-se, *mademoiselle*, essas questões geralmente começam, mas não dão em nada. Portanto, você deve ficar preparada para uma decepção. Mildred respondeu, baixinho, *monsieur le maire*[372], se minhas amigas começaram essa questão, providenciarão para que seja cumprida. E foi. Quando chegamos a Avignon, a caminho de Saint-Rémy, havia um telegrama dizendo-nos que Mildred estava com sua condecoração. Ficamos muito felizes, e Mildred Aldrich, até o dia de sua morte, nunca se esqueceu do orgulho e do prazer de ter recebido essa homenagem.

Durante esses primeiros anos agitados após a guerra, Gertrude Stein trabalhou muito. Não como nos velhos tempos, uma noite atrás da outra, mas em qualquer lugar a que íamos, entre nossas visitas, no automóvel — enquanto me esperava fazer todas as minhas obrigações —, enquanto posava. Nessa época, ela gostava especialmente de trabalhar no carro, estacionado em alguma rua movimentada.

Foi então que escreveu o conto "Finer than Melanctha", de brincadeira. Harold Loeb, que na época estava editando a *Broom* sozinho, disse que gostaria de publicar algo dela tão libertário quanto "Melanctha", seu velho conto sobre uma personagem negra em *Three Lives*.

Ela estava bastante influenciada pelo som das ruas e pelo movimento

---

[372] "Senhor prefeito", em francês. (N. do T.)

dos automóveis. Gostava também de inventar frases como se fossem uma espécie de diapasão e metrônomo, escrevendo-as de acordo com aquele compasso e aquela melodia. "Mildred's Thoughts", conto publicado em *The American Caravan*[373], foi um desses experimentos, considerado por ela o mais bem-sucedido. "The Birthplace of Bonnes", publicado em *The Little Review*[374], foi outro desses experimentos. Também são dessa época "Moral Tales of 1920-1921", "American Biography" e "One Hundred Prominent Men" — criado, de acordo com ela, quando tirou de sua imaginação cem homens igualmente homens e igualmente proeminentes. Os dois últimos foram publicados posteriormente, como parte de *Useful Knowledge*.

Também foi nessa época que Harry Gibb voltou a Paris por um breve período. Ele estava muito ansioso para que Gertrude Stein publicasse um livro que mostrasse o que ela havia feito naqueles últimos anos. Não um livro pequeno, vivia dizendo, um livro grande, algo em que se possa cravar os dentes. Você precisa fazer isso, ele costumava dizer. Mas nenhum editor vai se interessar por isso agora que John Lane se aposentou, ela disse. Não faz diferença, disse Harry Gibb, com firmeza, é a essência da coisa que eles precisam ver, e você precisa ter um monte de coisas publicadas, e então, virando-se para mim, disse, Alice, publique você. Eu sabia que ele tinha razão e que era preciso fazer o que ele dizia. Mas como?

Conversei com Kate Buss a respeito, e ela sugeriu a Four Seas Company[375], que tinha editado um livrinho para ela. Comecei uma correspondência com o sr. Brown, Brown Palavra de Honra, como Gertrude Stein o apelidou, a expressão favorita de William Cook quando tudo estava dando completamente errado. Depois de feitos os arranjos com Palavra de Honra, partimos para o sul, em julho de 1922.

Saímos na Godiva, nosso carrinho Ford, seguidas por Janet Scudder em outra Godiva, acompanhada pela sra. Lane. Elas iam para Grasse,

---

373 Coletânea publicada em 1927 nos Estados Unidos, que reunia diversos contos e ensaios de escritores americanos. (N. do T.)
374 Revista literária americana que foi publicada entre 1914 e 1929. (N. do T.)
375 Livraria e pequena editora localizada em Boston, nos Estados Unidos, ativa entre 1910 e 1930. (N. do T.)

comprar uma casa, finalmente acabaram comprando uma perto de Aix-en-Provence. E nós íamos para Saint-Rémy visitar em paz a região que tínhamos amado durante a guerra.

Estávamos a apenas cerca de 100 quilômetros de Paris quando Janet Scudder tocou a buzina, o sinal combinado para que parássemos e esperássemos. Janet parou a nosso lado. Acho, disse ela, solenemente — Gertrude Stein sempre a chamava de O Soldado, ela vivia dizendo que só havia duas coisas perfeitamente solenes na Terra, um soldado e Janet Scudder, Janet também tinha, Gertrude Stein vivia dizendo, toda a sutileza de um soldado, os seus bons modos e seu ar solitário. Janet parou a nosso lado, acho eu, e disse, solenemente, não estamos no caminho certo, a placa diz Paris-Perpignan, e quero ir para Grasse.

De qualquer forma, não passamos da cidade de Lorne e, de repente, percebemos quanto estávamos cansadas. Estávamos simplesmente exaustas.

Sugerimos que elas seguissem para Grasse, mas elas nos disseram que também iriam esperar, e todas ficamos esperando juntas. Foi a primeira vez que paramos em algum lugar desde Palma de Maiorca, desde 1916. Por fim, prosseguimos lentamente até Saint-Rémy, e elas continuaram até Grasse e depois voltaram. Elas nos perguntaram o que iríamos fazer, e nós respondemos, nada, apenas ficar aqui. Então, elas partiram de novo e compraram uma propriedade em Aix-en-Provence.

Janet Scudder, como Gertrude vivia dizendo, tinha verdadeira paixão por comprar imóveis inúteis, como uma colonizadora. Em cada pequena cidade que paramos no caminho, Janet encontrava alguma propriedade que considerava digna de ser comprada, e Gertrude Stein, protestando veementemente, tirava-a dali. Ela queria comprar imóveis em tudo que é lugar, exceto em Grasse, aonde tinha ido justamente para comprar um imóvel. Finalmente, comprou uma casa e um terreno em Aix-en-Provence, depois de insistir para que Gertrude Stein fosse ver a propriedade, e ela disse-lhe para não comprar nada, depois telegrafou-lhe, depois telefonou para ela, sempre dizendo que não comprasse. No entanto, Janet acabou comprando, mas, felizmente, depois de apenas um ano, conseguiu desfazer-se dela. Durante aquele ano, ficamos sossegadas em Saint-Rémy.

Nós pretendíamos ficar apenas um ou dois meses, mas acabamos ficando o inverno todo. Com exceção de uma troca de visitas ocasional com Janet Scudder, não vimos ninguém além das pessoas da vizinhança. Íamos a Avignon fazer compras, ocasionalmente visitávamos os lugares que conhecíamos tão bem, mas, na maior parte do tempo, vagamos por Saint-Rémy, subimos até as Alpilles, as pequenas colinas que Gertrude Stein descreveu inúmeras vezes em seus escritos daquele inverno, admirávamos os enormes rebanhos de ovelhas subindo as montanhas atrás dos burricos com seus garrafões de água, sentávamo-nos nas colinas sobre as ruínas romanas e íamos frequentemente até a cidade de Les Baux. O hotel não era muito confortável, mas continuávamos por lá. O Vale do Ródano, mais uma vez, exercia seu fascínio sobre nós.

Foi durante esse inverno que Gertrude Stein refletiu sobre o uso da gramática, das formas poéticas e do que podemos chamar de peças paisagísticas.

Foi nessa época que ela escreveu o conto "Elucidation", publicado na *transition*[376], em 1927. Foi sua primeira tentativa de expor seus problemas de expressão e seus esforços para resolvê-los. Foi seu primeiro esforço para tornar claro o que sua escrita significava e os motivos para ser como era. Mais tarde, muito mais tarde, ela escreveu seus tratados sobre gramática, orações, parágrafos, vocabulário etc., que publiquei na *Plain Edition* sob o título "How to Write"[377].

Foi em Saint-Rémy, nesse inverno, que ela escreveu a poesia que tanto influenciou a geração mais jovem. Virgil Thomson transpôs para música sua *Capital Capitals*[378]. A peça *Lend a Hand or Four Religions* foi publicada em *Useful Knowledge*. Essa peça sempre a interessou profundamente, foi a primeira tentativa que mais tarde tornaria sua obra *Operas and Plays* a primeira concepção da paisagem como peça teatral. Ela também escreveu o poema "Valentine to Sherwood Anderson", também publicada em *Useful Knowledge*, o artigo "Indian Boy", publicado

---

[376] *transition* ("transição", em francês) foi uma revista literária francesa, publicada entre os anos de 1927 e 1938. Seu título sempre aparecia grafado em minúsculas. (N. do T.)

[377] "Como Escrever", em inglês. (N. do T.)

[378] Peça para quarteto vocal e piano, composta em 1923. (N. do T.)

posteriormente na revista *Reviewer* (Carl van Vechten enviou-nos Hunter Stagg[379], um rapaz sulista tão atraente quanto seu nome), "Saints in Seven", que ela usou para ilustrar sua obra nas conferências em Oxford e Cambridge, e, por fim, "Talks to Saints in Saint-Rémy".

Nessa temporada, ela trabalhava lentamente, com muito cuidado e concentração, e andava bastante preocupada.

Finalmente, recebemos as primeiras cópias de *Geography and Plays*, o inverno acabou, e voltamos para Paris.

Esse longo inverno em Saint-Rémy acabou com a agitação da guerra e do pós-guerra. Muitas coisas ainda aconteceriam, surgiriam amizades e inimizades e muitas outras coisas, mas a agitação terminara.

Gertrude Stein vive dizendo que ela só tem duas distrações de verdade, quadros e automóveis. Agora, talvez ela devesse adicionar cães.

Imediatamente após a guerra, sua atenção foi atraída pela obra de um jovem pintor francês, Fabre[380], que tinha uma espécie de sentimento natural por objetos sobre uma mesa e por paisagens, mas não deu em nada. O pintor seguinte a atrair sua atenção foi André Masson[381]. Na época, Masson estava influenciado por Juan Gris, por quem Gertrude Stein sempre teve um interesse permanente e vital. Ela interessou-se por André Masson como pintor, especialmente por seu uso da cor branca, e interessou-se por sua composição, pelas linhas sem rumo de suas composições. Logo Masson deixou-se influenciar pelos surrealistas.

Os *surréalistes* são a vulgarização de Picabia, assim como Delaunay, seus seguidores e os futuristas foram a vulgarização de Picasso. Picabia concebeu e continua lutando com a concepção de que uma linha deve ter a vibração de um som musical, e essa vibração deve ser o resultado da criação da forma humana e do rosto humano, de uma maneira tão tênue que induziria a própria vibração na linha formada por ela. É sua maneira de realizar o que não tem corpo. Foi essa ideia que, concebida

---

379 Hunter Taylor Stagg (1895-1960) – escritor, colecionador de livros e revisor. Foi um dos criadores da revista The Reviewer, mencionada pela autora. (N. do T.)
380 Henri Fabre (1880-1950) – pintor francês especializado em paisagens. (N. do T.)
381 André-Aimé-René Masson (1896-1987) – artista francês surrealista. (N. do T.)

matematicamente, influenciou Marcel Duchamp e fez com que produzisse o seu *Nu Descendo a Escada*.

Durante toda a sua vida, Picabia lutou para dominar e realizar essa concepção. Gertrude Stein acredita, agora, estar se aproximando da solução do seu problema. Os *surréalistes*, confundindo a forma com a matéria, como é típico de quem vulgariza algo, aceitam a linha como algo tornado vibrante e, portanto, capaz por si só de inspirá-los a voos mais elevados. Quem se torna o criador da linha vibrante sabe que ela ainda não foi criada e, caso tivesse sido, não existiria por si só, dependeria da emoção do objeto que impeliu a vibração. E chega de falar de criadores e seus seguidores.

Gertrude Stein, em sua obra, sempre foi possuída por uma paixão intelectual pela exatidão na descrição da realidade, tanto interna quanto externa. Por meio dessa concentração, ela produziu uma simplificação e, como consequência, a destruição da emoção associativa na poesia e na prosa. Ela sabe que a beleza, a música, a decoração e o resultado da emoção nunca devem ser a causa, mesmo os eventos não devem ser a causa da emoção, nem devem ser o material da poesia e da prosa. Nem mesmo a emoção em si deve ser a causa da poesia e da prosa. Elas devem consistir em uma reprodução exata de uma realidade interna ou externa.

Foi essa concepção baseada na exatidão que fez com que Gertrude Stein e Juan Gris se compreendessem tão profundamente.

Juan Gris também concebia a exatidão, mas nele a exatidão tinha uma base mística. Como algo místico, era necessário que fosse exato. É por isso que sua obra muitas vezes foi comparada à dos matemáticos e, por um certo crítico francês, à obra de Bach.

Picasso, naturalmente mais talentoso, tinha menos clareza em seu propósito intelectual. Sua atividade criativa foi dominada pelo ritual espanhol, depois pelo ritual africano, expresso na escultura (que tem uma origem árabe, a mesma origem do ritual espanhol) e, depois, pelo ritual russo. Como sua atividade criativa era tremendamente dominadora, ele transformou esses enormes rituais em sua própria imagem.

Juan Gris era a única pessoa que Picasso queria longe. A relação entre eles era exatamente assim.

Nos dias em que a amizade entre Gertrude Stein e Picasso se tornou, se é que era possível, ainda mais próxima do que antes (foi para o filho dele, nascido em 4 de fevereiro, um dia depois do aniversário dela, que ela escreveu seu livro de aniversários, com uma frase para cada dia do ano), a intimidade dela com Juan Gris o irritava. Certa vez, depois de uma exposição dos quadros de Juan na Galerie Simon, ele lhe disse, com violência, diga-me, por que você defende a obra dele, você sabe que não gosta dela; e ela não lhe respondeu.

Mais tarde, quando Juan morreu e Gertrude Stein ficou desolada, Picasso veio até nossa casa e passou o dia todo conosco. Não sei o que disseram, mas sei que, certa vez, Gertrude Stein disse-lhe, com amargor, você não tem o direito de chorar a morte dele, e ele disse, você não tem o direito de dizer isso para mim. Você nunca entendeu o que ele significava porque era algo que não podia compreender, disse ela com raiva. Você sabe muito bem que sim, respondeu ele.

A coisa mais comovente que Gertrude Stein já escreveu foi "The Life and Death of Juan Gris". Foi publicado na *transition* e, mais tarde, traduzido para o alemão para sua retrospectiva em Berlim.

Picasso nunca quis Braque longe. Picasso disse, certa vez, quando ele e Gertrude Stein estavam conversando, sim, Braque e James Joyce, são eles os incompreensíveis que qualquer um é capaz de compreender. *Les incompréhensibles que tout le monde peut comprendre.*

A primeira coisa que aconteceu quando voltamos para Paris foi encontrar Hemingway, com uma carta de apresentação de Sherwood Anderson.

Lembro-me muito bem da primeira impressão que tive de Hemingway naquela tarde. Ele era um jovem de 23 anos, extraordinariamente bonito. Faltava pouco para todo mundo ter 26 anos. Era a época dos 26 anos. Durante os dois ou três anos seguintes, todos os rapazes tinham 26 anos. Aparentemente, era a idade correta para aquela época e lugar. Havia um ou dois com menos de 20 anos, por exemplo, George Lynes[382], mas eles não contavam, como Gertrude Stein explicou-lhes

---

382 George Platt Lynes (1907-1955) foi um fotógrafo de moda americano. (N. do T.)

minuciosamente. Se fossem jovens, teriam 26 anos. Mais tarde, muito mais tarde, tinham 21 e 22.

Portanto, Hemingway tinha 23 anos, parecia-se muito com um estrangeiro, com olhos apaixonadamente interessados em vez de interessantes. Sentou-se na frente de Gertrude Stein, e ouviu, e olhou.

Então conversaram, e mais e mais, bastante tempo juntos. Ele pediu que ela viesse visitá-lo uma noite em seu apartamento e ver seu trabalho. Hemingway já tinha, e sempre teve, um instinto muito bom para encontrar apartamentos em lugares estranhos, mas agradáveis, com boas *femmes de ménage* e boa comida. Esse seu primeiro apartamento ficava perto da Place du Tertre. Passamos a noite lá, ele e Gertrude Stein revisaram todos os escritos que ele havia feito até então. Hemingway havia iniciado um romance — algo que inevitavelmente começaria — e também tinha os pequenos poemas publicados posteriormente por McAlmon na *Contact Edition*. Gertrude Stein até gostava de seus poemas, eram diretos, lembravam Kipling, mas achou que faltava algo ao romance. Há muitas descrições nele, disse ela, e não são descrições necessariamente boas. Comece de novo e concentre-se, disse ela.

Hemingway, na época, era correspondente de um jornal canadense em Paris. Ele era obrigado a expressar o que chamava de ponto de vista canadense.

Ele e Gertrude Stein viviam caminhando e conversando juntos. Um dia, ela lhe falou, veja bem, você diz que você e sua esposa têm algum dinheiro guardado. É o suficiente para levar uma vida tranquila? Sim, ele respondeu. Bom, então façam isso, ela afirmou. Se você continuar trabalhando em jornal, nunca verá as coisas, apenas verá palavras, e isso não lhe adiantará de nada, isso, é claro, se pretende ser um escritor. Hemingway disse que, sem dúvida nenhuma, queria ser um escritor. Ele e sua esposa foram viajar e, logo depois, Hemingway apareceu sozinho. Chegou em casa por volta das 10 da manhã e foi ficando, ficou para almoçar, ficou a tarde toda, ficou para jantar, ficou até cerca de 10 horas da noite e, então, de repente, anunciou que a esposa estava grávida. Depois, acrescentou, muito amargo, eu sou muito jovem para ser pai. Nós o consolamos da melhor maneira possível e o mandamos para casa.

Quando eles voltaram, Hemingway disse que já havia se decidido. Voltariam para os Estados Unidos, ele trabalharia duro por um ano, e, com o que ganhasse e o que eles tinham, se estabeleceriam. Ele desistiria de trabalhar no jornal e se tornaria um escritor. Foram embora e, bem no prazo previsto, voltaram com um bebê recém-nascido. O trabalho no jornal acabara.

A primeira coisa que fizeram ao voltar foi, como haviam planejado, batizar o bebê. Eles queriam que Gertrude Stein e eu fôssemos madrinhas, e um colega de guerra inglês de Hemingway seria o padrinho. Todos havíamos nascido em religiões diferentes, e a maioria não praticava religião nenhuma, por isso foi bastante difícil escolher em que igreja o bebê poderia ser batizado. Passamos muito tempo daquele inverno, nós todos, discutindo o assunto. Finalmente, ficou decidido que o batismo deveria ser na Igreja Episcopal, e assim foi. Como deram um jeito com o tanto de padrinhos, garanto que não sei, mas ele foi batizado em uma capela episcopal.

Padrinhos escritores ou pintores são notoriamente não muito confiáveis. Ou seja, é certo que em pouco tempo a amizade esfriará. Conheço vários casos assim, os padrinhos do pobre Paulot Picasso desapareceram, e, com a mesma naturalidade, já faz muito tempo que nenhuma de nós viu ou ouviu falar de nosso afilhado Hemingway.

No entanto, no começo, éramos madrinhas presentes, particularmente eu. Bordei uma cadeirinha e tricotei uma roupinha de cores alegres para meu afilhado. Nesse meio-tempo, o pai do afilhado estava muitíssimo empenhado em tornar-se um escritor.

Gertrude Stein nunca corrige nenhum detalhe da escrita de ninguém, ela atém-se estritamente aos princípios gerais, a maneira de ver que o escritor escolhe e a relação entre essa visão e a forma como ela se manifesta. Quando a visão não se completa, as palavras ficam sem graça, simples demais, não há como ser enganado, então ela insiste. Foi nessa época que Hemingway deu início a suas histórias curtas, que, depois, foram publicadas em um único volume, intitulado *In Our Time*[383].

---

[383] *In Our Time* ("Na Nossa Época", em inglês) é a primeira coletânea de contos de Ernest Hemingway, publicada em 1925. (N. do T.)

Certo dia, Hemingway chegou muito animado com Ford Madox Ford e a revista *Transatlantic*. Ford havia lançado a *Transatlantic* alguns meses antes. Muitos anos antes, na verdade antes da guerra, conhecemos Ford Madox Ford, que, na época, era Ford Madox Hueffer. Ele era casado com Violet Hunt[384], e Violet Hunt e Gertrude Stein estavam lado a lado na mesa de chá e conversavam muito. Eu estava ao lado de Ford Madox Hueffer e gostava muito dele e de suas histórias dos Mistral e dos Tarascon[385], gostava de saber que ele fora perseguido naquelas terras dos monarquistas franceses por conta de sua semelhança com o pretendente ao trono Bourbon. Eu nunca vira o tal pretendente Bourbon, mas Ford, naquela época, com certeza poderia passar por um membro da família real.

Ouvimos dizer que Ford estava em Paris, mas não conseguimos nos encontrar. Gertrude, entretanto, viu exemplares da *Transatlantic* e achou-os interessantes, mas não pensou mais nada a respeito.

Hemingway chegou muito animado e disse que Ford queria algo de Gertrude Stein para o próximo número e que ele, Hemingway, queria que *The Making of Americans* fosse publicado em capítulos, e precisava das primeiras 50 páginas imediatamente. É claro que Gertrude Stein ficou muito emocionada com a ideia, mas não tinha nenhuma cópia do manuscrito, exceto aquela que tínhamos encadernado. Isso não faz diferença, disse Hemingway, faço uma cópia. E Hemingway e eu copiamos, e o manuscrito foi publicado no primeiro número da *Transatlantic*. Então, pela primeira vez, uma parte daquela obra monumental que marcou o início, o verdadeiro início da literatura moderna, foi publicada, e ficamos muito felizes. Mais tarde, quando as coisas ficaram complicadas entre Gertrude Stein e Hemingway, ela sempre lembrava com gratidão que, no fim das contas, fora Hemingway quem primeiro tinha feito com que fosse publicada uma parte de *The Making of Americans*. Ela sempre diz, é claro, tenho uma fraqueza por Hemingway. Afinal, ele foi o primeiro dos rapazes da nova geração a bater à minha porta, e fez Ford publicar o início de *The Making of Americans*.

---

384 Isobel Violet Hunt (1862 1942) — autora britânica. (N. do T.)

385 Famílias nobres do sul da França, conhecidas até meados do século XX por serem monarquistas e defensoras da volta da família Bourbon ao poder. (N. do T.)

Quanto a mim, não tenho tanta certeza de que Hemingway tenha sido o responsável. Eu nunca soube exatamente a história, mas sempre tive certeza de que havia alguma outra história por trás de tudo isso. É assim que me sinto a respeito desse assunto.

Gertrude Stein e Sherwood Anderson ficam muito engraçados quando falam de Hemingway. Na última vez que Sherwood esteve em Paris, falaram muito sobre ele. Hemingway era cria dos dois, e os dois estavam um pouco orgulhosos, e um pouco envergonhados, do que suas mentes criaram. Hemingway, a certa altura, quando repudiou Sherwood Anderson e todas as suas obras, escreveu-lhe uma carta em nome da literatura americana — que ele, Hemingway, acompanhado por seus conterrâneos, estava disposto a salvar — dizendo a Sherwood exatamente o que ele pensava sobre o trabalho, e tal pensamento não era de forma nenhuma elogioso. Quando Sherwood veio para Paris, Hemingway naturalmente ficou com medo. Sherwood, naturalmente, não.

Como dizia, ele e Gertrude Stein divertiam-se muito com o assunto. Admitiram que Hemingway era covarde, ele é, Gertrude Stein insistia, como os barqueiros do Rio Mississipi descritos por Mark Twain. Mas que livro, ambos diziam, daria a verdadeira história de Hemingway, não as histórias que ele escreve, mas as confissões do verdadeiro Ernest Hemingway? Seria algo para um público diferente do que ele tem agora, mas seria algo maravilhoso. E, então, os dois concordavam que tinham uma fraqueza por Hemingway, pois ele era um bom aluno. Ele é um aluno horrível, protestei. Você não entende, ambos disseram, é muito lisonjeiro quando um aluno faz seus deveres sem entender nada, ou seja, ele simplesmente aceita o treinamento, e um aluno que aceita seu treinamento é sempre o aluno favorito. Ambos reconhecem que é uma fraqueza. Gertrude Stein acrescentava, ainda, você percebeu que ele é como Derain? Você se lembra do que *monsieur* de Tuille disse, quando não entendi por que Derain estava fazendo tanto sucesso, que era porque ele parecia ser moderno, mas cheirava a museu. Esse é Hemingway, ele parece moderno e cheira a museu. Mas, que história é essa do verdadeiro Hem, uma que ele mesmo deveria contar, porém, que pena, nunca o fará. Afinal, como ele próprio disse certa vez, baixinho, há a carreira, a carreira.

Voltemos aos eventos que estavam acontecendo.

Hemingway fez tudo. Copiou o manuscrito e corrigiu as provas. Corrigir provas é, como eu já disse antes, como limpar o pó, você apreende o valor do texto, pois nenhuma leitura é suficiente para mostrá-lo. Ao corrigir essas provas, Hemingway aprendeu muito e admirou tudo o que aprendeu. Foi nessa época que ele escreveu a Gertrude Stein dizendo que fora ela quem havia tido o trabalho de escrever *The Making of Americans*, e que tanto ele quanto seus colegas tinham a obrigação de devotar sua vida para que fosse publicado.

Ele tinha esperança de conseguir essa façanha. Alguém, acho que se chamava Sterne, disse que poderia interessar a um editor. Gertrude Stein e Hemingway acreditavam que sim, mas logo Hemingway disse que Sterne havia chegado a uma fase em que não era possível mais contar com ele. E esse foi o fim de tudo.

Nesse meio-tempo, pouco tempo depois disso, Mina Loy trouxe McAlmon para nossa casa e, de vez em quando, ele vinha com sua esposa e William Carlos Williams[386]. Por fim, quis publicar *The Making of Americans* na *Contact Edition* e, finalmente, foi o que fez. Já chego a essa parte.

Enquanto isso, McAlmon havia publicado os três poemas e dez contos de Hemingway, e William Bird[387] publicou *In Our Time*, e Hemingway começava a ficar conhecido. Acabaria conhecendo Dos Passos[388], Fitzgerald[389], Bromfield, George Antheil[390] e todo mundo, e Harold Loeb estava de novo em Paris. Hemingway havia se tornado um escritor. Também começou a treinar boxe, graças a Sherwood, e ficou sabendo tudo sobre touradas por mim. Sempre adorei tanto a dança quanto as touradas espanholas e também adorei mostrar-lhe as fotografias dos toureiros e das touradas. Também adorava mostrar a foto em que Gertrude Stein e eu estávamos na primeira fila e acabamos sendo

---

386 William Carlos Williams (1883-1963) – poeta, escritor e médico porto-riquenho. (N. do T.)

387 William Augustus Bird (1888-1963) – jornalista e editor americano, radicado em Paris. (N. do T.)

388 John Dos Passos (1896-1970) – escritor americano. (N. do T.)

389 F. Scott Fitzgerald (1896-1940) – romancista, contista, ensaísta e roteirista de cinema americano. (N. do T.)

390 George Antheil (1900-1959) – compositor, pianista e autor americano. (N. do T.)

fotografadas por acaso. Naquela época, Hemingway estava ensinando um outro jovem a boxear. O rapaz não sabia lutar, mas, sem querer, derrubou Hemingway. Acho que, às vezes, isso acontece. De qualquer forma, nessa época, Hemingway se cansava muito fácil, mesmo sendo um esportista. Costumava ficar cansado ao andar da casa dele até a nossa. Mas, deve-se lembrar que fora corroído pela guerra. Mesmo agora, ele é — como Hélène dizia que todos os homens são — frágil. Recentemente, um amigo musculoso dele disse a Gertrude Stein, Ernest é muito frágil, sempre que faz qualquer atividade esportiva quebra algo, o braço, a perna ou a cabeça.

Naqueles primeiros tempos, Hemingway gostava de todos os seus contemporâneos, exceto de Cummings[391]. Ele acusava Cummings de copiar tudo, não de ninguém específico, mas de alguém. Gertrude Stein, que ficara muito impressionada com *The Enormous Room*[392], disse que Cummings não copiava ninguém, era o herdeiro natural da tradição da Nova Inglaterra, com sua aridez e esterilidade, e também com sua individualidade. Discordavam a esse respeito. Também discordavam a respeito de Sherwood Anderson. Gertrude Stein argumentava que Sherwood Anderson tinha um verdadeiro talento para usar uma única frase a fim de transmitir uma emoção direta, o que era parte da grande tradição americana, e que, na verdade, além de Sherwood, não havia mais ninguém nos Estados Unidos que pudesse escrever uma frase clara e apaixonada. Hemingway não concordava com isso, ele não confiava no bom gosto de Sherwood. Bom gosto não tem nada a ver com frases, disse Gertrude Stein. Também acrescentou que Fitzgerald era o único entre os escritores da nova geração que escrevia com naturalidade.

A relação entre Gertrude Stein e Fitzgerald era muito peculiar. Gertrude Stein ficou muito impressionada com o livro dele *This Side of Paradise*[393]. Leu-o assim que foi lançado, antes de conhecer qualquer um dos jovens escritores americanos. Ela dizia que esse livro realmente

---

[391] E.E. Cummings (1894-1962) — poeta, pintor, ensaísta, autor e dramaturgo americano. (N. do T.)

[392] *The Enormous Room* (publicado no Brasil como *A Cela Enorme*) é um romance autobiográfico de E.E. Cummings, no qual o autor relata seus dias de prisioneiro de guerra na França. (N. do T.)

[393] Romance de estreia de Fitzgerald, *This Side of Paradise* (publicado no Brasil como *Este Lado do Paraíso*) retrata as desilusões da geração do início do século XX com a Primeira Guerra Mundial. (N. do T.)

apresentou a nova geração ao público. Nunca mudou de opinião a esse respeito. Acha que isso também se aplica a *The Great Gatsby*[394]. Ela acredita que Fitzgerald continuará a ser lido depois que muitos de seus contemporâneos famosos já tiverem sido esquecidos. Fitzgerald vive dizendo que acha que Gertrude Stein diz essas coisas apenas para irritá-lo, fazendo-o acreditar que está falando sério, e acrescenta, com seu jeito típico, e ela fazer isso é a coisa mais cruel que já ouvi. No entanto, eles sempre se divertem quando se encontram. E, na última vez que se encontraram, divertiram-se em companhia de Hemingway.

Depois, havia McAlmon. McAlmon tinha uma qualidade que atraía Gertrude Stein, a abundância. Ele escrevia sem parar, mas ela reclamava que tudo era muito enfadonho.

Também havia Glenway Wescott, mas em nenhum momento Gertrude Stein se interessou por Glenway Wescott. Tem um certo sabor, mas não é suficiente.

Assim, então, começou a carreira de Hemingway. Por um tempo começamos a vê-lo com menos frequência, e, depois, ele passou a nos visitar novamente. Costumava contar a Gertrude Stein as conversas que depois usou em *The Sun Also Rises*[395], e falavam sem parar sobre o caráter de Harold Loeb. Nessa época, Hemingway estava preparando seu livro de contos para enviar aos editores nos Estados Unidos. Certa noite, depois de não o termos visto por um tempo, ele apareceu com Shipman[396]. Shipman era um jovenzinho divertido que deveria herdar alguns milhares de dólares quando atingisse a maioridade. Ainda não era maior de idade. Vai acabar comprando a *Transatlantic* quando atingir a maioridade, dizia Hemingway. Vai financiar uma revista surrealista quando atingir a maioridade, dizia André Masson. Vai comprar uma casa no campo quando atingir a maioridade, dizia Josette Gris. Na verdade, quando atingiu a maioridade, ninguém que o conhecia naquela época parecia saber o que ele realmente fez com

---

[394] Publicado no Brasil como *O Grande Gatsby*, o romance é considerado a obra mais marcante de Fitzgerald. (N. do T.)

[395] Romance publicado em 1926, traduzido no Brasil como *O Sol Também Se Levanta*. (N. do T.)

[396] Louis Evan Shipman (1869-1933) – dramaturgo e romancista americano. Foi editor da revista *Life* entre 1922 e 1924. (N. do T.)

sua herança. Hemingway trouxe-o até nossa casa para falar sobre a compra da *Transatlantic* e, além disso, trouxe também o manuscrito que pretendia enviar para os Estados Unidos. Entregou-o para Gertrude Stein. Tinha acrescentado a seus contos um pequeno relato de reflexões e, nele, dizia que *The Enormous Room* era o melhor livro que já havia lido. Foi então que Gertrude Stein lhe disse, Hemingway, comentários não são literatura.

Depois disso, não vimos Hemingway por um bom tempo, e então fomos visitar alguém — logo depois que *The Making of Americans* foi impresso —, e Hemingway estava lá e veio até Gertrude Stein e começou a explicar o porquê de não ser capaz de escrever uma resenha de seu livro. No mesmo instante, uma mão pesada caiu-lhe sobre o ombro, e Ford Madox Ford disse-lhe, meu jovem, sou eu quem gostaria de falar com Gertrude Stein. Ford, então, disse para Gertrude Stein, desejo pedir sua permissão para dedicar-lhe meu novo livro. Posso? Gertrude Stein e eu ficamos terrivelmente contentes e comovidas.

Por alguns anos depois disso, Gertrude Stein e Hemingway não se viram. E, então, soubemos que ele estava de volta a Paris, dizendo a muita gente quanto gostaria de vê-la. Não volte para casa de braço dado com Hemingway, eu vivia dizendo a ela quando saía para passear. E, com certeza, certo dia ela voltou na companhia dele.

Eles sentaram-se e conversaram por muito tempo. Finalmente, ouvi-a dizer, Hemingway, afinal, você é 90% rotariano. Você não pode, disse ele, chegar a 80%? Não, disse ela, com pesar, não posso. Afinal, como ela sempre diz, ele tinha e — posso até mesmo dizer, ainda tem — certos momentos de desinteresse.

Depois disso, passaram a se encontrar com bastante frequência. Gertrude Stein sempre diz que gosta de vê-lo, ele é tão maravilhoso... Se pudesse contar sua própria história... Em sua última conversa, ela o acusou de ter matado muitos de seus rivais e de tê-los enterrado definitivamente. Nunca, disse Hemingway, nunca matei ninguém de verdade, a não ser um homem, mas ele era um homem mau e merecia, se cheguei a matar qualquer outra pessoa, foi sem querer e, portanto, não sou culpado.

Foi Ford quem disse certa vez a respeito de Hemingway, ele vem, senta-se a meus pés e me elogia. Isso me deixa nervoso. Hemingway também disse, certa vez, eu reduzo minha chama, que já é pequena, cada vez mais e mais, e, de repente, há uma grande explosão. Se não houvesse nada além de explosões em minha obra, ela seria tão arrebatadora que ninguém conseguiria suportá-la.

No entanto, não importa o que eu diga, Gertrude Stein sempre diz, sim, eu sei, mas tenho uma fraqueza por Hemingway.

Jane Heap apareceu certa tarde. *The Little Review* publicara "The Birthplace of Bonnes" e "The Valentine to Sherwood Anderson". Jane Heap sentou-se e começamos a conversar. Ela ficou para o jantar e acabou passando a noite toda em nossa casa, e, ao amanhecer, nosso carrinho Godiva, que ficou com os faróis acesos durante toda a noite à espera dela, mal pôde dar a partida para levar Jane para casa. Gertrude Stein, tanto naquela época como agora, sempre gostou muitíssimo de Jane Heap. Margaret Anderson[397] interessava-a muito menos.

Era verão novamente, e, dessa vez, fomos para a Côte d'Azur e nos juntamos aos Picasso em Antibes. Foi lá que vi pela primeira vez a mãe de Picasso. Picasso parece-se incrivelmente com ela. Gertrude Stein e *madame* Picasso tinham dificuldade de conversar, por não possuírem uma língua em comum, mas falavam o suficiente para se divertir. Estavam falando sobre quando Picasso e Gertrude Stein se conheceram. Ele era extraordinariamente bonito à época, disse Gertrude Stein, parecia estar iluminado por algo como uma auréola. Ah, disse *madame* Picasso, se você o achava bonito, garanto-lhe que não era nada comparado à aparência que ele tinha quando era menino. Era um anjo e um demônio em termos de beleza, ninguém conseguia parar de olhar para ele. E agora, perguntou Picasso, um tanto ressentido. Ah, agora, elas disseram juntas, ah, agora não sobrou beleza nenhuma. Mas, acrescentou a mãe, você é muito doce e, como filho, absolutamente perfeito. Então, ele tinha de se satisfazer com isso.

Foi nessa época que Jean Cocteau, que se orgulha de ter eternamente 30 anos, estava escrevendo uma pequena biografia de Picasso e

---

[397] Margaret Anderson (1886-1973) — editora americana, fundadora da revista de arte e literatura *The Little Review*. (N. do T.)

enviou-lhe um telegrama perguntando-lhe a data de seu nascimento. E qual é a sua, telegrafou Picasso como resposta.

Existem muitas histórias sobre Picasso e Jean Cocteau. Picasso, assim como Gertrude Stein, fica facilmente chateado se lhe pedem para fazer algo subitamente, e Jean Cocteau é capaz de fazer isso com bastante sucesso. Picasso ressente-se disso e depois se vinga com mais intensidade. Não faz muito tempo, houve uma longa história.

Picasso estava na Espanha, em Barcelona, e um amigo de sua juventude, editor de um jornal impresso em catalão — não em espanhol — entrevistou-o. Picasso, sabendo que a entrevista seria impressa em catalão e nunca seria reproduzida em espanhol, soltou-se quanto pôde. Disse que Jean Cocteau estava ficando popular demais em Paris, tão popular que era possível encontrar seus poemas nas mesas de qualquer cabeleireiro inteligente.

Como eu disse, ele se soltou bastante ao dar a entrevista, e depois voltou para Paris.

Algum catalão de Barcelona enviou o jornal para um amigo catalão em Paris, e o amigo catalão em Paris traduziu para outro amigo francês, e o amigo francês publicou a entrevista em um jornal francês.

Picasso e a esposa nos contaram juntos a história do que aconteceu então. Assim que viu o artigo, Jean tentou falar com Pablo. Pablo recusou-se a vê-lo, disse à criada que sempre lhe dissesse que estava fora, e, durante dias, não puderam atender ao telefone. Cocteau finalmente declarou à imprensa francesa que a entrevista que o deixara tão magoado tinha sido feita com Picabia, e não com Picasso, seu amigo. É claro que Picabia negou tudo. Cocteau implorou a Picasso que negasse publicamente. Picasso continuou escondido em casa.

Na primeira noite em que os Picasso saíram, foram ao teatro, e, diante deles, estava sentada a mãe de Jean Cocteau. No primeiro intervalo, foram até ela e, rodeados por todos os amigos que tinham em comum, ela disse, meu querido, você não pode imaginar o alívio para mim e para Jean saber que não foi você que deu aquela entrevista vil, por favor, confirme que não foi você.

E, como a esposa de Picasso disse que, como mãe, não poderia deixar outra mãe sofrer, afirmou, claro que não foi Picasso. E Picasso disse, sim, sim, claro que não, e então a retratação pública foi feita.

Foi nesse verão que Gertrude Stein, encantada com o movimento das minúsculas ondas na costa de Antibes, escreveu "Completed Portrait of Picasso"[398], o segundo perfil de Carl van Vechten e *A Book of Concluding with As a Wife Has a Cow: a Love Story*[399], que depois foi lindamente ilustrado por Juan Gris.

Robert McAlmon havia decidido definitivamente publicar *The Making of Americans*, e deveríamos revisar as provas naquele verão. No verão anterior, tivéramos a intenção de, como sempre, encontrar os Picasso em Antibes. Eu estava lendo o *Guide des Gourmets*[400] e encontrei, entre outros lugares em que se come bem, o Hotel Pernollet, na cidade de Belley. Belley é seu nome e Belley é sua natureza[401], como comentava o irmão mais velho de Gertrude Stein. Chegamos lá em meados de agosto. No mapa, a cidade parecia estar no alto das montanhas — e Gertrude Stein não gosta de precipícios —, e, quando atravessávamos a serra, fiquei nervosa, e ela começou a reclamar, mas, finalmente, a cidade descortinou-se deliciosamente, e chegamos a Belley. Era um hotel agradável, apesar de não ter jardim, e nós tínhamos certeza de que teria. Ficamos hospedadas ali por vários dias.

Então, *madame* Pernollet, uma simpática senhora de rosto redondo, nos perguntou — já que evidentemente ficaríamos mais tempo — se não queríamos optar pela taxa diária ou semanal. Respondemos que seria melhor. Nesse meio-tempo, os Picasso quiseram saber o que tinha acontecido conosco. Respondemos que estávamos em Belley. Descobrimos que era a terra natal de Brillat-Savarin[402]. Agora, em Bilignin, estamos gostando muito de usar os móveis da casa de Brillat-Savarin, pertencentes ao dono desta casa.

---

398 Publicado como *If I Told Him: A Completed Portrait of Picasso* ("Se Eu lhe Contasse: um Perfil Completo de Pablo Picasso") pela revista Vanity Fair em 1924. (N. do T.)

399 *A Book Concluding with As a Wife Has a Cow: A Love Story* ("Um Livro que Termina com Como uma Esposa Tem uma Vaca: uma História de Amor", em tradução livre) é uma coletânea de poemas publicada em 1926. (N. do T.)

400 Guia de restaurantes francês. (N. do T.)

401 Jogo de palavras com o termo *belle* ("bela", em francês), que tem a mesma pronúncia de Belley. (N. do T.)

402 Jean Anthelme Brillat-Savarin (1755-1826) — advogado, gastrônomo e político francês, autor do livro *A Fisiologia do Gosto* (*La Physiologie du Goût*, no original). (N. do T.)

Também descobrimos que Lamartine[403] havia estudado em Belley, e Gertrude Stein costuma dizer que onde quer que Lamartine ficasse comia-se bem. *Madame* Récamier[404] também vem dessa região, e o lugarejo está repleto de descendentes da família de seu marido. Todas essas coisas nós fomos descobrindo pouco a pouco, mas, por ora, estávamos confortáveis, fomos ficando e partimos bem mais tarde. No verão seguinte, deveríamos revisar as provas de *The Making of Americans* e, portanto, saímos de Paris mais cedo e voltamos para Belley. Que verão foi aquele!

The Making of Americans é um livro de mil páginas, impresso em folhas grandes, com letras miúdas. Darantière[405] disse-me que tem 565 mil palavras. Foi escrito entre 1906 e 1908 e, a não ser pelas partes impressas na *Transatlantique*, ainda estava todo manuscrito.

À medida que o livro avança, as frases ficam cada vez mais longas, às vezes têm mais de uma página de comprimento, e os tipógrafos eram franceses — quando cometiam erros, deixavam uma linha de fora —, e o esforço para recuperá-la era absurdo.

Saíamos do hotel pela manhã com cadeiras de lona, o almoço e as provas, e durante todo o dia lutávamos com os erros dos tipógrafos franceses. A maioria das provas teve de ser revisada quatro vezes, e, por fim, quebrei meus óculos, meus olhos desistiram, e Gertrude Stein terminou sozinha.

Costumávamos mudar o cenário de nosso trabalho e encontrar lugares lindos, mas sempre nos acompanhavam aquelas páginas intermináveis de erros de impressão. Uma de nossas colinas favoritas, de onde podíamos ver o Mont Blanc a distância, foi apelidada de Madame Mont Blanc.

Outro lugar aonde íamos com frequência ficava perto de um pequeno lago formado por um riachinho junto a uma encruzilhada no campo. Parecia que estávamos na Idade Média, tantas coisas aconteciam por ali, de uma maneira bastante medieval. Lembro-me de certa vez

---

403 Alphonse de Lamartine (1790-1869) — autor, poeta e estadista francês. (N. do T.)

404 Juliette Récamier (1777-1849) — *socialite* francesa, cujas soirées reuniam os maiores nomes da literatura e da arte francesa do início do século XIX. (N. do T.)

405 Maurice Darantière (1882-1962) — editor de publicações de arte francês. (N. do T.)

em que um camponês se aproximou de nós, puxando seus bois. Muito educadamente, ele perguntou, senhoras, podem me dizer se há algo errado comigo? Ora, sim, respondemos, seu rosto está coberto de sangue. Ah, ele disse, sabe, meus bois estavam escorregando colina abaixo, tentei segurá-los e também escorreguei, e fiquei me perguntando se algo havia acontecido comigo. Nós o ajudamos a lavar o sangue, e ele continuou seu caminho.

Foi durante esse verão que Gertrude Stein começou duas longas tarefas, "A Novel" e "Phenomena of Nature"[406], que mais tarde conduziriam a uma série completa de reflexões sobre gramática e frases.

O primeiro resultado foi o ensaio "An Acquaintance with Description"[407], impresso depois pela *Seizin Press*. Nessa época, ela começou a descrever a paisagem como se qualquer coisa que ela visse fosse um fenômeno natural, algo existente em si mesmo, e ela achou esse exercício muito interessante e, finalmente, conduziu-o para a série posterior, de *Operas and Plays*. Estou tentando ser o mais lugar-comum possível, ela costumava me dizer. E, às vezes, ligeiramente preocupada, sem ser lugar-comum demais. A última coisa que ela terminou, a coletânea de poemas *Stanzas of Meditation*, que estou datilografando agora, ela considera sua verdadeira conquista do lugar-comum.

Mas voltemos. Retornamos a Paris com as provas quase prontas, e Jane Heap estava lá. Ela estava muito animada. Tinha um plano maravilhoso, agora esqueci completamente qual era, mas Gertrude Stein ficou muitíssimo satisfeita com ele. Algo a ver com um projeto para outra edição de *The Making of Americans* nos Estados Unidos.

De qualquer forma, nas inúmeras complicações relacionadas com esse assunto, McAlmon ficou muito zangado — e não sem razão —, e *The Making of Americans* foi publicado, mas McAlmon e Gertrude Stein deixaram de ser amigos.

Quando Gertrude Stein ainda era bem jovem, seu irmão disse-lhe certa vez que, tendo nascido em fevereiro, ela era muito parecida com

---

406 Textos manuscritos da autora que nunca foram publicados, dando origem, no entanto, a outras obras. (N. do T.)

407 "Familiarização com a Descrição", em tradução livre do inglês. (N. do T.)

George Washington, era impulsiva e lenta. Sem dúvida nenhuma, o resultado foi uma série de complicações.

Certo dia, nessa mesma primavera, íamos visitar um novo *Salon* da primavera. Jane Heap vivia nos falando de um jovem russo em cujo trabalho ela estava interessada. Quando estávamos cruzando uma ponte, a bordo da Godiva, vimos Jane Heap e o tal jovem russo. Vimos seus quadros, e Gertrude Stein também se interessou. É claro que ele veio nos visitar.

Em *How to Write*, Gertrude Stein escreveu esta frase, *A pintura, agora, depois de seu grande auge, voltou a ser uma arte menor.*

Ela estava muito interessada em saber quem seria o líder dessa arte.

E eis a história.

O jovem russo era interessante. Ele pintava, segundo disse, cores que não eram cores, pintava quadros azuis, e pintava três cabeças em uma. Picasso já desenhara três cabeças em uma. Logo, o russo estava pintando três figuras em uma. Era o único? De certa forma, era, embora houvesse um grupo de pintores como ele. Esse grupo, pouco depois de Gertrude Stein ter conhecido o russo, fez uma exposição em uma das galerias de arte, na de Druet, acho eu. O grupo era formado então pelo russo, por um francês, por um holandês muito jovem e por dois outros russos, irmãos. Todos eles, à exceção do holandês, com cerca de 26 anos.

Nessa exposição, Gertrude Stein conheceu George Antheil, que pediu para vir visitá-la e, quando veio, trouxe consigo Virgil Thomson. Gertrude Stein não achou George Antheil particularmente interessante, apesar de gostar dele, mas achou Virgil Thomson muito interessante, apesar de eu não gostar dele.

No entanto, contarei tudo isso mais tarde. Voltemos agora à pintura.

O trabalho do russo Tchelitchev[408] era o mais vigoroso do grupo, o mais maduro e interessante. Ele já tinha então uma forte inimizade com o francês, a quem chamavam de Bébé Bérard, cujo nome era Christian Bérard[409], e Tchelitchev afirmava que ele copiava tudo.

---

408 Pavel Tchelitchev (1898-1957) – pintor, designer de moda e cenógrafo russo. (N. do T.)
409 Christian Bérard (1902-1949) – artista, designer e ilustrador de moda francês. (N. do T.)

René Crevel[410] havia sido amigo de todos esses pintores. Pouco tempo depois, um deles faria uma exposição individual na Galerie Pierre. Estávamos indo para lá e, no caminho, encontramos René. Todos paramos, ele estava completamente alterado. Falava com sua brilhante violência característica. Esses pintores, disse ele, vendem seus quadros por milhares de francos cada um e têm a pretensão que advém de serem avaliados em termos monetários, e nós, escritores, que temos o dobro da qualidade e uma vitalidade infinitamente maior, não podemos ganhar a vida, tendo de mendigar e criar intrigas para convencer os editores a nos publicar; mas chegará o tempo, e René adotou um tom profético, em que esses mesmos pintores virão até nós para recriá-los, e então os contemplaremos com indiferença.

René era, naquela época — e continua sendo —, um *surréaliste* devotado. Ele precisa — e precisava —, já que era francês, de uma justificativa tanto intelectual quanto básica para sua exaltação apaixonada. Como é da geração imediata ao pós-guerra, não pôde encontrar, nem no patriotismo nem na religião, sua paixão, já que a guerra os destruíra para sua geração. O *surréalisme* foi sua justificativa. Esclareceu para ele a confusa negação que amava e na qual vivia. Tal negação apenas ele, de sua geração, conseguiu realmente expressar, um pouco em seus livros anteriores e, no último deles, *O Clavicórdio de Diderot*, de forma mais adequada, com a brilhante violência, típica sua.

Inicialmente, Gertrude Stein não se interessou por esse grupo de pintores, enquanto grupo, mas apenas pelo russo. Esse interesse aumentou pouco a pouco, e então ela ficou incomodada. É verdade, ela costumava dizer, que as influências que causam o surgimento de um novo movimento na arte e na literatura continuam a causar o surgimento de novos movimentos na arte e na literatura; para captar essas influências e criá-las, assim como recriá-las, é necessário um poder criativo muito dominador. Isso o russo certamente não tinha. Ainda assim, havia uma ideia criativa claramente nova. De onde viera ela? Gertrude Stein sempre diz aos jovens pintores, quando reclamam que

---

410 René Crevel (1900-1935) — escritor francês. (N. do T.)

ela muda de opinião acerca do trabalho deles, não sou eu que mudo de opinião sobre os quadros, são os quadros que desaparecem na parede, não os vejo mais e, então, eles saem pela porta naturalmente.

Nesse meio-tempo, como ia dizendo, George Antheil trouxe Virgil Thomson para nossa casa, e Virgil Thomson e Gertrude Stein tornaram-se amigos e viam-se bastante. Virgil Thomson musicou uma série de coisas de Gertrude Stein, incluindo "Susie Asado", "Preciosilla" e "Capital Capitals". Gertrude Stein estava bastante interessada pela música de Virgil Thomson. Ele certamente havia compreendido Satie e tinha uma compreensão de prosódia muito pessoal. Ele compreendia grande parte do trabalho de Gertrude Stein, costumava sonhar que havia algo que não compreendia, mas, no geral, estava bastante satisfeito com o que compreendera. Ela adorava ouvir suas palavras emolduradas pela música dele. Eles viam-se bastante.

Virgil tinha em seu quarto muitos quadros de Christian Bérard, e Gertrude Stein costumava olhar bastante para eles. Ela não era capaz de descobrir o que pensava a seu respeito.

Ela e Virgil Thomson costumavam falar dos quadros sem parar. Virgil disse que não sabia nada sobre quadros, mas achava-os maravilhosos. Gertrude Stein falou-lhe a respeito de sua confusão em relação ao novo movimento e que o poder criativo por trás dele não era o pintor russo. Virgil disse que, nesse ponto, concordava plenamente com ela e que estava convencido de que era Bébé Bérard, cujo nome era Christian. Ela disse que talvez essa fosse a resposta, mas ainda tinha muitas dúvidas. Costumava dizer, sobre os quadros de Bérard, eles são quase alguma coisa, mas simplesmente não são. Como ela costumava explicar para Virgil, a Igreja Católica faz uma distinção muito clara entre o histérico e o santo. A mesma coisa vale para o mundo da arte. Existe a sensibilidade do histérico, que se parece muito com a criação, mas a criação real tem uma força individual que é algo totalmente diferente. Gertrude Stein estava inclinada a acreditar que, artisticamente, Bérard era mais histérico que santo. Nessa época, ela voltara a escrever perfis com renovado vigor e, para clarear a mente, como ela mesma disse, fez perfis do russo e do francês. Nesse meio-tempo, por meio de Virgil Thomson, conheceu um jovem francês chamado

Georges Hugnet[411]. Ele e Gertrude Stein tornaram-se muito dedicados um ao outro. Ele gostava da sonoridade dos escritos dela e, depois, gostou também de seu significado e de suas frases.

Na casa dele havia muitos retratos seus pintados por amigos. Entre outros, um feito por um dos irmãos russos e outro, por um jovem inglês. Gertrude Stein não ficou particularmente interessada por nenhum daqueles retratos. Havia, no entanto, uma pintura de uma mão feita por esse jovem inglês de que ela não gostou, mas que não conseguiu esquecer.

Nesse momento, todo mundo começou a ficar ocupado demais com seus próprios afazeres. Virgil Thomson pediu que Gertrude Stein lhe escrevesse uma ópera. Entre os santos, havia dois de quem ela sempre gostou mais que dos outros, Santa Teresa d'Ávila e Santo Inácio de Loiola, e ela disse que escreveria uma ópera sobre esses dois santos para ele. Começou a escrever, trabalhou muito durante toda aquela primavera e, finalmente, terminou *Four Saints* e deu-a a Virgil Thomson para que ele a musicasse. Foi o que ele fez. E é uma ópera completamente interessante, tanto como letra quanto como música.

Durante todos esses verões, continuamos a ir para o hotel em Belley. Agora, gostávamos tanto daquela região — sempre no vale do Ródano — e do povo do lugar, e das árvores dos campos, e dos bois, que começamos a procurar uma casa. Certo dia, encontramos a casa de nossos sonhos, do outro lado de um vale. Vá perguntar ao fazendeiro quem é o proprietário, Gertrude Stein me pediu. Respondi, que bobagem, é uma casa importante e está ocupada. Vá perguntar-lhe, ela disse. Fui, muito relutante. Ele disse, bom, sim, talvez esteja para alugar, pertence a uma menininha, toda a família dela está morta, e acho que um tenente do regimento que está alocado em Belley está morando lá agora, mas sei que eles estão para ir embora. Você deveria ir ver quem está a cargo da propriedade. Foi o que fizemos. Era um velho fazendeiro gentil que nos dizia a toda hora *allez doucement*, vão devagar. Nós fomos. A casa ficou prometida para nós assim que o tenente partisse, e nunca a vimos mais perto do que do outro lado do vale. Por fim, há três anos, o tenente foi

---

411 Georges Hugnet (1906-1974) — artista gráfico francês.

para o Marrocos, e nós ficamos com a casa — apesar de só tê-la visto do outro lado do vale — e começamos a gostar cada vez mais dela.

Enquanto ainda estávamos no hotel, Natalie Barney[412] apareceu certo dia e almoçou conosco trazendo alguns amigos, entre eles a duquesa de Clermont-Tonnerre[413]. Gertrude Stein e ela ficaram encantadas uma com a outra, e o encontro teve muitas consequências agradáveis, mas falarei disso mais tarde.

Voltando aos pintores. Logo após o término da ópera, e antes de sairmos de Paris, fomos a uma exposição de quadros na Galerie Bonjean. Lá, encontramos um dos irmãos russos, Genia Berman[414], e Gertrude Stein não se interessou por seus quadros. Ela foi com ele a seu ateliê e deu uma olhada em tudo o que ele já havia pintado. Ele parecia ter uma inteligência mais apurada que a dos outros dois pintores, que certamente não haviam criado o movimento moderno, talvez a ideia fosse originalmente dele. Ela perguntou-lhe, contando sua história — como gostava de contá-la à época, para quem quisesse ouvir —, se era ele quem tinha tido a ideia original. Ele disse, com um sorrisinho sutil, que achava que sim. Ela não tinha absoluta certeza de que ele não tivesse razão. Ele veio até Bilignin para nos ver, e ela lentamente concluiu que, embora ele fosse um pintor muito bom, era um pintor ruim demais para ter sido o criador de uma ideia. Então, mais uma vez, a busca recomeçou.

Mais uma vez, pouco antes de sair de Paris, nessa mesma galeria de arte, ela viu o quadro de um poeta sentado perto de uma cachoeira. Quem pintou isto, ela perguntou. Um jovem inglês, Francis Rose[415], foi a resposta. Ah, sim, não estou interessada na obra dele. Quanto é aquele quadro, ela perguntou; custava muito pouco. Gertrude Stein sempre diz que um quadro só pode valer 300 francos ou 300 mil francos. Ela comprou aquele quadro por 300 francos, e nós partimos para passar o verão fora da cidade.

---

412 Natalie Barney (1876-1972) — dramaturga, poetisa e romancista americana. (N. do T.)
413 Antoinette Corisande Élisabeth, a duquesa de Clermont-Tonnerre (1875-1954) — escritora francesa. (N. do T.)
414 Eugène Berman, conhecido como Genia Berman (1899-1972), e seu irmão Leonid Berman (1896-1976) foram pintores neorromânticos e cenógrafos russos.
415 Francis Cyril Rose (1909-1979) — pintor inglês. (N. do T.)

Georges Hugnet decidira ser editor e fundou a *Éditions* de la Montagne. Na verdade, foi George Maratier[416], amigo de todo mundo, que a fundou, mas ele decidiu ir para os Estados Unidos e naturalizar-se americano, e Georges Hugnet herdou seu projeto. O primeiro livro a ser publicado continha 60 páginas em francês de *The Making of Americans*. Gertrude Stein e Georges Hugnet traduziram o trecho juntos, e ela ficou muito feliz com o resultado. A isso seguiu-se um volume de *Ten Portraits* escrito por Gertrude Stein e ilustrado por retratos dos próprios artistas dos perfis e de outros desenhados por eles — Virgil Thomson por Bérard e um desenho do próprio Bérard, um retrato de Tchelitchev sozinho, um retrato de Picasso sozinho e um de Guillaume Apollinaire, um de Erik Satie por Picasso, um de Kristians Tonny, o jovem holandês, sozinho, e um de Bernard Faÿ por Tonny. Esses volumes foram muito bem recebidos, e todos ficaram satisfeitos.

Mais uma vez, todo mundo partiu.

No inverno, Gertrude Stein leva seu poodle branco, Basket, para tomar banho no veterinário e costumava ir à galeria de arte onde comprara o quadro romântico do inglês, enquanto esperava que Basket secasse. Cada vez que voltava para casa trazia mais quadros do inglês. Não falava muito sobre o assunto, mas eles iam se acumulando. Várias pessoas começaram a falar-lhe sobre o jovem e ofereciam-se para apresentá-lo a ela. Gertrude Stein recusava. Ela dizia não, que já estava farta de conhecer jovens pintores, agora se contentaria em conhecer a nova pintura.

Nesse meio-tempo, Georges Hugnet escreveu um poema intitulado "Enfance"[417]. Gertrude Stein ofereceu-se para traduzi-lo, mas, em vez disso, escreveu um poema sobre ele. A princípio, isso agradou muitíssimo a Georges Hugnet, mas depois ele não gostou nem um pouco. Gertrude Stein, então, nomeou o poema "Before the Flowers of Friendship Faded, Friendship Faded"[418]. Todo mundo envolveu-se no assunto. O grupo se separou. Gertrude Stein ficou muito chateada e depois consolou-se

---

416 George Maratier (s.d.) — galerista de arte francês. (N. do T.)
417 "Infância", em francês. (N. do T.)
418 "Antes das Flores da Amizade Murcharem, a Amizade Murchou", em inglês. (N. do T.)

contando a história num conto encantador chamado "From Left to Right"[419], que foi publicado pela revista *Harper's Bazaar* de Londres.

Pouco tempo depois, Gertrude Stein chamou o zelador e pediu-lhe que pendurasse todos os quadros de Francis Rose, a essa altura já havia cerca de 30 deles. Gertrude Stein ficou muito inquieta enquanto isso era feito. Perguntei-lhe por que estava fazendo aquilo, já que a deixava tão inquieta. Ela disse que era algo que não podia evitar, que achava que deveria fazê-lo, mas mudar toda a aparência da sala adicionando-lhe aqueles 30 quadros era muito perturbador. E não se falou mais nisso durante algum tempo.

Voltemos àqueles dias logo após a publicação de *The Making of Americans*. Naquela época, havia uma resenha do livro *Geography and Plays*, de Gertrude Stein, na revista literária inglesa *Athenaeum*, assinada por Edith Sitwell. Era uma crítica longa e um pouco condescendente, mas eu gostei dela. Gertrude Stein não lhe deu bola. Um ano depois, na *Vogue* londrina, apareceu outro artigo de Edith Sitwell dizendo que, desde que escrevera seu artigo na *Athenaeum*, ela passara o ano inteiro lendo somente *Geography and Plays* e queria dizer que descobrira quão bonito e importante aquele livro era.

Certa tarde, na casa de Elmer Harden, encontramos a srta. Todd[420], editora da *Vogue* londrina. Ela disse que Edith Sitwell estaria em Paris em breve e gostaria muito de conhecer Gertrude Stein. Disse também que Edith Sitwell era muito tímida e estava hesitante se deveria vir. Elmer Harden disse que viria como seu acompanhante.

Lembro-me muito bem da primeira impressão que tive dela, impressão que, aliás, nunca mudou. Muito alta, ligeiramente curvada, recuando e depois avançando com hesitação, e linda, com o nariz mais distinto que já vi em qualquer ser humano. Naquela vez, e em uma conversa posterior entre Gertrude Stein e ela, deliciei-me com a delicadeza e a perfeição de sua compreensão da poesia. Ela e Gertrude Stein tornaram-se amigas imediatamente. Essa amizade, como todas as

---

419 "Da Esquerda à Direita", em inglês. (N. do T.)
420 Dorothy Todd (1883-1966) — editora de revistas britânica. (N. do T.)

amizades, teve suas dificuldades, mas tenho certeza de que, em sua essência, Gertrude Stein e Edith Sitwell são amigas e gostam de ser amigas.

Nós nos encontramos com Edith Sitwell inúmeras vezes nessa época, e depois ela voltou para Londres. No outono daquele ano de 1925, Gertrude Stein recebeu uma carta do presidente da sociedade literária de Cambridge, pedindo-lhe que lhes proferisse uma palestra no início da primavera. Gertrude Stein, bastante nervosa com a ideia, respondeu prontamente que não. Imediatamente, chegou uma carta de Edith Sitwell, dizendo que o não deveria ser alterado para um sim. Que era da maior importância que Gertrude Stein fizesse esse discurso e que, além disso, Oxford estava esperando o sim a Cambridge para pedir-lhe que fizesse o mesmo em Oxford.

Evidentemente, não havia nada a fazer além de dizer sim, então Gertrude Stein aceitou.

Ela ficou muito chateada com essa perspectiva, a paz, ela disse, causava terrores muito maiores que a guerra. Nem mesmo os precipícios se comparavam a isso. Felizmente, no início de janeiro, nosso Ford começou a dar tudo quanto é problema. Nem mesmo as melhores oficinas tinham muito interesse em carros velhos, e Gertrude Stein costumava levá-lo até um galpão em Montrouge, cujos mecânicos trabalhavam nele enquanto ela esperava sentada. Se fosse deixá-lo lá, provavelmente não teria sobrado nada para trazer de volta.

Em uma tarde fria e escura, ela saiu para ficar à espera de seu Fordinho e, enquanto estava sentada no estribo de outro Ford surrado, observando o seu próprio ser desmontado e montado de volta, ela começou a escrever. Ficou lá por várias horas e, quando voltou, morrendo de frio, com o Ford consertado, havia escrito "Composition as Explanation" por completo.

Assim que a palestra foi escrita, o problema seguinte era lê-la. Todo mundo dava seu conselho. Ela lia o texto para qualquer pessoa que aparecesse em casa, e algumas leram de volta para ela. Prichard estava em Paris naquela época, e ele e Emily Chadbourne aconselharam-na e serviram de plateia. Prichard mostrou-lhe como ler à maneira inglesa, mas Emily Chadbourne era completamente a favor da maneira americana, e Gertrude Stein estava nervosa demais para ter qualquer maneira. Fomos certa tarde até a casa de Natalie Barney. Estava por lá um professor de história francês, muito idoso e muito encantador. Natalie Barney pediu-lhe que dissesse a Gertrude Stein como proferir uma palestra. Fale o mais rápido que puder e nunca levante o olhar, foi o conselho dele. Prichard dissera-lhe para falar o mais devagar possível e nunca olhar para baixo. De qualquer forma, encomendei um vestido novo e um novo chapéu para Gertrude Stein, e, no início da primavera, fomos para Londres.

Era a primavera de 1926, e a Inglaterra continuava muito rígida em relação a passaportes. Os nossos estavam em ordem, mas Gertrude Stein odeia responder a perguntas de funcionários de qualquer tipo, isso sempre a deixa preocupada, e ela já não estava muito feliz com a perspectiva de ter de dar a palestra.

Por isso, peguei os dois passaportes e desci para falar com os oficiais. Ah, disse um deles, e onde está a srta. Gertrude Stein? Está no convés, respondi, e ela prefere não descer. Ela prefere não descer, ele repetiu, sim, está certo, ela prefere não descer, e assinou o que era preciso. Então, chegamos a Londres. Edith Sitwell deu uma festa em nossa homenagem, e seu irmão Osbert[421] também. Osbert foi um grande consolo para Gertrude Stein. Ele entendia tão perfeitamente as diferentes maneiras possíveis de ficar nervoso que, enquanto se sentava ao lado dela no hotel, foi contando-lhe todas as formas de medo de falar em público que tanto ela quanto ele poderiam sofrer, e ela se acalmou. Ela sempre gostou muito de Osbert. Vivia dizendo que ele era como o tio de um rei. Ele tinha aquela calma agitada, simpática, irresponsável que o tio de um rei inglês sempre deve ter.

Finalmente, chegamos a Cambridge, à tarde, tomamos chá e, depois, jantamos com o presidente da sociedade e alguns de seus amigos. Foi bastante agradável e, depois do jantar, fomos até a sala de conferências. O público era variado, com homens e mulheres. Gertrude Stein logo ficou à vontade, tudo correu muito bem na palestra, e depois os homens fizeram muitas perguntas e ficaram bastante entusiasmados. As mulheres não disseram nada. Gertrude Stein se perguntou se aquilo era normal ou se elas simplesmente não tinham nada a perguntar.

---

421 *Sir* Francis Osbert Sitwell (1892-1969) — escritor inglês. (N. do T.)

No dia seguinte, fomos para Oxford. Lá, almoçamos com o jovem Acton[422] e depois fomos para a palestra. Gertrude Stein estava se sentindo mais à vontade como palestrante e, dessa vez, divertiu-se muito. Como ela comentou mais tarde, eu me senti como uma prima-dona.

A sala de conferências estava lotada, com muita gente no fundo, em pé, e o debate após a palestra durou mais de uma hora, e ninguém saiu. Foi muito emocionante. Fizeram todo tipo de pergunta, na maioria das vezes queriam saber por que Gertrude Stein achava que estava certa em escrever da forma como fazia. Ela respondeu que não era uma questão do que alguém pensava ou deixava de pensar, mas que, no fim das contas, ela escrevia daquela forma há cerca de 20 anos e, agora, todos queriam ouvir sua palestra. Isso não significava, é claro, que estavam começando a pensar que a forma como ela escrevia era uma forma possível, aquilo não provava nada, mas, por outro lado, possivelmente indicava algo. Todos riram. Então um homem — descobriu-se depois que era um decano — disse que em "Saints in Seven" ele havia se interessado muito pela frase a respeito do halo ao redor da lua, sobre o halo seguindo a lua. Ele admitia que a frase era uma das mais lindamente equilibradas que já ouvira, mas, ainda assim, o halo realmente seguia a lua? Gertrude Stein respondeu, quando se olha para a lua e vê-se que há um halo ao redor da lua, e a lua se move, o halo não segue a lua? Talvez pareça que sim, ele retrucou. Bem, nesse caso, ela perguntou, como você sabe que não; ele se sentou. Outro homem, ao lado dele, um professor, levantou-se de um salto e perguntou outra coisa. Fizeram isso várias vezes, ambos, levantando-se um após o outro. Então, o primeiro deles pôs-se de pé e disse, a senhora diz que tudo, mesmo sendo igual, é sempre diferente, como pode ser assim? Considere, ela respondeu, vocês dois, vocês se levantam um após o outro, é sempre a mesma coisa, e certamente você deve admitir que vocês dois são sempre diferentes. *Touché*, disse ele, e a palestra acabou. Um dos homens ficou tão emocionado que me confidenciou, enquanto saíamos, que a palestra tinha sido a maior experiência pela qual ele tinha passado desde que lera *A Crítica da Razão Pura*, de Kant[423].

---

422 *Sir* Harold Acton (1904-1994) — escritor e acadêmico britânico. (N. do T.)
423 *A Crítica da Razão Pura* é a principal obra de teoria do conhecimento do filósofo prussiano Immanuel Kant (1724-1804). (N. do T.)

Edith Sitwell, Osbert e Sacheverell[424] estavam presentes, e todos ficaram encantados. Ficaram maravilhados com a palestra e encantados com a maneira bem-humorada com que Gertrude Stein levou a melhor sobre os provocadores. Edith Sitwell disse que Sache ficou rindo durante todo o caminho para casa.

No dia seguinte, voltamos para Paris. Os Sitwell queriam que ficássemos e fôssemos entrevistadas e, de maneira geral, que continuássemos com tudo aquilo, mas Gertrude achou que já estava cansada de glória e emoções. Não que, como ela sempre esclarece, seja possível haver glórias suficientes. Afinal, como ela costuma afirmar, nenhum artista precisa de críticas, só precisa de apreço. Se precisa de críticas, não é um artista.

Alguns meses depois, Leonard Woolf[425] publicou "Composition as Explanation" na série de ensaios chamada *Hogarth Series*. Também foi publicada em *The Dial*.

Mildred Aldrich ficou extremamente feliz com o sucesso inglês de Gertrude Stein. Ela era uma cidadã típica da Nova Inglaterra e, para ela, o reconhecimento de Oxford e Cambridge era ainda mais importante que o reconhecimento do *Atlantic Monthly*. Fomos visitá-la quando voltamos e tivemos de ler a palestra para ela novamente e contar cada detalhe de toda a experiência.

Mildred Aldrich estava voltando aos dias ruins. Sua pensão anual acabou repentinamente, e ficamos muito tempo sem saber disso. Certo dia, Dawson Johnston, o bibliotecário da Biblioteca Americana, contou para Gertrude Stein que a srta. Aldrich escrevera pedindo-lhe para ir buscar todos os seus livros, pois ela teria de sair de sua casa em breve. Fomos vê-la imediatamente, e Mildred nos disse que sua pensão havia sido suspensa. Parece que era uma pensão concedida por uma mulher que havia ficado senil e, certa manhã, dissera ao advogado para cortar todas as pensões que havia distribuído a várias pessoas por muitos anos.

---

424 *Sir* Sacheverell Sitwell (1897-1988) — escritor e crítico de arte e música inglês. Irmão mais velho de Edith e Osbert Sitwell. (N. do T.)

425 Leonard Woolf (1880-1969) — autor e editor britânico. Era casado com a escritora Virginia Woolf (1882-1941). (N. do T.)

Gertrude Stein disse a Mildred que não se preocupasse. A Fundação Carnegie, a pedido de Kate Buss, enviou 500 dólares, William Cook deu um cheque em branco para Gertrude Stein para cobrir todas as despesas, outro amigo de Mildred de Providence, no estado americano de Rhode Island, prontificou-se a auxiliá-la generosamente, e o *Atlantic Monthly* iniciou um fundo de ajuda. Em pouquíssimo tempo, Mildred Aldrich estava a salvo. Ela disse, com tristeza, a Gertrude Stein, você não me deixou ir para o asilo de pobres com elegância, e eu teria ido sem problemas, mas você transformou minha casa em um asilo em que sou a única interna. Gertrude Stein consolou-a, dizendo que ela poderia ser igualmente elegante em sua solidão. Afinal, Gertrude Stein costumava dizer-lhe, Mildred, ninguém pode dizer que você não aproveitou bem seu dinheiro. Os últimos anos de Mildred Aldrich estavam garantidos.

Depois da guerra, William Cook esteve em Tbilísi, na Rússia[426], por três anos, trabalhando para a distribuição da Cruz Vermelha. Certa noite, ele e Gertrude Stein saíram para ver Mildred, durante sua última convalescença, e estavam voltando para casa em um fim de tarde com bastante nevoeiro. Cook tinha um pequeno carro, aberto, mas com faróis potentes, fortes o suficiente para atravessar a névoa. Logo atrás deles vinha outro carro pequeno, que manteve o mesmo ritmo deles, quando Cook dirigia mais rápido, eles dirigiam mais rápido, e quando ele diminuía a velocidade, eles também diminuíam. Gertrude Stein disse para ele, que sorte deles que você tem um farol tão forte, os faróis deles são tão fracos, e eles estão se beneficiando dos seus. Sim, disse Cook, de uma forma estranha, estava dizendo isso a mim mesmo, mas você sabe que depois de três anos de Rússia soviética e da Cheka[427], até eu, mesmo sendo americano, comecei a me sentir um pouco esquisito, e tenho de falar para mim mesmo que o carro aí atrás não é da polícia secreta.

Eu disse que René Crevel tinha nos visitado. De todos os rapazes que apareceram em nossa casa, acho que o de que mais gostei foi René. Ele tinha um charme francês que, no seu auge, consegue ser

---

426 Atualmente, a cidade de Tbilísi é a capital da Geórgia. (N. do T.)
427 Polícia secreta soviética. (N. do T.)

mais encantador que o charme americano, por mais encantador que este seja. Marcel Duchamp e René Crevel são talvez os exemplos mais completos desse charme francês. Gostávamos muito de René. Ele era jovem, violento, doente, revolucionário, doce e gentil. Gertrude Stein e René gostam muito um do outro, ele escreve-lhe cartas em inglês muito deliciosas e ela vive dando broncas nele. Foi ele quem, logo no início, falou-nos a respeito de Bernard Faÿ. Disse-nos que ele era um jovem professor da Universidade de Clermont-Ferrand e queria nos levar à casa dele. Certa tarde, acabamos indo. Bernard Faÿ não era nada do que Gertrude Stein esperava, e eles não tinham nada em particular a dizer um ao outro.

Pelo que me lembro, naquele inverno e no seguinte, organizamos muitas festas. Até mesmo um chá para os Sitwell.

Carl van Vechten apresentou-nos muitos negros, além dos negros que conhecemos em nossa vizinha, a sra. Regan[428], que trouxera Josephine Baker[429] para Paris. Carl nos apresentou Paul Robeson[430]. Gertrude Stein interessou-se por Paul Robeson. Ele conhecia os valores americanos e a vida americana como somente alguém nascido lá, mas que não se sentisse parte do país poderia conhecê-los. E, no entanto, assim que qualquer outra pessoa entrava na sala, ele tornava-se definitivamente negro. Gertrude Stein não gostava de ouvi-lo cantar hinos religiosos. Eles pertencem tanto a você quanto a qualquer outra pessoa, então por que você reivindica o direito de cantá-los, ela perguntou. Ele não respondeu.

Certa vez uma sulista, uma mulher sulista muito encantadora, estava presente, e ela lhe perguntou, onde você nasceu, e ele respondeu, em New Jersey, e ela retrucou, não foi no sul, que pena, e ele disse, não para mim.

Gertrude Stein concluiu que os negros não eram vítimas de perseguição, mas sim de um sentido de vazio. Ela sempre afirmou que o

---

428   Caroline Reagan (s.d.) — agente artística americana. No texto, foi mantida a incorreção ortográfica da autora. (N. do T.)

429   Josephine Baker (1906-1975) — artista, agente da Resistência Francesa e ativista de direitos humanos americana, naturalizada francesa. (N. do T.)

430   Paul Robeson (1898-1976) — ator, atleta, cantor e escritor americano. (N. do T.)

africano não é primitivo, ele tem uma cultura muito antiga, mas muito limitada, e ela permanece assim. Consequentemente, pouco acontece, ou é passível de acontecer.

Carl van Vechten reapareceu pela primeira vez desde aqueles distantes dias da camisa cheia de pregas. Durante todos aqueles anos, ele e Gertrude Stein mantiveram a amizade e a correspondência. Agora que ele realmente iria aparecer, Gertrude Stein ficou um pouco preocupada. Quando ele chegou, ficaram mais amigos que nunca. Gertrude Stein disse-lhe que ficara preocupada. Eu não, disse Carl.

Entre os outros rapazes que apareceram em casa naquela época, uma época em que apareciam aos montes, estava Bravig Imbs. Nós gostávamos de Bravig, embora, como dizia Gertrude Stein, seu único objetivo fosse nos agradar. Foi ele quem trouxe Elliot Paul para nossa casa, e Elliot Paul trouxe a *transition*.

Nós tínhamos gostado de Bravig Imbs, mas gostamos mais de Elliot Paul. Ele era muito interessante. Elliot Paul era da Nova Inglaterra, mas era um sarraceno, do tipo que vemos às vezes nos vilarejos da França, onde ainda sobrevive a linhagem de alguns subalternos dos cruzados. Elliot Paul era um deles. Tinha um certo elemento, não de mistério, mas de dissipação — na verdade, ele apareceu pouco a pouco e, então, lentamente, foi desaparecendo, e Eugene Jolas e Maria Jolas[431] apareceram. E, assim que esses dois apareceram, permaneceram presentes.

Naquela época, Elliot Paul trabalhava na sucursal parisiense do jornal *Chicago Tribune* e estava escrevendo uma série de artigos sobre a obra de Gertrude Stein, a primeira avaliação seriamente popular de sua obra. Ao mesmo tempo, ele transformava os jovens jornalistas e revisores em escritores. Ele induziu Bravig Imbs a escrever seu primeiro livro, *The Professor's Wife*, interrompendo-o subitamente, quando ele falava, para dizer-lhe, você começa daí. Fez a mesma coisa com outros. Ele tocava acordeão como ninguém que não fosse familiarizado com o acordeão desde pequeno saberia tocá-lo, e aprendeu e tocou para Gertrude Stein — acompanhado ao violino por Bravig Imbs — a cantiga

---

431 John Eugene Jolas (1894-1952) — escritor, tradutor e crítico literário americano, que, juntamente com a esposa, Maria Jolas (1893-1987), fundou a revista *transition*. (N. do T.)

favorita de Gertrude Stein, *The Trail of the Lonesome Pine*, com os versos *My name is June and very very soon...*[432]

The Trail of the Lonesome Pine, enquanto canção, exercia um encanto especial em Gertrude Stein. Mildred Aldrich tinha uma gravação dela entre seus discos, e, quando passávamos a tarde com ela em Huiry, Gertrude Stein inevitavelmente colocava *The Trail of the Lonesome Pine* no fonógrafo e a punha para tocar e tocar. Simplesmente gostava da música, e ficou fascinada, durante a guerra, com a magia que o livro baseado em *The Trail of the Lonesome Pine* exercia sobre os soldados. Muitas vezes, quando um soldado no hospital gostava muito dela, dizia-lhe, certa vez li um grande livro, a senhora deve conhecer, chama-se *The Trail of the Lonesome Pine*. Finalmente, conseguiram uma cópia dele no acampamento em Nîmes e colocavam-no à cabeceira de algum soldado doente. Eles não conseguiam ler muito, pelo que ela pôde perceber, às vezes mal chegavam a compreender um só parágrafo, no decorrer de vários dias, mas ficavam com a voz embargada quando falavam do livro e, quando gostavam especialmente dela, ofereciam-se para emprestar-lhe a cópia suja e despedaçada.

Ela lê qualquer coisa e, naturalmente, leu o livro, e ficou confusa. Praticamente não havia história, e não era nada empolgante nem cheio de aventuras, mas era muito bem escrito, principalmente a descrição das paisagens montanhosas. Mais tarde, ela encontrou algumas memórias de uma mulher do sul que contava como os montanhistas do exército sulista separatista, durante a Guerra Civil, costumavam esperar para ler *Les Misérables*, de Victor Hugo, algo igualmente surpreendente porque, novamente, é um exemplo de livro sem muita história e com grande quantidade de descrições. No entanto, Gertrude Stein admite que ama a canção *The Trail of the Lonesome Pine* da mesma forma que os soldados amavam o livro, e Elliot Paul tocou a música para ela no acordeão.

Certo dia, Elliot Paul apareceu muito entusiasmado, ele geralmente parecia sofrer de grande empolgação, mas não a demonstrava nem exprimia. Dessa vez, porém, demonstrou-a e exprimiu-a. Disse que

---

432 *The Trail of the Lonesome Pine* ("A Trilha do Pinheiro Solitário", em inglês) é uma canção popular lançada em 1913 que conta a história de amor do cantor por sua garota, June. (N. do T.)

queria pedir o conselho de Gertrude Stein. Fizeram-lhe uma proposta para editar uma revista em Paris e ele estava hesitando em aceitar. Gertrude Stein, certamente, foi completamente a favor. Afinal, como ela dizia, queremos ser publicados. Uma pessoa escreve para si mesma e para estranhos, mas, sem editores aventureiros, como pode entrar em contato com os estranhos?

No entanto, ela gostava muito de Elliot Paul e não queria que ele se arriscasse demais. Não há risco, disse Elliot Paul, o dinheiro está garantido por vários anos. Pois bem, disse Gertrude Stein, uma coisa é certa, ninguém poderia ser melhor editor do que você. Você não é egoísta e sabe o que sente.

A *transition* começou e, é claro, teve grande significado para todo mundo. Elliot Paul escolhia com muito cuidado o que queria publicar na *transition*. Disse que tinha medo que ela se tornasse popular demais. Se algum dia atingir mais de 2 mil assinantes, eu me demito, ele costumava dizer.

Ele escolheu *Elucidation*, o primeiro esforço de Gertrude Stein para se explicar, escrito em Saint-Rémy, para ser publicado no primeiro número da *transition*. Mais tarde, *As a Wife Has a Cow: a Love Story*. Ele sempre gostou muito dessa história. Também gostava do ensaio "Made a Mile Away", uma descrição dos quadros que Gertrude Stein apreciava, e, mais tarde, publicou na *transition* uma pequena crônica sobre deserção, "If He Thinks". Ele tinha uma ideia perfeitamente clara de abrir pouco a pouco os olhos do público para o trabalho dos escritores que lhe interessavam e, como eu disse, ele escolhia com muito cuidado o que queria. Estava muito interessado em Picasso e ficou profundamente interessado em Juan Gris e, após sua morte, publicou uma tradução da defesa da pintura de Juan Gris que já havia sido publicada em francês na *Transatlantic Review*, e publicou o lamento de Gertrude Stein, "The Life and Death of Juan Gris" e, também dela, "One Spaniard".

Elliot Paul desapareceu aos poucos, e Eugene e Maria Jolas apareceram.

A *transition* foi ficando mais volumosa. A pedido de Gertrude Stein, a revista publicou novamente *Tender Buttons*, publicou uma bibliografia de toda a sua obra até então e, mais tarde, publicou sua ópera, *Four Saints*. Por todas essas publicações, Gertrude Stein ficou muito grata. Nos últimos números da *transition*, não saiu nada dela. A *transition* morreu.

De todas as revistas pequenas que — como Gertrude Stein adora citar — morreram para tornar os versos livres, talvez a mais jovem e inovadora tenha sido a *Blues*. Seu editor, Charles Henri Ford[433], veio até Paris, e ele é jovem e inovador como a sua *Blues*, além de honesto, o que também é um prazer. Gertrude Stein acredita que só ele e Robert Coates, entre os jovens rapazes, é que têm um senso individual das palavras.

Nesse meio-tempo, homens de Oxford e de Cambridge apareciam de vez em quando na Rue de Fleurus. Um deles veio acompanhado de Brewer[434], que era da editora americana Payson & Clarke.

Brewer estava interessado na obra de Gertrude Stein e, embora não prometesse nada, ele e ela conversaram sobre as possibilidades de sua editora publicar algo dela. Ela tinha acabado de escrever um romance curto, intitulado *A Novel*, e, naquele momento, estava trabalhando em outro romance curto, chamado *Lucy Church, Amiably*[435], que ela descreve como de beleza e natureza românticas, parecendo uma gravura. A pedido de Brewer, ela escreveu um resumo desse livro, como se fosse um anúncio, e ele telegrafou-lhe em resposta, falando de seu entusiasmo. No entanto, ele queria, antes, começar uma coleção de textos mais curtos, e, por isso, ela sugeriu que ele deveria reunir todas as coisas curtas que ela havia escrito sobre os Estados Unidos, chamando-as de *Useful Knowledge*. O que foi feito.

Existem muitos negociantes de arte em Paris que gostam de se aventurar em seus negócios, mas não há editores nos Estados Unidos que gostem de se aventurar em seus negócios. Em Paris, há *marchands* como Durand-Ruel, que faliu duas vezes apoiando os impressionistas, Vollard, apoiando Cézanne, Sagot e Picasso, e Kahnweiler, em apoio

---

433 Charles Henri Ford (1908-2002) — poeta, romancista, fotógrafo e cineasta americano. (N. do T.)
434 Joseph Brewer (s.d.) — editor e crítico de arte britânico. (N. do T.)
435 *A Novel of Thank You* ("*Um Romance de Agradecimento*", o restante do título foi adicionado posteriormente) e *Lucy Church, Amiably* ("*Cordialmente, Lucy Church*") foram publicados respectivamente em 1926 e 1927. (N. do T.)

a todos os cubistas. Eles ganham dinheiro como podem e continuam comprando coisas para as quais não há compradores no momento, e continuam fazendo o mesmo até que encontrem seu público. E esses aventureiros são aventureiros porque é assim que se sentem a esse respeito. Há outros que não foram tão bons em suas escolhas e faliram de vez. Entre os negociantes de arte mais aventureiros de Paris, já é tradição aventurar-se. Suponho que haja muitos motivos para que os editores não façam o mesmo. John Lane é o único dos editores que se aventura. Talvez ele não tenha morrido milionário, mas viveu bem e morreu moderadamente rico.

Tínhamos a esperança de que Brewer fosse esse tipo de editor. Ele publicou *Useful Knowledge*, os resultados não foram tudo aquilo que ele esperava, e, em vez de continuar e gradualmente achar o público para a obra de Gertrude Stein, ele foi adiando e, por fim, disse não. Suponho que fosse inevitável. No entanto, a questão era essa e continuou a ser.

Agora, eu mesma começava a pensar em publicar a obra de Gertrude Stein. Pedi-lhe que inventasse um nome para a minha editora, e ela riu, dizendo, chame-a de *Plain Edition*. E ficou *Plain Edition*.

Tudo o que eu sabia sobre o que teria de fazer era que eu teria de imprimir o livro e depois distribuí-lo, ou seja, vendê-lo.

Conversei com todo mundo sobre como essas duas coisas deveriam ser feitas.

A princípio, pensei em associar-me com alguém, mas a ideia logo me desagradou, e decidi fazer tudo sozinha.

Gertrude Stein queria que o primeiro livro, *Lucy Church, Amiably*, se parecesse com um livro escolar e tivesse uma encadernação azul. Depois de fazer o pedido de impressão do livro, meu problema seguinte era sua distribuição. Sobre esse assunto, recebi muitos conselhos. Alguns revelaram-se bons e outros, ruins. William A. Bradley[436], o amigo e animador dos autores de Paris, disse-me que assinasse a revista *The Publishers' Weekly*. Esse foi, sem dúvida, um sábio conselho. Ajudou-me a aprender algo sobre meu novo negócio, mas a verdadeira dificuldade

---

[436] William A. Bradley (1878-1939) — agente literário americano. (N. do T.)

era entrar em contato com os livreiros. Ralph Church[437], filósofo e amigo, disse-me, agarre-se aos livreiros, isso é o mais importante. Excelente conselho, mas como chegar até os livreiros? Nesse momento, uma amiga muito gentil disse que poderia me mandar uma cópia de uma antiga lista de livreiros, que pertencia a um editor. Mandaram-me a lista, e comecei a enviar circulares. A circular me agradou a princípio, mas logo concluí que não estava realmente adequada. Mesmo assim, recebi encomendas dos Estados Unidos, e pagaram-me sem dificuldades, e acabei sentindo-me encorajada.

A distribuição em Paris foi, ao mesmo tempo, mais fácil e mais difícil. Foi fácil colocar o livro na vitrine de todas as livrarias de Paris que vendiam livros em inglês. Esse acontecimento provocou em Gertrude Stein um deleite infantil que quase chegava ao êxtase. Ela nunca tinha visto um livro seu na vitrine de uma livraria antes, a não ser uma tradução francesa de *The Ten Portraits*, e passava todo o tempo vagando por Paris olhando os exemplares de *Lady Church, Amiably* nas vitrines e voltando para casa para me contar tudo.

Os livros também eram vendidos, e, então, como eu ficava seis meses por ano fora de Paris, entreguei o trabalho parisiense a um agente francês. Isso funcionou muito bem no início, mas, no fim, não tão bem. No entanto, é assim que se aprende o ofício.

Decidi qual seria o próximo livro, *How to Write*, e, não tendo ficado completamente satisfeita com a encadernação de *Lady Church, Amiably* — embora ele realmente parecesse um livro escolar —, decidi imprimi-lo em Dijon, imitando os livros da editora holandesa Elzevir. Mais uma vez, a questão da encadernação foi um problema.

Comecei a distribuição de *How to Write* como havia feito antes, mas percebi que minha lista de livreiros estava desatualizada. Também me aconselharam a escrever cartas suplementares. Ellen du Pois[438] ajudou-me com isso. Disseram-me que eu deveria conseguir resenhas. Ellen du Pois ajudou-me com isso também. E que eu deveria colocar

---

437 Ralph Withington Church (s.d.) — doutor em filosofia e professor da Universidade Cornell, no estado americano de Nova York. (N. do T.)
438 Ellen du Pois Taylor (s.d.) — escritora americana. (N. do T.)

anúncios. A publicidade seria, necessariamente, cara demais; eu tinha de guardar meu dinheiro para imprimir os livros, pois meus planos estavam ficando cada vez mais ambiciosos. Conseguir resenhas era uma dificuldade, sempre houve referências humorísticas à obra de Gertrude Stein, como Gertrude Stein sempre dizia para consolar-se, eles me citam, o que quer dizer que minhas palavras e minhas frases ficam em sua mente, embora eles não percebam. Era difícil conseguir resenhas sérias. Muitos escritores escrevem-lhe cartas de admiração, mas, mesmo quando se encontram em posição de fazê-lo, não se propõem a escrever críticas de seus livros. Gertrude Stein gosta de citar Browning[439], que, em um jantar, conheceu um famoso literato, e esse homem aproximou-se de Browning e conversou longamente com ele, falando de maneira muito elogiosa sobre seus poemas. Browning ouviu-o e disse, e você pode publicar o que acabou de dizer? Naturalmente, não houve nenhuma resposta. No caso de Gertrude Stein, houve algumas exceções notáveis, Sherwood Anderson, Edith Sitwell, Bernard Faÿ e Louis Bromfield.

Também publiquei uma edição de cem exemplares, lindamente impressos na cidade de Chartres, do poema de Gertrude Stein "Before the Flowers of Friendship Faded, Friendship Faded". Essas cem cópias foram vendidas com muita facilidade.

Fiquei mais satisfeita com a encadernação de *How to Write*, mas sempre havia o problema da capa do livro. É praticamente impossível conseguir uma capa comercial decente na França, as editoras francesas simplesmente fazem capas de papel. Isso me deixou bastante preocupada.

Certa noite, fomos a uma festa na casa de Georges Poupet[440], um amigo muito querido dos autores. Lá conheci Maurice Darantière. Foi ele quem publicou *The Making of Americans* e sempre teve, com razão, orgulho dele como livro e como encadernação. Ele tinha saído de Dijon e começado a publicar livros nos arredores de Paris com uma prensa manual, e estava publicando livros muito bonitos. É um homem gentil, e, naturalmente, comecei a falar-lhe de meus problemas. Ouça, disse

---

439 Robert Browning (1812-1889) — poeta e dramaturgo inglês. (N. do T.)
440 Georges Poupet (s.d.) — editor e crítico literário francês. (N. do T.)

ele, tenho a solução. Mas eu o interrompi, você deve lembrar-se de que não quero que esses livros fiquem caros. Afinal, os leitores de Gertrude Stein são escritores, estudantes universitários, bibliotecários e jovens, gente que tem pouquíssimo dinheiro. Gertrude Stein quer leitores, não colecionadores. Ainda assim, seus livros, muitas vezes, tornaram-se livros de colecionadores. Eles pagam altos preços por *Tender Buttons* e *The Portrait of Mabel Dodge*, e ela não gosta disso, ela quer que seus livros sejam lidos, e não simplesmente possuídos. Sim, sim, ele disse, eu entendo. Não, o que lhe proponho é o seguinte. Nós vamos compor o livro com monotipos, o que é relativamente barato, vou me encarregar disso, e então vou rodar seus livros em papel de boa qualidade, mas não caro demais, e eles serão lindamente impressos, e, em vez de usar uma capa qualquer, vou encaderná-los em papel grosso, como foi feito com *The Making of Americans*, um papel igualzinho àquele, e vou mandar fazer caixinhas em que eles caberão perfeitamente, caixinhas sob medida, e pronto. E poderei vendê-los por um preço razoável. Sim, você verá, disse ele.

Eu estava ficando mais ambiciosa. Desejava começar uma série de três livros, começando com *Operas and Plays*, continuando com *Matisse, Picasso and Gertrude Stein and Two Shorter Stories* e, depois, *Two Long Poems and Shorter Ones*.

Maurice Darantière cumpriu com sua palavra. Ele publicou *Operas and Plays*, e é um livro lindo, com preço razoável, e agora está publicando o segundo livro, *Matisse, Picasso and Gertrude Stein and Two Shorter Stories*. Agora tenho uma lista atualizada de livreiros e estou mais uma vez em ação.

Como estava dizendo, depois de voltar da Inglaterra e das palestras, demos muitas festas, houve inúmeras ocasiões para festas, os Sitwell vieram, Carl van Vechten veio, Sherwood Anderson veio de novo. E, além disso, surgiram várias outras ocasiões para festejar.

Foi então que Gertrude Stein e Bernard Faÿ encontraram-se novamente e, dessa vez, tinham muito a dizer um ao outro. Gertrude Stein achou estimulante e reconfortante o contato com sua inteligência. Estavam, lentamente, tornando-se amigos.

Lembro-me de certa vez entrar na sala e ouvir Bernard Faÿ dizer que as três pessoas mais importantes que ele conhecera em sua vida foram Picasso, Gertrude Stein e André Gide, e Gertrude Stein perguntou-lhe, simplesmente, certíssimo, mas por que incluir Gide? Mais ou menos um ano depois, ao referir-se a essa conversa, ele lhe disse, começo a achar que você estava certa.

Sherwood veio para Paris naquele inverno e estava encantador. Ele estava se divertindo, e nós nos divertíamos com ele. Estava sendo idolatrado, e devo dizer que ele era um ídolo que aparecia e desaparecia bastante. Lembro que ele foi convidado para o Pen Club[441]. Natalie Barney e um francês de barba comprida seriam seus padrinhos. Ele queria que Gertrude Stein também fosse. Ela disse que o amava muito, mas detestava o Pen Club. Natalie Barney veio pedir que ela fosse. Gertrude Stein, surpreendida do lado de fora de nossa casa, passeando com o cachorro, alegou estar doente. No dia seguinte, Sherwood apareceu. Como foi a festa, perguntou Gertrude Stein. Ora, ele disse, não foi uma festa para mim, foi em homenagem a uma mulher imensa, que parecia um vagão de carga descarrilhado.

Instalamos aquecedores elétricos no ateliê, estávamos — como diria nossa criada finlandesa — nos modernizando. Ela acha difícil entender por que não somos mais modernas. Gertrude Stein diz que, se alguém está muito à frente intelectualmente, torna-se naturalmente antiquado e comum na vida cotidiana. E Picasso acrescenta, você acha que Michelangelo ficaria grato por ganhar um móvel renascentista de presente, não, ele preferiria uma moeda grega.

Tínhamos instalado os aquecedores elétricos e Sherwood apareceu, e fizemos uma festa de Natal para ele. Os aquecedores soltavam um cheiro forte, e estava terrivelmente quente, mas estávamos todos felizes, pois a festa foi muito agradável. Sherwood estava, como sempre, muito bonito com uma de suas últimas gravatas feitas com uma echarpe. Sherwood Anderson veste-se realmente muito bem, e seu filho, John, também. John e sua irmã vieram com o pai. Enquanto Sherwood ainda estava em Paris, o filho era um menino tímido e desajeitado. No dia seguinte à despedida de Sherwood, John apareceu, sentou-se muito

---

441 Associação internacional de escritores, fundada em Londres, em 1921. (N. do T.)

à vontade no braço do sofá, ele tinha uma aparência muito bonita, e sabia disso. Aparentemente, nada havia mudado, mas ele mudara, e sabia muito bem disso.

Foi durante essa visita que Gertrude Stein e Sherwood Anderson tiveram todas aquelas conversas engraçadas sobre Hemingway. Eles se divertiram muitíssimo um com o outro. Descobriram que ambos consideraram — e continuavam a considerar — Grant[442] como seu grande herói americano. Nenhum dos dois ligava muito para o presidente Lincoln. Sempre gostaram de Grant. Até planejaram escrever juntos uma biografia de Grant. Gertrude Stein ainda gosta de pensar nessa possiblidade.

Dávamos muitas festas naquela época, e a duquesa de Clermont-Tonnerre vinha com frequência.

Ela e Gertrude Stein gostavam uma da outra. Eram totalmente diferentes na educação que tiveram e nos interesses, mas adoravam a forma como se entendiam. Também foram as únicas duas mulheres que conheciam que ainda tinham cabelo comprido. Gertrude Stein sempre usara o dela no alto da cabeça, uma moda antiga que ela nunca abandonou.

Madame de Clermont-Tonnerre chegou bastante tarde a uma das festas, quase todo mundo tinha ido embora, e ela havia cortado o cabelo. Você gostou, perguntou *madame* de Clermont-Tonnerre. Sim, disse Gertrude Stein. Bem, disse *madame* de Clermont-Tonnerre, se você gosta e minha filha gosta — e ela realmente gostou —, fico feliz. Naquela noite, Gertrude Stein me disse, acho que também vou ter de fazê-lo. Corte meu cabelo, disse ela, e eu cortei.

Na noite seguinte, ainda estava ajustando o corte — fui cortando um pouco mais durante todo o dia, e, àquela altura, sobrara apenas um pouco de cabelo — quando Sherwood Anderson apareceu. Bom, o que você acha, perguntei, com bastante medo. Gostei, disse ele, faz com que ela pareça um monge.

Como já disse antes, quando Picasso viu, ficou por um instante

---

[442] Ulysses S. Grant (1822-1885) — 18º presidente dos Estados Unidos, de 1869 a 1877. (N. do T.)

irritado e perguntou, e o meu retrato, mas logo acrescentou, de qualquer forma, está tudo aí.

Agora tínhamos nossa casa de campo, aquela que havíamos visto apenas do outro lado do vale, e, pouco antes de partir, encontramos o poodle branco, Basket. Era um filhotinho que estava em uma pequena exposição de cães da vizinhança, e ele tinha olhos azuis, focinho rosa e pelo branco, e pulou nos braços de Gertrude Stein. Com um novo cachorrinho e um novo Ford, fomos para nossa nova casa e ficamos muito contentes com os três. Basket, embora já tenha se tornado um poodle grande e desajeitado, ainda pula no colo de Gertrude Stein, e lá fica. Ela diz que ouvir o ritmo com que ele toma água a faz reconhecer a diferença entre frases e parágrafos, que os parágrafos são emocionais e as frases, não.

Bernardo Faÿ veio ficar conosco naquele verão. Gertrude Stein e eles conversavam sobre tudo no jardim, sobre a vida, sobre os Estados Unidos, sobre eles mesmos e sobre amizade. Consolidaram, então, aquela que é uma das quatro amizades permanentes da vida de Gertrude Stein. Ele até tolerava Basket por causa de Gertrude Stein. Recentemente, Picabia nos deu de presente um cachorrinho mexicano, que chamamos de Byron. Bernard Faÿ gosta mesmo de Byron. Gertrude Stein gosta de provocá-lo, dizendo, naturalmente ele gosta mais de Byron, já que Byron é do continente americano, enquanto ela gosta mais de Basket porque Basket é francês.

Bilignin me traz a um novo velho conhecido. Certo dia, Gertrude Stein voltou de uma caminhada até o banco e disse, tirando um cartão do bolso, amanhã vamos almoçar com os Bromfield. Na época de Hemingway, Gertrude Stein conhecera Bromfield e sua esposa, e, volta e meia, nos reencontramos, chegamos até a conhecer a irmã de Bromfield, e, agora, subitamente, íamos almoçar com os Bromfield. Por quê, perguntei, porque, Gertrude Stein respondeu, bastante radiante, porque ele sabe tudo sobre jardins.

Almoçamos com os Bromfield, e ele realmente sabe tudo sobre jardins, tudo sobre flores e tudo sobre solos. Inicialmente, Gertrude Stein e ele gostaram um do outro como jardineiros, depois gostaram um do outro como americanos e, depois, gostaram um do outro como escritores. Gertrude Stein diz que ele é tão americano quanto Janet Scudder, tão americano quanto um soldado, mas não tão solene.

Certo dia, os Jolas trouxeram Furman[443], o editor, para a casa. Ele, como muitos editores, estava entusiasmado, muito entusiasmado com *The Making of Americans*. Mas é terrivelmente longo, tem mil páginas, disse Gertrude Stein. Bom, ele não pode ser cortado, perguntou ele, para cerca de 400 páginas? Sim, disse Gertrude Stein, talvez. Bem, então corte-o, e irei publicá-lo, disse Furman.

Gertrude Stein pensou a respeito, e então cortou. Passou uma parte do verão pensando nisso, e Bradley, ela e eu achamos que tinha ficado bom.

Nesse meio-tempo, Gertrude Stein falou com Elliot Paul sobre a proposta. Ficou bom enquanto ele está aqui, disse Elliot Paul, mas quando ele voltar, os rapazes não vão gostar. Não sei quem são os rapazes, mas certamente não gostaram. Elliot Paul estava certo. Apesar dos esforços de Robert Coates e Bradley, nada aconteceu.

Enquanto isso, a reputação de Gertrude Stein entre os escritores e leitores franceses crescia cada vez mais. A tradução de *Ten Portraits* e dos trechos de *The Making of Americans* lhes interessou. Foi nessa época que Bernard Faÿ escreveu seu artigo sobre a obra dela, publicado na revista *Revue Européenne*. Também publicaram a única coisa que ela já escreveu em francês, um pequeno roteiro sobre o cachorro Basket.

Eles estavam muito interessados em seu trabalho mais recente, assim como em seus primeiros escritos. Marcel Brion[444] escreveu uma crítica séria sobre sua obra na revista *Échange*, comparando-a com a obra de Bach. Desde então, ele tem escrito sobre cada um de seus livros, à medida que são publicados, em *Les Nouvelles Littéraires*. Ficou particularmente impressionado com *How to Write*.

Mais ou menos nessa época, Bernard Faÿ estava traduzindo um trecho de "Melanctha", de *Three Lives*, para o livro *Ten American*

---

443 Lee Furman (s.d.) – editor e jornalista americano. (N. do T.)
444 Marcel Brion (1895-1984) – ensaísta, romancista, historiador e crítico literário francês. (N. do T.)

Novelists[445], que teria como introdução seu artigo publicado na *Revue Européenne*. Ele chegou em casa, certa tarde, e leu sua tradução de "Melanctha" em voz alta para nós. *Madame* de Clermont-Tonnerre estava conosco e ficou muito impressionada com a tradução.

Outro dia, não muito depois, ela pediu para vir até nossa casa, pois desejava falar com Gertrude Stein. Ela veio e disse, chegou a hora de você se tornar conhecida para um público maior. Eu mesma acredito em um público maior. Gertrude Stein também acredita em um público maior, mas o caminho sempre lhe foi barrado. Não, disse *madame* de Clermont-Tonnerre, o caminho pode ser aberto. Vamos pensar.

Ela disse que deveria vir da tradução de um grande livro, um livro importante. Gertrude Stein sugeriu *The Making of Americans* e contou-lhe como haviam preparado, para que uma editora americana publicasse, cerca de 400 páginas. Isso vai servir perfeitamente, ela disse. E foi embora.

Por fim, não muito tempo depois, *monsieur* Bouteleau, sócio da editora Stock, veio ver Gertrude Stein e decidiu publicar o livro. Houve certa dificuldade em encontrar um tradutor, mas, finalmente, ficou tudo arranjado. Bernard Faÿ, ajudado pela baronesa Seillière, encarregou-se da tradução, que vai ser lançada nesta primavera, a mesma tradução que fez Gertrude Stein declarar, eu sabia que era um livro maravilhoso em inglês, mas até que é, bem, não posso dizer mais maravilhoso, mas igualmente maravilhoso em francês.

No último outono, no dia em que voltamos de Bilignin para Paris, eu estava, como sempre, muito ocupada com uma série de afazeres, e Gertrude Stein saiu para comprar pregos no bazar da Rue de Rennes. Lá, conheceu Guevara[446], um pintor chileno, e sua esposa. Eles são nossos vizinhos e nos convidaram para tomar chá amanhã. Gertrude Stein disse, mas acabamos de chegar em casa, esperem um pouco. Venham mesmo assim, disse Méraude Guevara. E então adicionou, haverá alguém lá que você vai gostar de ver. Quem, perguntou Gertrude Stein,

---

445 "Dez Romancistas Americanos", em inglês. (N. do T.)
446 Álvaro Guevara (1894-1951) – pintor chileno, e sua esposa, Méraude Guevara (1904-1993) – pintora, autora e poetisa inglesa. (N. do T.)

com sua infalível curiosidade. *Sir* Francis Rose, eles responderam. Tudo bem, nós vamos, disse Gertrude Stein. A essa altura, ela não se opunha mais a conhecer Francis Rose. Nós nos conhecemos, e é claro que, imediatamente, ele voltou com ela para nossa casa. Ele estava, como se pode imaginar, completamente corado de emoção. E o que, perguntou ele, Picasso disse quando viu meus quadros? Quando os viu pela primeira vez, Gertrude Stein respondeu, ele disse, pelo menos são menos *bêtes*[447] que os outros. E, desde então, ele perguntou novamente. E, desde então, ele vai lá pro canto e vira as telas para olhar para elas, mas não diz nada.

A partir desse momento, temos visto bastante Francis Rose, mas Gertrude Stein não perdeu o interesse por seus quadros. Nesse verão, ele pintou a casa do outro lado do vale, de onde a vimos pela primeira vez, e a cachoeira que ficou famosa com *Lucy Church, Amiably*. Também pintou o retrato dela. Ele gostou, e eu também, Gertrude Stein não tem certeza se gosta ou não, mas, como acaba de dizer, talvez goste. Passamos momentos agradáveis nesse verão, Bernard Faÿ e Francis Rose são hóspedes encantadores.

Um rapaz que ficou conhecendo Gertrude Stein ao escrever-lhe cartas envolventes dos Estados Unidos é Paul Frederick Bowles[448]. Gertrude Stein diz que ele é encantador e sensato no verão, mas nem encantador nem sensato no inverno. Aaron Copland[449] veio nos ver com Bowles, no verão, e Gertrude Stein gostou muitíssimo dele. Bowles contou para Gertrude Stein — e ela ficou muito contente com isso — que Copland tinha dito a ele, de modo ameaçador, já que, como em todo inverno, ele não estava nem encantador nem sensato, se você não trabalhar agora que tem 20 anos, quando tiver 30 ninguém vai gostar de você.

Já faz algum tempo que muitas pessoas e editores pedem a Gertrude Stein que ela escreva sua autobiografia, e ela sempre responde, impossível.

Começou a me provocar, dizendo que eu deveria escrever minha autobiografia. Pense, ela dizia, em quanto dinheiro você ganharia.

---

447 "Bobos" ou "tolos", em francês. (N. do T.)
448 Paul Frederic Bowles (1910-1999) — autor, compositor e tradutor americano. (N. do T.)
449 Aaron Copland (1900-1990) — compositor, maestro e escritor americano. (N. do T.)

Então, passou a inventar títulos para a minha autobiografia. *Minha Vida com os Grandes, As Esposas de Gênios com Quem Me Sentei, Meus Vinte e Cinco Anos com Gertrude Stein.*

Ela começou a falar sério e a dizer — mas realmente séria —, você deveria escrever sua autobiografia. Por fim, prometi que, se durante o verão eu conseguisse achar tempo, escreveria minha autobiografia.

Quando Ford Madox Ford estava editando a *Transatlantic Review*, disse certa vez a Gertrude Stein, sou um ótimo escritor, um ótimo editor e um ótimo negociante, mas acho muito difícil ser os três ao mesmo tempo.

Eu sou uma ótima dona de casa, uma ótima jardineira, uma ótima costureira, uma ótima secretária, uma ótima editora e uma ótima veterinária para os cães, e tenho de fazer tudo ao mesmo tempo, achei difícil ter de acrescentar ótima autora a tudo isso.

Há cerca de seis semanas, Gertrude Stein disse, não me parece que você vá escrever essa autobiografia algum dia. Você sabe o que eu vou fazer? Vou escrevê-la para você. Vou escrevê-la com a mesma simplicidade com que Defoe[450] escreveu a autobiografia de Robinson Crusoe. E assim fez, e aqui está ela.

---

450 Daniel Defoe (1660-1731) — comerciante, jornalista e escritor inglês. É o autor do romance *Robinson Crusoe*, publicado em 1719. (N. do T.)

Impressão e Acabamento
Gráfica Oceano